Gestão de
DESTINOS TURÍSTICOS

Gestão de DESTINOS TURÍSTICOS

Federico Vignati

Como atrair pessoas para polos, cidades e países

Editora Senac Rio de Janeiro – Rio de Janeiro – 2012

Gestão de destinos turísticos: como atrair pessoas para polos, cidades e países © Federico Vignati, 2008.

Direitos desta edição reservados ao Serviço Nacional de Aprendizagem Comercial – Administração Regional do Rio de Janeiro.

Vedada, nos termos da lei, a reprodução total ou parcial deste livro.

SISTEMA FECOMÉRCIO-RJ

SENAC RIO DE JANEIRO

Presidente do Conselho Regional
Orlando Diniz

Diretor Geral do Senac Rio de Janeiro
Julio Pedro

Conselho Editorial
Julio Pedro, Eduardo Diniz, Vania Carvalho, Marcelo Loureiro, Wilma Freitas, Manuel Vieira e Elvira Cardoso

Editora Senac Rio de Janeiro
Rua Marquês de Abrantes, 99/2º andar
Flamengo – Rio de Janeiro
CEP: 22230-060 – RJ
comercial.editora@rj.senac.br
editora@rj.senac.br
www.rj.senac.br/editora

Publisher: Manuel Vieira

Editora: Elvira Cardoso

Produção editorial: Karine Fajardo (coordenadora), Camila Simas, Cláudia Amorim, Michele Paiva e Roberta Santiago (assistentes)

Copidesque: Aeroplano Editora

Revisão: Isabella Leal e Natalie Araújo Lima

Capa: Felipe de Botton

Projeto gráfico e editoração eletrônica: Ô de casa

Reimpressão da 1ª edição: setembro de 2012

Impressão: Walprint Gráfica e Editora Ltda.

CIP-BRASIL. CATALOGAÇÃO-NA-FONTE
SINDICATO NACIONAL DOS EDITORES DE LIVROS, RJ

V736g

Vignati, Federico, 1975 –
 Gestão de destinos turísticos : como atrair pessoas para polos, cidades e países / Federico Vignati. – Rio de Janeiro : Ed. Senac Rio de Janeiro, 2012.
 256p. 21 cm x 28 cm

 Anexos
 Inclui bibliografia
 ISBN 978-85-87864-72-7

 1. Turismo. 2. Turismo – Planejamento. 3. Turismo – Administração. 4. Desenvolvimento sustentável. I. Título.

08-1044.
CDD: 338.4791
CDU: 338.486

Sumário

Módulo I – Política e desenvolvimento do turismo sustentável	**7**
1 Introdução à gestão de destinos turísticos	**9**
2 Desenvolvimento do turismo sustentável	**39**
3 Sustentabilidade político-institucional	**57**
4 Megatendências do turismo	**67**
5 Política e economia do turismo	**77**
6 Planejamento de destinos turísticos	**95**
7 A competitividade dos destinos turísticos	**113**
8 O papel da cooperação no desenvolvimento de destinos turísticos	**121**
Módulo II – Marketing de destinos turísticos	**145**
9 Clusters turísticos	**147**
10 Análise de clusters turísticos	**163**
11 A pesquisa de mercado turístico	**175**
12 Análise estratégica de destinos turísticos	**199**
13 Estratégias de marketing para destinos turísticos	**213**
14 Metodologia para o desenvolvimento turístico participativo	**229**
Conceitos	**235**
Referências bibliográficas	**239**
Anexo 1 Pessoas que colaboraram com a pesquisa, a elaboração e a publicação desta obra	**245**
Anexo 2 Listagem de endereços eletrônicos de organizações em que se podem obter informação documental e estatísticas sobre o mercado turístico	**249**
Anexo 3 Cadastro Nacional de Consultores de Turismo	**253**

MÓDULO I

Política e desenvolvimento do turismo sustentável

Eu acredito na sorte.
Quanto mais trabalho, mais sorte eu tenho.
Albert Einstein

1

OBJETIVO DO CAPÍTULO

Apresentar os conceitos básicos do sistema de produção do turismo.

Introdução à gestão de destinos turísticos

A gestão de destinos turísticos dedica-se a uma das mais importantes questões a serem enfrentadas pelos gestores de turismo: como atender, de maneira equitativa, às necessidades dos diversos grupos de interesse que integram a economia do turismo?

Esse é o caminho para o complexo equilíbrio entre as forças do Estado, do mercado e da sociedade em uma perspectiva ampla, integradora e inclusiva. Evidentemente que isso não é tarefa simples; requer conhecimento técnico e capacidade de mobilizar e engajar pessoas em processos colaborativos. O desenvolvimento turístico, assim como qualquer processo de transformação, muitas vezes provoca conflitos de interesse. O papel do gestor do destino é concitá--los e zelar pela sustentabilidade e pela garantia de utilizar, de forma responsável e ecoeficiente, as estruturas ambiental, cultural, territorial e econômica que viabilizam o desenvolvimento.

A gestão de destinos turísticos propõe, portanto, que a promoção efetiva do desenvolvimento econômico seja alcançada por diálogo e colaboração multissetorial, tendo em vista interesses de curto e longo prazos. Desse modo, não se configura responsabilidade exclusiva do Estado, embora este exerça papel fundamental.

Alcançar o equilíbrio é possível; entretanto, requer que os destinos turísticos organizem estruturas apropriadas de governança no âmbito de influência do destino. Somente pela promoção equitativa da participação dos diversos grupos de interesse, inclusive das minorias, é que o destino poderá planejar melhor seu modelo de desenvolvimento.

Embora você não seja necessariamente um gestor de destinos turísticos, todos (empresários, representantes da sociedade civil e profissionais do setor turístico) têm o compromisso de saber mais sobre essa atividade que tanto influi no desenvolvimento socioeconômico e na competitividade das empresas.

A gestão de destinos turísticos ocupa posição-chave na promoção do desenvolvimento em bases economicamente viáveis, socialmente inclusivas e ambientalmente responsáveis. O gestor de destinos representa interesses diversos e dá suporte, estimula e organiza o sistema de atividades turísticas, garantindo que os diversos grupos de interesse, incluindo aqui as populações locais e a demanda, sintam-se satisfeitos e beneficiados pela economia do turismo.

A profissionalização da gestão de destinos turísticos é absolutamente necessária. A indústria brasileira do turismo vem crescendo impulsionada por um mercado doméstico excepcional. Os destinos brasileiros precisam se organizar rapidamente, a fim de construir as bases necessárias para alavancar o desenvolvimento em um contexto maior de inclusão e de sustentabilidade. O turismo precisa ser parte da solução dos problemas de um país que ainda detém importantes diferenças na distribuição da renda e que precisa conservar seus ecossistemas. O turismo não pode se tornar, ao contrário, parte do problema.

Não há mais tempo a perder: é hora de o Estado, a sociedade civil e a iniciativa privada trabalharem em colaboração para apresentar soluções que estimulem o desenvolvimento integrado e equilibrado de nosso país.

Está pronto para se engajar nessa atividade? Então, vamos lá!

I. Afinal, o que é turismo?

Turismo é o conjunto de atividades que as pessoas realizam durante suas viagens e em suas permanências em lugares distintos aos de sua residência, por um período de tempo consecutivo, inferior a um ano e superior a um dia.

Como você já deve ter ouvido falar, o turismo é uma das atividades socioeconômicas que mais cresce em todo o mundo.

De acordo com a Organização Mundial do Turismo (OMT), o turismo é o conjunto de atividades realizadas por pessoas durante viagens e em permanência em lugares distintos aos de sua residência por um período de tempo consecutivo – inferior a um ano e superior a um dia.

Como você já deve ter ouvido falar, essa é uma das atividades socioeconômicas que mais cresce em todo o mundo, com taxa média nos últimos vinte anos acima de 3% ao ano. No Brasil, esse setor também tem um papel importante na geração de empregos, renda e contribuição do PIB nacional.

O aporte econômico do turismo é medido pela análise da contribuição direta e da contribuição total ou induzida. Por contribuição direta, compreende-se o total de gastos diretos realizados por turistas domésticos ou estrangeiros em determinado destino. No caso da contribuição total, é incluído na análise o conjunto de empregos e investimentos realizados em atividades associadas ao turismo ou que dão suporte ao desenvolvimento da atividade turística.

Tendo como foco a realidade brasileira, e realizando uma análise técnica mais aprofundada do setor do turismo, há pelo menos duas razões para que o Brasil continue apoiando esse desenvolvimento:

1. Contribuição para a economia brasileira

> Em 2011, a contribuição direta do turismo ao PIB do Brasil foi de 3,2%, devendo superar 5% no período entre 2012 e 2016;

> Foram US$ 5,5 bilhões em divisas na economia nacional em 2011. Resultado do gasto direto do turista estrangeiro no país; e

> O turismo foi responsável pela geração de R$ 41 bilhões em investimentos diretos no país.

Por tudo isso, o turismo é um importante componente da estratégia nacional de desenvolvimento. Entretanto, o que faz do turismo um verdadeiro catalisador do desenvolvimento não é apenas o volume total de riqueza que gera, mas também a sua capacidade de beneficiar pessoas em regiões do país onde outras indústrias têm pouco ou nenhum impacto.

2. Efeito multiplicador e natureza transversal

A economia do turismo e o mercado turístico em particular têm algumas características próprias que são particularmente relevantes para o Brasil:

a) Geração de empregos: o turismo é uma atividade econômica com baixas barreiras de entrada. Não é difícil que pessoas de baixa qualificação ou de baixa renda encontrem no turismo uma alternativa de renda.

No Brasil, o turismo é responsável pela geração direta de 2,7 milhões de postos de trabalho no segmento da economia formal; considerando a contribuição total do turismo.

b) Uma porta para o empreendedor brasileiro: o turismo é uma porta aberta para empreendedores.

De fato, mais de 70% da indústria do turismo mundial são formados por pequenas e médias empresas (PMEs). Em países em desenvolvimento, ainda pode-se integrar a figura das microempresas. Isso é muito importante, pois o turismo não é só um gerador de empregos, mas um verdadeiro catalisador de novos negócios.

c) O efeito multiplicador: o turismo se sustenta na ampla conectividade da cadeia de valor do turismo com outros segmentos. Quando o turista consome, os benefícios econômicos podem se estender por mais de trinta segmentos diferentes, distribuindo renda e gerando oportunidades diversas, sobretudo para micro, pequena e média empresas. Nesse sentido, devemos entender o turismo, não como uma atividade isolada, mas como um importante indutor econômico para o desenvolvimento local e regional do Brasil. Onde há turismo, é preciso alimentos, acomodações, transportes, segurança, saúde, fornecedores diversos, manutenção etc. O turismo é, acima de tudo, um importante aliado na distribuição de renda na sociedade.

Esses dados permitem-nos perceber que se projeta para o setor de turismo brasileiro um crescimento bem maior do que o Produto Interno Bruto (PIB) do país, destacando-se, assim, como atividade estratégica e importante fonte de divisas, trabalho e renda para o Brasil.

Se a atividade turística brasileira deseja atingir suas metas de crescimento, é preciso questionar: como a experiência acumulada pelo turista e a guerra de preços entre destinos turísticos estão influindo na capacidade de atrair e satisfazer à demanda?

Nesse contexto, é evidente que o setor privado, ao oferecer serviços de hospedagem, transportes e alimentação, não é o único responsável pela satisfação do turista. A estrutura privada, embora essencial, não tem capacidade de gerenciar outros elementos locais como a hospitalidade do povo e a qualidade sociocultural e ambiental do território.

Isso nos leva à raiz do problema, pois, para o turista do século XXI, não basta uma boa estrutura privada para garantir sua satisfação: ele espera contar, ainda, com a receptividade da população local, a limpeza, a segurança, a qualidade dos serviços públicos e a conservação do meio ambiente e da cultura em geral. Daí a importância da gestão profissional e eficaz dos destinos turísticos.

Como sabemos, o turista pode organizar sua viagem de maneira independente ou com o auxílio de empresas especializadas, como agências e operadoras de turismo. Essas empresas, que possuem a tecnologia e os conhecimentos necessários para suprir algumas necessidades básicas do turista, normalmente oferecem serviços integrados de transporte, hospedagem e alternativas de entretenimento e alimentação. No Rio de Janeiro, por exemplo, há uma grande concentração de agências de viagens e operadoras em Copacabana, Ipanema e no Centro.

No entanto, o turismo não é só uma atividade para pessoas com alto poder aquisitivo. Cada vez mais, agências, operadoras e as próprias empresas de transporte rodoviário e aéreo vêm oferecendo produtos com preços acessíveis na baixa temporada, para que uma quantidade maior de pessoas possa usufruir dessa experiência maravilhosa.

O turismo é uma atividade que integra os povos, amplia nossa visão do mundo e nos enriquece como pessoas porque, ao praticá-lo, aprendemos a respeitar e a admirar as diferenças entre as diversas culturas. Estas se manifestam de várias maneiras: na gastronomia, na religião, nos artesanatos e nas tradições e festas populares. Por isso, quando viajamos, adoramos comer em um restaurante de comida regional, comprar artigos do artesanato local ou apreciar uma festa popular da região.

Você consegue lembrar-se de algum exemplo de gastronomia regional, tradições, artesanatos ou festas populares que já tenha despertado seu interesse para viajar, conhecê-lo e experimentá-lo pessoalmente?

Por essas razões, quando um turista visita nossa cidade, toda a estrutura social pública e privada deve estar preparada para atendê-lo, a fim de garantir uma experiência positiva.

Como podemos ver, para atender o turista, uma série de estruturas é necessária. Por essa razão, o turismo é visto como uma atividade amplamente capacitada para distribuição de renda. Sobre isso, entretanto, tratarei mais adiante. Por enquanto, minha intenção é apenas familiarizar o leitor com as questões mais básicas do turismo.

II. Estrutura básica de apoio ao turismo

Vejamos a seguir alguns elementos da estrutura básica que sustenta o desenvolvimento dos destinos turísticos:

> meios de hospedagem;
> empresas de transporte turístico;
> empresas de alimentos e bebidas;
> empresas de entretenimento;
> agências de turismo;
> guias de turismo;
> outras estruturas de apoio ao turismo;
> serviços públicos; e
> comunidade local.

1. Meios de hospedagem

Os meios de hospedagem são os estabelecimentos destinados a prestar não só serviços de hospedagem (em aposentos mobiliados e equipados) e de alimentação, mas também outros serviços indispensáveis registrados no órgão oficial de turismo, conforme legislação.

Estão classificados da seguinte maneira:

> Hotel

Meio de hospedagem normalmente localizado em perímetro urbano e destinado a atender turistas tanto em viagens de lazer quanto em viagens de negócios.

> Hotel histórico

Meio de hospedagem instalado, total ou parcialmente, em edificação de valor histórico ou de significado regional ou local reconhecido pelo poder público. Em consequência, está normalmente sujeito a restrições de natureza arquitetônica e construtiva.

> Hotel de lazer/resort

Meio de hospedagem normalmente localizado fora dos centros urbanos, com áreas não edificadas amplas e com aspectos arquitetônicos e construtivos, instalações, equipamentos e serviços especificamente destinados à recreação e ao entretenimento, que o tornam prioritariamente um destino para o turista em viagem de lazer.

> Pousada

Meio de hospedagem de aspectos arquitetônicos, instalações, equipamentos e serviços mais simplificados, normalmente limitados apenas ao necessário para a hospedagem do turista. Esses estabelecimentos, em geral, estão localizados em espaços turísticos.

2. Meios de hospedagem sem exigência de registro do hóspede

Empreendimentos ou estabelecimentos destinados a prestar serviços de hospedagem em aposentos mobiliados e equipados, com ou sem alimentação, e outros serviços indispensáveis aos usuários. O órgão oficial de turismo não exige cadastramento para os estabelecimentos assim caracterizados.

> Motel e pensão

Estabelecimento com cobrança por hora de utilização. Geralmente localizado fora da zona urbana e em edificação horizontal.

> Hospedagem domiciliar

A hospedagem domiciliar é uma modalidade em que os moradores da cidade oferecem um ou mais cômodos de sua própria residência para receber visitantes. Muito conhecida em outros países como "bed and breakfast", tem uma grande vantagem: a integração do visitante à cultura local. Atua como um complemento ao setor hoteleiro, atendendo a uma clientela específica. Em Santa Teresa, no Rio de Janeiro, a Rede Cama e Café é um bom exemplo de como é o funcionamento de uma estrutura de hospedagem domiciliar.

3. Meios de hospedagem extra-hoteleiros

> Camping

Áreas especialmente preparadas para a montagem de barracas e o estacionamento de veículos habitáveis (trailers), ou equipamento similar. Dispõem de instalações, equipamentos e serviços específicos para facilitar a permanência dos usuários ao ar livre.

4. Empresas de transporte turístico

As empresas de transporte exercem um papel fundamental na logística dos turistas. Fazer turismo está inevitavelmente relacionado com estar em outro lugar. O turismo e os meios de transporte são, portanto, atividades inseparáveis.

Os principais meios de transporte turístico são:

> Transporte rodoviário

Realizado por automóveis e ônibus. É normalmente utilizado para viagens locais, interestaduais e regionais.

> Transporte ferroviário

Transporte tradicional que normalmente oferece ao passageiro conforto e segurança.

> Transporte aéreo

Transporte que vem ganhando importância e acessibilidade na medida em que os custos da passagem vêm diminuindo. Cada vez mais se utiliza o transporte aéreo para viagens regionais e interestaduais. É também uma das principais alternativas de transporte do mundo para viagens de longa distância.

> Transporte aquático

Agrega embarcações de curta e longa distâncias que navegam por hidrovias ou em mar aberto. Podemos incluir ainda os grandes cruzeiros marítimos que chegam à ilha de Fernando de Noronha e também a barca que faz o trajeto Rio–Niterói.

O serviço de transporte turístico é regulamentado pelo Ministério do Turismo. As empresas de transporte turístico devem ser registradas nos organismos estaduais de turismo que atuam como órgãos delegados do ministério.

O turista deve ser transportado a seu destino de forma segura, rápida, confortável e por um custo razoável. É importante que ele utilize serviços de empresas registradas, a fim de ter garantidas a qualidade dos serviços e sua satisfação.

5. Empresas de alimentos e bebidas

Formadas por restaurantes, lanchonetes, bares e redes de fast-food, essas empresas atendem à demanda de alimentação dos turistas.

É essencial que as empresas que operam nesse segmento cumpram as normas da Agência Nacional Vigilância Sanitária (Anvisa). Dessa maneira, o turista poderá desfrutar da gastronomia, evitando qualquer problema de saúde decorrente da falta de higiene na manipulação, no controle e na estocagem dos alimentos.

6. Empresas de entretenimento

Segmento integrado pelo comércio em geral e por lojas de suvenires, fotos e filmes, locadoras de filmes, bibliotecas, salões, salas de exposições, galerias de artes, cinemas, teatros, casas de show, danceterias, discotecas, bares e parques de diversões temáticos.

Embora não representem parte da oferta central, agregam valor à experiência turística e se beneficiam diretamente da atividade. As empresas de entretenimento, portanto, devem participar ativamente da política de turismo local e contribuir para o desenvolvimento do turismo sustentável.

7. Agências de turismo

Regulamentadas pelo Ministério do Turismo, têm como principal órgão representativo a Associação Brasileira de Agências de Viagens (Abav).

Alguns dos principais serviços prestados pelas agências de turismo são:

> venda comissionada ou intermediação remunerada de passagens individuais ou coletivas para passeios, viagens nacionais e internacionais, e excursões;

> intermediação remunerada de reservas para acomodações;

> recepção, transferência e assistência especializada ao turista ou viajante;

> operação de viagens e excursões individuais ou coletivas, compreendendo a organização, a contratação e a execução de programas, roteiros e itinerários turísticos; e

> representação de empresas transportadoras, empresas de hospedagem e outras empresas prestadoras de serviços turísticos.

8. Guias de turismo

Os guias de turismo são profissionais essenciais para garantir a qualidade e a satisfação dos turistas que visitam a cidade. Podem trabalhar de maneira independente ou diretamente com agências de viagens e operadoras.

A profissão de guia de turismo foi regulamentada por meio da Lei nº 8.623/1993, segundo a qual é considerado guia de turismo o profissional que, devidamente cadastrado no Ministério do Turismo, exerce as atividades de acompanhar, orientar e transmitir informações a pessoas ou grupos em visitas, excursões urbanas, municipais, estaduais, interestaduais, internacionais ou especializadas.

Algumas das categorias mais importantes de guias são:

> guia regional;
> guia nacional;
> guia especializado em atrativos naturais;
> guia especializado em atrativos culturais;
> guia de excursão internacional; e
> guia de turismo de aventura.

9. Outras estruturas de apoio ao turismo

Nessa categoria podemos destacar os postos de informação turística – com seus guias, manuais e revistas com a oferta de entretenimento da cidade.

Podemos agregar, também, as empresas locadoras de veículos e de equipamentos esportivos, assim como os serviços de táxis.

É possível incluir, ainda, a estrutura de recursos humanos. Sem recursos humanos capacitados, o destino turístico pode sofrer uma séria perda de qualidade no que diz respeito à prestação de serviços.

Não esqueça que, mesmo com equipamentos e infraestruturas de alto padrão de qualidade, as empresas precisam de funcionários habilitados para garantir que os serviços sejam prestados com eficiência. Promover o desenvolvimento de funcionários não é um custo: é um investimento que trará retorno para o destino e os empreendimentos locais.

10. Serviços públicos

Formados por todos aqueles serviços que garantem o desenvolvimento social, a qualidade de vida e a vida em sociedade. Devem ser planejados para a utilização tanto da população local quanto dos turistas.

Vale a pena destacar: sistemas de educação, saúde, segurança, saneamento, coleta de lixo, estradas, aeroportos, informações, sinalização de rua, entre outros.

Não esqueça que a qualidade dos serviços públicos influi diretamente na imagem e na satisfação dos turistas. Uma cidade sem sinalização e suja certamente não é bem-vista pela população, e muito menos pelo turista.

11. Comunidade local

A comunidade local tem um papel essencial no desenvolvimento turístico. Todos nós, agentes locais, podemos e devemos aproveitar o turismo para nosso crescimento pessoal e profissional. Quanto maior nosso envolvimento na dinâmica do turismo, maior será a qualidade de nossa oferta.

Devemos estar preparados profissionalmente para trabalhar em hotéis, bares, restaurantes, agências de viagens e empresas de transporte. Como mencionado antes, se o turismo aumenta, as empresas que atendem diretamente ao setor crescerão e, consequentemente, será ampliada a oferta de empregos.

Por outro lado, nosso envolvimento e entusiasmo com o turista fazem com que ele se sinta à vontade, goste de estar entre nós e permaneça mais tempo em nossa cidade. Isso beneficia não só a indústria e o comércio, mas diretamente a nós mesmos, pois ganhamos mais postos de trabalho.

Se por um lado as empresas do setor têm a obrigação de oferecer serviços de qualidade, por outro, cada um de nós, como membros da comunidade local, divide o compromisso de receber os turistas com maior hospitalidade, cortesia e respeito possíveis.

Por essas razões, considero a comunidade local uma das estruturas centrais para o desenvolvimento do turismo. Ao longo dos próximos capítulos, vou aprofundar esse tema.

Turista ou excursionista: você sabe a diferença?

A maioria das pessoas usa a palavra "turista" para designar todo e qualquer tipo de visitante. Mas vocês, futuros especialistas no assunto, não podem deixar de compreender essa sutil diferença.

Como esclarecido antes, para a OMT, o turista é o visitante temporário que permanece pelo menos 24 horas fora do local em que reside, com objetivos que podem estar ligados a lazer, saúde, negócios, esportes, reuniões e outros.

Já o excursionista é o visitante que não pernoita no local visitado, permanecendo menos de 24 horas.

Para saber mais, visite os sites da OMT e do Instituto de Hospitalidade: www.world-tourism.org e www.hospitalidade.org.br. Neles, você encontrará valiosas informações sobre o turismo.

III. Um conceito importante: o sistema turístico

Um sistema é como um conjunto de elementos que se organiza para produzir um resultado específico. Tudo ou quase tudo no mundo se ordena dessa forma: a natureza, a sociedade, nosso corpo, as máquinas. Se alguma peça falhar, o sistema corre o risco de interromper seu funcionamento.

O sistema turístico é resultado de uma ampla cooperação e articulação de estruturas privadas, sociais e públicas orientadas para melhorar a rentabilidade e a atratividade do destino turístico.

Com base nessas assertivas, não é difícil perceber que a cooperação entre o setor público, o privado e a sociedade civil é essencial para estimular o desenvolvimento da atividade turística.

Figura 1.1 – Cooperação para o desenvolvimento turístico

FONTE: OMT, 1997.

Para compreender melhor o funcionamento do sistema turístico, é fundamental conhecer os elementos que o constituem.

1. Estado

O Estado é um dos atores principais, pois a ele cabe, em regra, atividades de apoio ao desenvolvimento e ao marketing do destino turístico.

> Ações de apoio ao desenvolvimento

São responsabilidades do setor público a política, a legislação e o planejamento da atividade turística nos âmbitos federal, estadual e municipal. O setor público também é responsável por garantir a eficácia dos serviços públicos, fixar padrões de qualidade para as instalações e as empresas que prestam serviços turísticos, e também oferecer incentivos para atrair investimentos do setor privado.

> Ações de apoio ao marketing

Entre as principais ações vinculadas ao marketing do destino turístico, podemos destacar o papel do setor público na realização de pesquisas de mercado, no desenvolvimento e financiamento do plano de marketing turístico, e na organização de observatórios de turismo que sirvam como estruturas de "inteligência de mercado".

O Estado ocupa, cada vez mais, uma posição estratégica no marketing de destinos turísticos, sobretudo quando se trata de promover o destino no mercado internacional. Por essa razão, desde que se criou o Ministério do Turismo, a Empresa Brasileira de Turismo (Embratur) especializou-se como órgão de promoção do turismo brasileiro.

2. Sociedade civil

Para seguir o caminho do turismo sustentável, é essencial que a comunidade local participe ativamente da política de turismo. Por meio da participação, ela tem melhores condições de contribuir com o desenvolvimento do setor e de aproveitar, da melhor forma possível, seus benefícios.

O turismo pode trazer à comunidade local uma série de benefícios econômicos e sociais, por meio de empregos diretos e indiretos, aumento da renda local, melhoria das estruturas e dos serviços públicos. Também é possível que dê origem a uma série de impactos negativos, como a exclusão social, o aumento de valor dos imóveis, a inflação, que devem ser gerenciados e minimizados em parceria com a comunidade local.

Por outro lado, um exemplo concreto de impactos positivos do turismo são os investimentos em capacitação e infraestruturas esportivas realizados na cidade do Rio de Janeiro por conta dos Jogos Pan-americanos de 2007.

3. Iniciativa privada

O setor privado é responsável pela dinamização econômica e comercial do destino turístico. Procura posicionar-se em um ambiente seguro para os seus investimentos, no qual, de preferência, haja potencial de rentabilidade é crescimento em curto, médio e longo prazos.

Existem exemplos concretos de como a iniciativa privada vem tentando influir, cada vez mais, na gestão dos destinos turísticos, procurando atender a seus interesses e aos da comunidade. A experiência tem ensinado ao setor privado que a satisfação do turista e, por conseguinte, a competitividade dos empreendimentos não dependem unicamente da qualidade dos serviços privados, mas da qualidade global do sistema e do território turístico.

Se a leitura que realizo se confirmar no Brasil, como em outros países mais avançados em matéria de turismo, os desafios e as responsabilidades da gestão de destinos turísticos serão cada vez mais compartilhados pelo setor privado, que depende da boa gestão. Daí, a relevância deste livro.

Entretanto, por que não é suficiente ter riquezas para atrair turistas para sua cidade?

Porque as riquezas são as matérias-primas, e os turistas procuram produtos. O produto turístico resulta da agregação de serviços e estruturas que os apoiam desde o momento em que decidem visitar sua região até o momento em que voltam para casa.

O quadro a seguir ilustra o sistema de produção turística e demonstra que os bens naturais e culturais, embora representativos, são apenas parte de um sistema mais complexo de produção.

Figura 1.2 – Sistema de produção do turismo

Produção

Recursos humanos

Capital financeiro

Bens e valores tangíveis e intangíveis

Infraestruturas públicas e privadas

Prestação

Entrega do produto e do serviço de acordo com as condições negociadas

Distribuição/ Comercialização

Conhecimentos do mercado

Canais de distribuição

Comunicação nacional e internacional

Venda

Condições de pagamento (preço e forma)

FONTE: PALOMO, 2006.

Nesse contexto, os bens naturais e culturais, embora indispensáveis, representam apenas parte do sistema turístico. Todos têm a responsabilidade essencial de cuidar dessas riquezas e mantê-las com a qualidade necessária para a exploração turística. Mas também é preciso pensar no território turístico como um todo e estabelecer em acordo (Estado/sociedade civil/iniciativa privada) as condições necessárias para organizar um verdadeiro sistema de produção que tenha capacidade de atender aos interesses da população local e do turista.

Fazendo isso de forma sistematizada, é possível tomar decisões que levem a investimentos consistentes e que tenham como pano de fundo as verdadeiras problemáticas e oportunidades que o território apresenta, considerando um horizonte de curto, médio e longo prazos. É preciso saber que o turista do século XXI não compra apenas recursos, compra produtos que atendem a suas necessidades e que explicam objetiva ou subjetivamente a relação que estabelecem com o destino.

Até aqui foi possível perceber que existe uma série de questões que precisam ser resolvidas para que possamos organizar produtos, polos, circuitos, roteiros e regiões turísticas de sucesso. São questões que exigem reflexão para equilibrar os interesses das comunidades com outros interesses políticos e econômicos locais e regionais.

Por tudo isso, é possível perceber, na gestão de destinos turísticos, um desafio que pode ser superado com base no diálogo, na cooperação e na consolidação das instituições públicas e privadas de turismo.

Quais serão os destinos turísticos com maior êxito?

Serão aqueles que conseguirem planejar seu futuro de forma participativa, de modo que os governos trabalhem em cooperação e harmonia entre si e com outros segmentos da sociedade, e de maneira que os objetivos do desenvolvimento local e regional reflitam interesses de curto, médio e longo prazos da sociedade.

Rumo à profissionalização dos gestores

Como podemos ver, a gestão de destinos turísticos não é tarefa fácil nem pode ser realizada de forma amadora. São necessários profissionais competentes que saibam conciliar os interesses públicos, os privados e os da comunidade local, muitas vezes conflitantes.

IV. Poderes do gestor de destinos turísticos

Durante alguns anos, com auxílio dos meus alunos de Turismo e Administração, foi possível identificar e analisar as competências mais básicas a serem desenvolvidas pelo gestor de destinos turísticos. Para facilitar sua aprendizagem, comparo essas competências a poderes, que vamos conhecer e desenvolver neste e nos próximos capítulos.

Figura 1.3 – Poderes do gestor de destinos turísticos

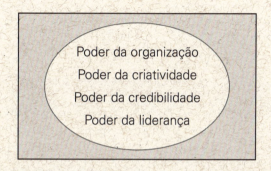

À medida que os quatro poderes vão sendo apresentados, pergunte-se como você pode desenvolvê-los no seu dia a dia. Acredite em você!

1. O poder da organização

As multinacionais e as empresas que sustentam a economia de nosso país não nasceram por feitiços mágicos nem por obra divina. São resultado do esforço organizacional de pessoas visionárias que souberam concentrar e manter suas forças por tempo suficiente para colher os frutos e continuar trabalhando em um constante processo de organização. Isso não é nenhum mistério. A Coca-Cola não nasceu multinacional de um dia para outro, nem a General Electric de Thomas Edison, nem a Microsoft de Bill Gates; todas foram resultado do poder de organização dos seus mentores.

Parece haver um fenômeno permeando a cultura da sociedade produtiva desde a década de 1970, que faz com que pessoas com capacidade produtiva plena entrem em competição por postos de trabalho em estruturas organizacionais já consolidadas, em vez de desenvolverem sua capacidade de organização em seu próprio negócio.

Onde está a força empreendedora, que sempre fez parte da natureza do homem?

Afinal, a capacidade de empreender, ou empreendedorismo, não é novidade.

Costumo motivar meus alunos de Administração, Geografia e Turismo a cooperar entre si na organização de empreendimentos que possam ajudá-los a criar seu próprio emprego, que prefiro chamar de autoemprego. A formação superior em Administração, e em Turismo, em particular, deve desenvolver, necessariamente, competências que tornem os profissionais bons organizadores e empreendedores. Este é o desafio da educação superior: oferecer conhecimento que possa ser aplicado em iniciativas que gerem trabalho e renda de forma descentralizada.

Não podemos esquecer que os países da América do Sul têm economias em desenvolvimento e, portanto, ainda há muito o que se fazer. Quem, se não o povo sul-americano, para organizar e decidir seu futuro? Isso é válido ainda numa perspectiva local. Quem, se não a própria comunidade, para decidir seu futuro?

Pense no seguinte: existem dez candidatos a empregos para uma única vaga e dez oportunidades de negócios para um único empreendedor. Nossos alunos não podem ficar quatro

Noventa e cinco por cento da indústria espanhola de turismo é formada por pequenas e microempresas. Sabe por quê? Porque, evidentemente, o turismo representa a maior oportunidade de negócios para os pequenos e microempresários.

anos estudando juntos para logo saírem ao mercado de trabalho e brigarem entre si por um emprego. No mínimo estão fazendo um péssimo negócio.

Figura 1.4 – Dez candidatos para uma oportunidade de emprego

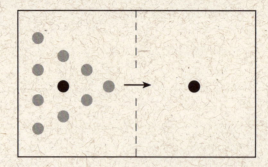

A relação, para o empreendedor, é inversa. Um empreendedor está diante de dez oportunidades. A relação é proporcionalmente tão marcante que, muitas vezes, esse empreendedor não tem sucesso: a infraestrutura pública trabalha para manter o sistema atual de procura de emprego mais do que para promover a cultura do empreendedorismo. Não podemos negar que existem mudanças nesse cenário, como a nova política de empréstimos do Banco Nacional de Desenvolvimento Econômico e Social (BNDES), e o fortalecimento do microcrédito no Brasil, que está sendo assimilado pelos mais importantes bancos do país.

Figura 1.5 – Um empreendedor diante de dez oportunidades de negócios

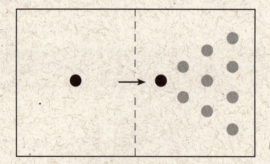

Há exemplos concretos de que a máquina pública não favorece as micro e pequenas empresas. A carga tributária chega a 25%, e a falta de políticas macroeconômicas de crédito e as altas taxas de juros, mesmo justificadas por questões econômicas, há muito tempo inviabilizam a entrada de novos empresários no mercado. Por outro lado, empresas milionárias muitas vezes recebem incentivos do Estado, como a isenção tributária. Essa é uma política que precisa ser revista.

Por essas razões, é preciso que o especialista em gestão de destinos turísticos tenha capacidade organizacional forte, pois precisa facilitar o desenvolvimento local e formular políticas e planos que estimulem o crescimento do setor empresarial.

A capacidade organizacional do gestor de destinos turísticos pode ser sintetizada com uma fórmula simples:

Chico Science, músico e poeta pernambucano, é autor de uma música que revela claramente o poder da organização: "Eu me organizando posso desorganizar."

Capacidade organizacional = C x T x D
Onde:
C = Conhecimento
T = Trabalho
D = Determinação

Para que o gestor de destinos turísticos tenha uma capacidade organizacional forte, é preciso: ter conhecimento e trabalhar com determinação e de forma contínua.

Como me disse o ex-chefe do Departamento Econômico do Banco Central, o economista e amigo Alberto Furuguem: "O sucesso implica 10% de inspiração e 90% de transpiração."

Para alcançar o desenvolvimento turístico, não é diferente!

Os futuros especialistas em gestão de destinos turísticos terão muitas oportunidades num país jovem como o Brasil. Praticamente 80% dos municípios turísticos do país são carentes em gestão pública, não têm legislações específicas para o setor turístico e hoteleiro, nem possuem infraestruturas básicas ou específicas.

O que se espera desses especialistas é que ajudem a organizar o ambiente sociopolítico e as infraestruturas públicas, a fim de facilitar a entrada de investimentos e o desenvolvimento sustentável.

Não há tempo a perder: o compromisso é social e não político-partidário. Nosso objetivo é a prosperidade. Tarefa séria e necessária. Como afirma Augusto de Franco,[1] conselheiro da Comunidade Solidária: "Pobreza não é insuficiência de renda, mas insuficiência de desenvolvimento."

Existem muitas coisas que podem ser feitas e que não dependem estritamente de grandes somas de dinheiro, porém do desenvolvimento de nosso poder de organização.

Exemplos:

> apoio à formação de associações e cooperativas;
> coordenação de ações junto a outras secretarias;
> levantamento de dados e índices para apoiar processos decisórios;
> organização de banco de dados do setor; e
> projetos de cooperação público-privada.

Entre todos os quatro poderes, o de organização talvez seja o mais importante, pois é o que demanda ação, nos desafia a cada dia e é estratégico. O poder de organização tem a capacidade de gerar diretamente novos empregos.

Costumo pensar que o Brasil é o país das oportunidades. Só não as vê quem se posiciona no país de forma passiva.

Por essa razão, quem desenvolve seu poder de organização tende a aproveitar as oportunidades que um país com as características do Brasil tem a oferecer. Aquele que não o perceber dessa forma terá dificuldades, concorrendo com seus pares a vagas de emprego, que, não por acaso, são oferecidas pelas organizações que movimentam a economia do país.

2. O poder da criatividade

Se tentasse definir "criatividade", correria o risco de não atender às expectativas e definições já aceitas por alguns dos leitores. Todos nós, para uso próprio, guardamos algo parecido com uma definição de criatividade, que gira em torno das relações que temos com a liberdade, com

Antes de os países do hemisfério sul serem pobres, são, sobretudo, países desorganizados. E antes de os países do hemisfério norte serem ricos, são, sobretudo, países altamente organizados. E quem os organizou? Seu povo, que, com conhecimento, trabalho e determinação, alcançou o nível de desenvolvimento atual.

Poucas pessoas nascem com o poder da organização; a maior parte precisa desenvolvê-lo em seu dia a dia. Quer dizer, nosso poder aumenta com a prática! Com ela, você sentirá os resultados positivos na sua vida privada e profissional.

Esse é o perfil do especialista em gestão de destinos turísticos, um profissional empreendedor e com forte capacidade organizacional.

---

1 De Franco, 2000.

nossa inteligência; pensamos ser um dom quase que divino e, muitas vezes, a percebemos como uma luz laranja que emana do fundo de nosso ser, ou simplesmente um insight.

Nesta parte do livro, vamos concentrar-nos em explicar: qual a importância da criatividade? Como lidar com as respostas criativas de sua equipe e de seus colaboradores? E como desenvolver o poder da criatividade?

QUAL A IMPORTÂNCIA DA CRIATIVIDADE?

"Ao criar, a pessoa encontra seu eu, seu mundo, seu Deus."[2]

Erich Fromm nos revela, nessa frase, a importância do trabalho criativo. Segundo ele, ao criar a pessoa cresce, apreende, ousa, revela-se como ser social.

Apesar de termos uma tendência a associar a criatividade a uma prática do campo das artes, focalizaremos aqui a criatividade no trabalho de gestão de destinos turísticos.

A procura pela criatividade no campo da gestão de destinos turísticos iniciou-se por meio da realização de dinâmicas de criatividade com meus alunos e em reuniões de trabalho. Com base nessas experiências, fomos construindo um modelo simples, que explica basicamente o seguinte: parece haver uma relação profunda e direta entre criatividade, prazer, comprometimento e desempenho profissional. Essa lógica pode ser ilustrada de acordo com a Figura 1.6.

Figura 1.6 – Dinâmica da criatividade no trabalho

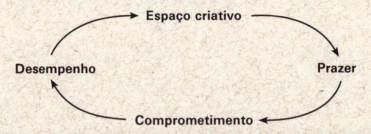

FONTE: MERCOTUR, 2008.

Segundo esse modelo, a criatividade relaciona-se diretamente ao prazer que o profissional sente no dia a dia. Trabalhos altamente burocráticos não oferecem oportunidades de criatividade e, portanto, diminuem qualquer chance de prazer.

Exemplo disso é a frase popular "Parece funcionário público", como se o serviço público fosse sinônimo de falta de vontade. A estrutura pública, em geral, é altamente burocrática e não abre espaço para a criatividade; portanto, a própria estrutura reduz a possibilidade de prazer, de comprometimento e, como consequência, de desempenho profissional.

Outras organizações, também altamente burocráticas, ou nas quais as funções são mecanicistas – como é o caso do funcionário que "monta" hambúrgueres no McDonald's –, precisam utilizar instrumentos criativos de motivação, não só para garantir um mínimo de prazer a seus funcionários, mas também para incentivar a melhoria de seu desempenho profissional. Você sabe dizer qual é esse instrumento?

Se pensou na fotografia do funcionário, com a frase "Funcionário do mês", acertou.

Não esqueça: nós nos revelamos ao mundo por meio de nossos atos criativos, pois nossa obra é parte de nós, e nós somos parte de nossa obra.

---

[2] Citação de Erich Fromm, psicanalista e filósofo austríaco de tradição humanística. Testemunha do totalitarismo, Fromm orientou suas atividades científicas para o estudo da condição humana. Uma de suas obras mais significativas é *O medo à liberdade*.

Se assim for, o gestor de destinos turísticos precisa não só agir de forma criativa em seu trabalho, mas também criar condições para que sua equipe de colaboradores também aja da mesma forma. Dessa maneira, o gestor poderá estimular e ainda promover o compromisso das pessoas em reuniões de planejamento participativo, entre outros.

O poder da criatividade facilita que você e as pessoas com quem trabalha se comprometam e deem o melhor de si para atingir os objetivos almejados.

Considerando que o turismo é uma atividade multissetorial pouco organizada, o espaço criativo é necessário para garantir o envolvimento dos parceiros em curto, médio e longo prazos.

COMO LIDAR COM AS IDEIAS DOS COLABORADORES?

A resposta é: tenha cuidado e sensibilidade.

Se você pede a participação das pessoas e imediatamente as critica ou não aproveita suas ideias, elas se sentem ofendidas. Lembre-se: o que elas pensam e sentem é uma extensão delas mesmas. Portanto, você deve tratar as opiniões de maneira sensata. Nesse caso, é muito útil ter um quadro em que você possa registrar todas as ideias propostas em um *brainstorm*.

Quando as pessoas da equipe são encorajadas a participar, e suas ideias são agregadas ao projeto, este se torna mais importante para elas. Lembra-se daqueles projetos enlatados, que vêm com soluções prontas e que nunca saem do papel? É o que acontece com a maior parte dos projetos que são elaborados a portas fechadas, sem a participação de colaboradores da comunidade.

O especialista em gestão de destinos turísticos precisa não só desenvolver projetos sociais e de interesse público[3] que atendam às necessidades da comunidade, mas também encorajar a própria comunidade a se envolver no planejamento, na execução e na gestão desses projetos.

O mesmo vale para sua equipe técnica. Todos os que participam da equipe devem sentir os projetos como uma extensão de si mesmos.

O especialista em gestão de destinos turísticos deve, ainda, conhecer e exercitar seu poder de criatividade, basicamente por duas razões:

> Compromisso consigo próprio

O gestor, como qualquer profissional, tem de satisfazer suas próprias necessidades de autoestima. Se o gestor se envolver em processos criativos, terá maior prazer em seu trabalho e, naturalmente, também melhorará seu próprio desempenho.

> Compromisso com a equipe e os colaboradores

Para garantir a execução das propostas de desenvolvimento, é preciso que as equipes e os colaboradores estejam comprometidos. Lembre-se daqueles planos, desenvolvidos por consultores, que nunca saíram da gaveta.

Todos nós, especialistas em gestão de destinos turísticos ou não, devemos sempre procurar a criatividade dentro de qualquer uma de nossas atividades profissionais, pois é lá que se encontram o prazer no trabalho e a liberdade.

COMO DESENVOLVER A CRIATIVIDADE?

Essa parece ser a pergunta mais valiosa. Seria fantástico ter resposta para ela. Afinal, se ser criativo é tão importante, então como posso desenvolver minha criatividade? Se estamos indo bem, devemos fazer esse questionamento.

Lamento lhe dizer que não existe uma única resposta, mas, mesmo assim, me arrisco a oferecer-lhe algumas dicas úteis:

Se aproveitar as manifestações criativas das pessoas, elas se sentirão motivadas e se comprometerão com o trabalho. Se, ao contrário, limitá-las, terá como colaboradores pessoas sem entusiasmo e descomprometidas.

---

3   Ver art. 3º da Lei nº 9.790/1999, no Capítulo 14.

> saia da rotina;
> não tenha medo de pequenas mudanças;
> experimente riscos calculados;
> converse com pessoas de perfis totalmente diferentes do seu;
> leia mais e encha sua vida com aventuras e histórias; e
> viaje!

Todas essas dicas podem se resumir em uma frase: a criatividade está nas diferenças!

3. O poder da credibilidade

Você precisa de uma vida para construir uma imagem e de apenas um minuto para acabar com ela. Defenda sua credibilidade como um tesouro.

A diferença mais importante entre o poder da credibilidade e os outros poderes que apresento é que o primeiro não precisa ser desenvolvido; todos nascem com ele, porém nem todos sabem como conservá-lo ao longo da vida.

É importante que o especialista em gestão de destinos turísticos tenha sempre esse princípio ético em mente. De maneira geral, as pessoas sentem prazer e tendem a cooperar com aqueles em que confiam. No entanto, desiludem-se ao tratar com pessoas que não cumprem suas promessas, nem seus compromissos.

O poder da credibilidade é a base para o trabalho cooperativo; e a cooperação, a base para o desenvolvimento do turismo. Por isso, ele é fundamental.

4. O poder da liderança

O turismo deve ser pensado, executado e administrado com base em processos democráticos de negociação entre a sociedade, os empresários (locais e estrangeiros) e o Estado. Seu papel é liderar esse processo.

Como você pode ver, não é tarefa fácil. Por isso, é fundamental que o gestor saiba ouvir e transmitir conhecimento e credibilidade. O desafio de ganhar e manter a liderança exige um relacionamento interpessoal verdadeiro com os colaboradores e que o gestor cultive relações em curto, médio e longo prazos.

Por essa razão, além de conhecer as técnicas de desenvolvimento, o gestor do turismo deve pensar e agir como um verdadeiro líder.

Vamos conhecer algumas características básicas de um líder, para logo apresentar técnicas básicas a fim de organizar equipes de trabalho.

QUAL A MISSÃO DO LÍDER?

A missão do líder é coordenar pessoas para atingir objetivos. No caso específico do setor turístico, trata-se de um processo de mudanças, orientado para o desenvolvimento do turismo.

QUAIS OS ESTILOS DE LIDERANÇA?

Segundo a teoria dos estilos de liderança descrita pela professora Sylvia Vergara no livro *Gestão de pessoas*,[4] existem três estilos de liderança: o autocrático, o democrático e a auto-organização (*laissez-faire*).

O autocrático ilustra o célebre ditado: "Manda quem pode, obedece que tem juízo."

O democrático busca a participação dos outros. O líder democrático atua como responsável pela coleta de opiniões e faz uma eleição antes de tomar uma decisão.

A auto-organização, ou *laissez-faire*, transfere ao grupo toda a autoridade. O líder não se envolve, desde que os liderados não violem princípios éticos nem políticos. Como disse Vergara: "É aquele conhecido na intimidade por 'deixar rolar'."

---

4   Vergara, 2000.

Qual é o melhor estilo?

Exemplo: o estilo de auto-organização pode ser muito útil na liderança de um grupo de técnicos altamente qualificados, mas pode não ter a mesma eficácia se é aplicado a um grupo de pessoas com baixa qualificação técnica. No primeiro grupo, espera-se que a equipe saiba o que fazer; no segundo, é fundamental a supervisão.

O QUE SE ESPERA DO LÍDER?

Espera-se que ele mantenha a coesão dos participantes, coordene os processos de organização necessários e permita qué todas as pessoas ofereçam – de forma espontânea e comprometida – o melhor de si mesmas.

COMO DESENVOLVER AS COMPETÊNCIAS DE UM LÍDER?

Você deve ter percebido que não é suficiente ser um bom técnico para ter sucesso na gestão de destinos turísticos. É preciso saber liderar pessoas, afinal, ninguém promove o desenvolvimento do turismo dentro de um escritório, ou diante de um computador.

Não se apavore se você ainda não se percebe como um líder nato. Não podemos negar: há pessoas que, com sua presença ou suas palavras, simplesmente nos encantam. No entanto, acredite nisto: todos podemos desenvolver a capacidade de liderança. É uma questão de prática.

QUAIS AS QUALIDADES DO LÍDER?

Para iniciar-se na liderança, comece a praticar as nove qualidades de um líder.[5]

> Honestidade

O líder precisa de credibilidade[6] diante do grupo, para que as propostas sejam mais facilmente aceitas. A liderança é minada quando não há coerência entre o discurso e a prática.

> Visionariedade

O líder consegue perceber um objetivo desafiante capaz de estimular a si mesmo e a equipe.

> Comunicatividade

O líder deve saber transmitir a essência das ideias, na medida e na forma certas. A maior qualidade do líder, porém, é saber ouvir.

> Passionalidade

O líder é um verdadeiro entusiasta de suas ideias e propostas. Ele consegue energizar os outros com seu entusiasmo e sua convicção.

> Flexibilidade

O líder não pode ser "cabeça-dura". Deve saber aproveitar a experiência de todas as pessoas que lidera.[7] Deve, ainda, ser humilde para mudar de opinião. Essas são qualidades que fortalecem a imagem do líder diante de seus liderados. A mudança de opinião o fortalece diante dos membros da equipe.

> Autoconfiança

Os membros da equipe, inconscientemente, espelham-se no líder. A autoconfiança incentiva todos a acreditar na capacidade de o líder guiá-los para o sucesso.

> Determinação

O líder compreende que é preciso estar totalmente comprometido e acreditar em sua missão. O sucesso não será alcançado de um dia para o outro, mas com base no somatório de microesforços; nesse sentido, a determinação é fundamental.

Na sua opinião, qual é o melhor estilo de liderança?

Aposto que você pensou no "democrático". Não há um estilo melhor do que o outro, mas situações e pessoas diferentes. Você deverá entender a situação e o perfil das pessoas com que está trabalhando para saber qual é o melhor estilo de liderança em determinada situação.

---

5   Qualidades apresentadas em Goffey e Gareth. "Como desenvolver a liderança". *HSM Management*, mai-jun 2001.

6   Uma vez mais, a credibilidade aparece como um fator indispensável para o sucesso do gestor de turismo.

7   Lembre-se do poder da criatividade. O líder precisa aproveitar as respostas criativas dos membros da equipe para comprometê-los, cada vez mais, com o sucesso da missão.

Quando o setor público tem dinheiro em caixa, como ocorreu nos Programas de Desenvolvimento do Turismo (Prodetur), as mudanças são mais rápidas e radicais. Quando não há tanto dinheiro, o gestor deve acreditar em seu poder de organização e em sua determinação.

Não esqueça: seu sucesso profissional exige 10% de inspiração e 90% de transpiração.

> Não ser dono da verdade

O líder não precisa ter respostas para tudo. É possível e saudável, para a eficácia e a sustentabilidade de sua liderança, que o líder ouça e pergunte sobre o que desconhece.

Ele erra, "às vezes". O líder não é perfeito. Deve ser visto como um outro membro da equipe e não como "algo sobrenatural". Mostrar fraquezas pode ser conveniente e até melhorar o relacionamento do líder com seus liderados. "Desculpem, senhores, às vezes me comporto como um *workaholic*."

> Senso de humor

Pesquisas têm demonstrado que o humor ajuda a promover a integração entre as pessoas, diminuindo barreiras de comunicação. É um fato determinante para o gestor gerar comprometimento das pessoas com o desenvolvimento sustentável do turismo, e, para isso, um pouco de humor ajuda.

Quem me ensinou isso foi meu amigo Moisés Anderson. Ele sabia combinar, como um artista, as fronteiras entre a seriedade de um excelente profissional e o senso de humor típico de quem sabe e gosta do que faz.

A liderança é frágil, pois não pode ser imposta, mas conquistada. Por isso, o líder vive constantemente o desafio de manter sua posição.

Lembre que o gestor é um agente a serviço da sociedade. Trabalha para tornar essa sociedade mais justa e próspera. Caso você queira ser gestor de destinos turísticos, utilize essa posição de liderança com consciência. Muito perdemos com líderes que não entenderam o espírito do trabalho público e colocaram interesses pessoais sobre os da sociedade. Por que não liderar um movimento que leve o Brasil à prosperidade? Pense nisso. É um objetivo nobre, necessário e histórico.

V. Como ganhar o apoio da comunidade?

Ganhar o apoio da comunidade não é fácil. Depende muito do nível de sensibilização e do interesse da população pelo desenvolvimento turístico.

Na verdade, o gestor é um facilitador, não um mágico. Se as pessoas da comunidade são desorganizadas e ainda não demonstraram qualquer interesse pelo assunto, seu trabalho deverá ter início neste ponto, a sensibilização.

O desenvolvimento do turismo não depende dos Reis Magos: é um esforço comunitário.

Aqui vão algumas técnicas que o ajudarão a ganhar apoio da comunidade:

PROMOVER DISCUSSÕES E NEGOCIAÇÕES

A comunidade amplia seu apoio quando discute e negocia aspectos operacionais do processo de desenvolvimento. Conhecer os pontos de atrito e ajustá-los, quando possível, ajuda a reduzir resistências à mudança.

PROMOVER A PARTICIPAÇÃO DA SOCIEDADE

O processo de desenvolvimento do turismo exige momentos de energia e paixão, para que as pessoas quebrem seu senso de negatividade e se entusiasmem com a ideia de participar ativa e positivamente do desenvolvimento da sua comunidade.

Para superar a resistência à mudança, convide as pessoas da comunidade que são a favor da mudança para ajudá-lo no processo de diagnóstico, planejamento e execução. Essas pessoas criarão um ambiente positivo e, até mesmo, convencerão outros a participar.

DIMINUIR ATITUDES DEFENSIVAS

Faça perguntas eficazes, que levem as pessoas para uma meta ou um objetivo, em vez de deter-se sobre o que estaria errado. A pergunta eficaz oferece estímulos à participação. Não esqueça: se possível, utilize o senso de humor.

Perguntas que devem ser evitadas: "Por quê?", "Quem?".

Opte por perguntas abertas: "Como poderíamos?", "Que tipo de apoio?".

CRIAR SENSO DE URGÊNCIA

Líderes de sucesso encontram formas enérgicas e até dramáticas para comunicar as razões que justificam as necessidades de mudanças, especialmente quando envolvem esforços coletivos que, a princípio, possuem interesses diferentes.

Assim, criar um senso de urgência é essencial. Ele representa o estado de espírito que todos deverão compartilhar para diminuir seus interesses particulares e trabalhar em prol de um objetivo comum de maior urgência.

Algumas dicas para criar senso de urgência:

> Apontar necessidades financeiras e estratégicas

É importante discutir abertamente as fragilidades financeiras e sociais da localidade, bem como a posição diante da concorrência do mercado, e as possibilidades de uma possível crise, caso não se organizem as infraestruturas necessárias.

> Apontar oportunidades

Revelar as oportunidades para todos os que habitam na localidade, caso sejam alcançados os objetivos desejados.[8]

O gestor deve saber traçar cenários que ilustrem, de forma consistente e realista, as diferentes oportunidades ou ameaças que o desenvolvimento pode criar para a comunidade. Recomenda-se a elaboração de pelo menos três cenários.

> Apontar benefícios

O desenvolvimento do turismo tem de gerar benefícios concretos para a comunidade. Esses benefícios devem ser sinalizados de forma concreta e com o "pé no chão". Benefícios demagogos podem levar à perda de credibilidade e à consequente falta de interesse da comunidade em participar. Tem gente que diz que o Programa Nacional de Municipalização do Turismo (PNMT) fez isso; é uma opinião.

Vale a pena lembrar que o desenvolvimento turístico também pode gerar "externalidades" que afetem negativamente a comunidade. É importante que o tema seja discutido para minimizar esse efeito.

Você conhece algumas "externalidades" do turismo que podem vir a afetar negativamente uma comunidade?

O que você acha da exploração sexual e da especulação imobiliária?

A eficácia de seu trabalho não vai depender apenas de suas competências pessoais, mas de sua habilidade em canalizar, para um objetivo comum, a força de trabalho de sua equipe e da própria comunidade.

Para exercer seu papel de líder com eficácia, é necessário saber criar e coordenar equipes de trabalho.

VI. Equipes de trabalho

Para concluir nossa análise, vamos dedicar as próximas páginas deste capítulo ao tema "equipes de trabalho".

Equipe de trabalho é um tipo especial de grupo, cujos membros possuem habilidades complementares e estão comprometidos com um propósito organizacional comum.

---

8   Os objetivos devem ser construídos com a comunidade. Assim, o gestor garantirá sua aceitação.

O que se espera de uma equipe eficaz?

Quais os fatores críticos para o sucesso das equipes?

O que você deve esperar dos membros da equipe?

O QUE SE ESPERA DE UMA EQUIPE EFICAZ?

Segundo Andrew Dubrin,[9] uma equipe eficaz:

> Produz resultados

A equipe deve atender ou superar em qualidade e quantidade as metas definidas em comum acordo. Deve ter ainda a capacidade de rever objetivos.

> Satisfaz seus membros

O trabalho em equipe deve propiciar, aos membros, satisfação em curto prazo e projeção de crescimento em longo prazo. Não se esqueça de criar condições que facilitem e promovam a criatividade dos membros.

> Tem capacidade de cooperação contínua

Uma equipe eficaz tem membros que confiam uns nos outros. A desconfiança entre os membros da equipe é um problema medíocre, que o gestor deve evitar. O ego das pessoas é uma das maiores dificuldades do trabalho em equipe. Cuidado! Uma equipe eficaz deve atingir as metas planejadas, sem enfraquecer a relação de satisfação e integração de seus membros.

QUAIS OS FATORES CRÍTICOS PARA O SUCESSO DAS EQUIPES?

Segundo John Wagner e John Hollenbeck,[10] o sucesso das equipes depende de:

> Liderança e objetivos

Devem ter um líder e um objetivo compartilhado, com o qual os membros da equipe se identifiquem e pelo qual estão dispostos a lutar e alcançar.

> Integração

Manifesta-se na credibilidade e na confiança entre os integrantes e na vontade de continuar participando do grupo.

> Afinidade e confiança

São fatores essenciais para promover a cooperação entre os integrantes da equipe. Membros que não têm confiança entre si, ou que têm um perfil de "desconfiados", devem ser evitados, pois minimizam o potencial do trabalho em equipe.

> Interdependência

Interdependência de tarefas: os membros da equipe interagem e dependem uns dos outros para realizar o trabalho. É valiosa essa interdependência, pois aumenta a motivação e o senso de responsabilidade, e reforça a integridade da equipe.

Interdependência de remuneração: resultados individuais podem estar vinculados ao desempenho do grupo; assim podem incentivar uma boa atuação conjunta e delegar parte do controle à própria equipe.

> Composição adequada

Equipe heterogênea: geralmente tem um efeito positivo sobre o desempenho da equipe, sobretudo quando existe uma variedade de objetivos a realizar.

Fatores importantes na heterogeneidade, segundo Dubrin:[11]

---

9   Dubrin, 2001.
10   Wagner e Hollenbeck, 2000.
11   Dubrin, 2001.

- formação educacional;
- experiência;
- nível socioeconômico; e
- diversidade cultural.

Tamanho da equipe: para Agostinho Minicucci,[12] equipes devem ter tamanho suficiente para cumprir seus objetivos, sempre lembrando que equipes grandes se tornam difíceis de coordenar.

De quatro a sete membros, é um bom número. As equipes podem ser maiores e subdivididas por tarefas.

> Recursos

O ambiente de trabalho, os recursos técnicos e os instrumentos disponíveis à equipe influenciam na satisfação e na eficácia do trabalho. O coordenador da equipe deve oferecer os instrumentos e o ambiente adequado para que as pessoas não se desestimulem ao longo do trabalho. É possível pedir a cooperação dos membros para suprir essas carências; o que deve ser evitado é fingir que está tudo bem.

Lembre-se da necessidade de ser honesto para manter a liderança.

Para exigir resultados, você deve oferecer as infraestruturas necessárias. Não espere milagres.

Cada uma das equipes deve ter um representante, pois é ele que irá ajudá-lo a controlar o desempenho dos integrantes e a cobrar resultados.

O QUE SE DEVE ESPERAR DOS MEMBROS DA EQUIPE?

Para Andrew Dubrin,[13] o coordenador deve esperar dos membros da equipe:

> Responsabilidade

Que os objetivos sejam atingidos. Resultados!

> Visão sistêmica

Que os membros da equipe não só compreendam a importância de seu trabalho para o sucesso da implementação do planejamento, mas também saibam reconhecer a interdependência de seus trabalhos.

> Feedback

Que os membros da equipe ofereçam feedback sobre o processo de implementação e sugestões sobre possíveis ajustes nos objetivos e nas estratégias da empresa.

> Confiança entre os membros

É necessário acreditar nas habilidades e experiências dos membros do grupo; acreditar em sua capacidade de autogestão.

VII. Conclusões

Neste capítulo, desejamos levá-lo à reflexão e motivá-lo a continuar com seus estudos de gestão de destinos turísticos.

Como você conferiu, a gestão de destinos turísticos exige competências e conhecimentos técnicos bem específicos. Se de um lado esse é um grande desafio profissional, de outro representa uma oportunidade para trabalhar com uma atividade dinâmica, que engloba aspectos econômicos, organizacionais e humanos, e que, além disso, está em verdadeira expansão.

Espero que, neste capítulo, você tenha percebido a importância da profissionalização desse trabalho. É difícil entender que uma atividade tão complexa e importante seja realizada por pessoas sem qualificação técnica específica. O turismo no Brasil poderá atingir o nível de

A empatia entre os membros da equipe e a vontade de realizar seus objetivos influem na eficácia da equipe. Procure pessoas que abracem a ideia e queiram trabalhar juntas.

---

12   Minicucci, 2001.
13   Dubrin, 2001.

desenvolvimento que se espera no dia em que seus gestores estiverem qualificados profissionalmente para facilitar esse processo. Até então, o ritmo será aquele que já conhecemos, um passo para a frente e dois passos para o lado.

Exercícios

Todos nós temos, em maior ou menor medida, um saudável respeito às normas. Mas, para promover o comportamento criativo, esse respeito pode ser balanceado com a valorização da ruptura, visando a ideias inovadoras. Com essa finalidade, tenho utilizado duas dinâmicas:

Dinâmica do ataque e da defesa e dinâmica das notícias populares. Eu as aprendi com a professora Sylvia Vergara e no livro de José Predebon,[14] respectivamente.

O objetivo da dinâmica de ataque e defesa é promover o pensamento dialético. Já o das notícias populares é estimular o pensamento criativo.

> Dinâmica de ataque e defesa

1. Forme dois grupos, para que assumam as posições de ataque e defesa.
2. Apresente um assunto de conhecimento público, como os Jogos Pan-americanos de 2007. Tratou-se de um evento positivo ou negativo para a cidade do Rio de Janeiro?
3. Após o relato do caso, o primeiro participante a interferir, a favor ou contra, definirá o lado (favorável ou contrário) em que seu grupo ficará obrigatoriamente engajado.
4. O exercício poderá durar até oito minutos.
5. Depois, peça para alterar os papéis: quem defendia passa a atacar e vice-versa.
6. Deixe fluir o exercício por mais oito minutos.
7. Peça comentários sobre a experiência.

A dinâmica deste exercício é bem desorganizada, como a de um *brainstorming*. A finalidade principal é promover, no público, o pensamento dialético, isto é, pensar como os dois lados da mesma moeda. Mesmo que não concorde, o profissional de gestão do turismo deve ter a capacidade de lidar com visões opostas e negociar.

> Dinâmica das notícias populares

1. Forme grupos de três a quatro pessoas e entregue uma matéria do jornal *O Globo* e do *Jornal do Brasil* (a intenção é escolher um jornal que utilizou linguagem séria/formal).
2. Cada grupo deve imaginar que concorre a vagas de trabalho num jornal sensacionalista/popular.
3. Reserve 15 minutos para que leiam a matéria e criem uma nova, adequada ao jornal de notícias populares.
4. Um representante de cada grupo deverá ler a nova matéria desenvolvida pela equipe; o restante ouve.
5. Depois de concluída a dinâmica, peça para que as pessoas expliquem o que sentiram no momento em que era lida a matéria que ajudaram a construir.
6. Faça relações entre ato criativo, prazer, comprometimento e desempenho.

Leituras recomendadas

BENNIS, Warren. "Uma força irresistível". *HSM Management*, maio/junho de 2001.

DUBRIN, Andrew. *Princípios de administração*. Rio de Janeiro: LTC, 2001.

FRANCO, Augusto de. *Além da renda: a pobreza brasileira como insuficiência de desenvolvimento*. Brasília: Millenium, 2000.

FROMM, Erich. *O medo à liberdade*. Rio de Janeiro: Jorge Zahar, 1987.

---

14   Predebon, 1998.

GOFFEY, Robert; GARETH, Jones. "Como desenvolver a liderança". *HSM Management*, maio/junho de 2001.

MILLER, Jacqueline. "A ferramenta do humor". *HSM Management*, novembro/dezembro de 1997.

MINICUCCI, A. *Técnicas do trabalho em grupo*. 3.ed. São Paulo: Atlas, 2001.

PALOMO, Salvador. "I Encuentro Internacional sobre Turismo Justo". Diputación de Málaga, 2006.

PREDEBON, José. *Criatividade: abrindo o lado inovador da mente*. São Paulo: Atlas, 1998.

VERGARA, Sylvia. *Gestão de pessoas*. São Paulo: Atlas, 2000.

WAGNER, J.; HOLLENBECK, J. *Comportamento organizacional*. São Paulo: Saraiva, 2000.

WEINBERG, Gerald. *O líder técnico*. São Paulo: McGraw-Hill, 1996.

ESTUDO DE CASO 1
PROJETO ROTA MANGUEZAL

Vitória, capital do Espírito Santo, é uma ilha com ampla diversidade ambiental e com 860 hectares de mangue. Para aproveitar esses recursos, desde 1996, a Prefeitura Municipal de Vitória investe no Projeto Rota Manguezal, que valoriza e melhora a qualidade de vida das pessoas daquela região, com base no desenvolvimento de atividades de ecoturismo. O projeto foi desenvolvido pela administração da região de São Pedro, que compreende dez dos bairros mais carentes de Vitória, e pelas secretarias municipais de Meio Ambiente, Ação Social, Desenvolvimento Urbano e Obras.

O objetivo do Projeto Rota Manguezal é desenvolver o ecoturismo na baía noroeste de Vitória, preservando e conservando o manguezal, os valores históricos, culturais e humanos da região, além de promover o desenvolvimento social das comunidades. A execução do projeto visa ainda à geração de renda e emprego, à valorização e ao fortalecimento das comunidades locais, à redução da poluição da baía e à ordenação das atividades de pesca.

O projeto Rota Manguezal foi dividido em cinco subprojetos para facilitar a execução das obras. Um deles é a restauração e recuperação do cais do Hidroavião, criando um centro turístico com restaurantes, atividades culturais e, principalmente, apoio ao turismo náutico e ecológico.

A melhoria nas condições de produção da Associação das Paneleiras, em Goiabeiras, é o segundo subprojeto. A proposta é conservar e manter a arte de produzir, implantando uma infraestrutura turística para dinamizar a comercialização da produção.

Entre as obras executadas, estão a construção do cais flutuante, a implantação de trilhas e passarelas no manguezal e o tratamento paisagístico do canal, além da implantação de um centro cultural e de melhorias urbanas no bairro de Goiabeiras.

Um terceiro subprojeto envolve a ilha das Caieiras, a orla de São Pedro I e o entorno, garantindo aos locais infraestrutura urbana e turística, e possibilitando os serviços necessários para desenvolver o turismo sustentável e o desenvolvimento social da região. É na ilha das Caieiras que foram construídos o Galpão das Desfiadeiras de Siri e a Vila das Tradições, para apoiar o desenvolvimento da gastronomia e de artesanatos locais. O antigo armazém de secos e molhados foi transformado no Museu do Pescador e centro de informações turísticas.

Conscientizar a comunidade sobre a importância socioeconômica do ecoturismo se tornou o quarto subprojeto. Para essa conscientização, a administração regional envolveu as lideranças e os moradores da ilha das Caieiras, do entorno e das Paneleiras no processo de planejamento, implantação e operação do Projeto Rota Manguezal. Foi desenvolvido também o projeto de iniciação escolar para o turismo nas escolas da região.

O último subprojeto é a promoção e o marketing do Rota Manguezal, que tem o objetivo de divulgar e promover o produto ecoturístico da ilha de Vitória, da baía e sua paisagem diversificada.

O Projeto Rota Manguezal, na sua primeira fase, foi orçado em R\$ 2,98 milhões, sendo R\$ 1,55 milhão para melhorias na Ilha das Caieiras; R\$ 980 mil para as Paneleiras; R\$ 260 mil para o Cais do Hidroavião; R$ 190 mil para o desenvolvimento das rotas turísticas; R$ 40 mil para o programa de conscientização e R$ 60 mil para marketing.

Na intenção de atrair parceiros econômicos do setor privado para assegurar os investimentos previstos no projeto, a prefeitura de Vitória realizou uma *fun trip* pela baía noroeste da cidade, para diretores da Companhia e Fundação da Vale do Rio Doce, que após a experiência se tornaram os principais financiadores do projeto.

FONTE: JOANA ALIMMONDA. PUC-RIO, 2008.

ESTUDO DE CASO 2
AS "EMBRATURES" DO BRASIL

As atuais funções do nosso órgão oficial de Turismo reacenderam o glamour que de alguma forma sempre cercou suas atividades. O "reacender" pode soar estranho aos recém-ingressados nos estudos ou no mercado turístico e que só conheceram a autarquia a partir do fim do século passado, mas os iniciados há mais tempo podem confirmar a importância da Embratur ao longo dos tempos e do desenvolvimento do turismo no Brasil.

É bem verdade que seu surgimento se deu durante um período negro de nossa História, o qual nos esforçamos ao máximo para esquecer. Ela surge em plena ditadura, e, como não poderia deixar de ser, é criada por um decreto (o Decreto-Lei nº 55, de 18 de novembro de 1966). Longe de juízos de valor e mais longe ainda de defender o regime, o poder que o governo a ela outorgava praticamente propiciou o surgimento da atividade turística organizada no Brasil.

Como suas funções eram, além de promocionais como hoje, de um órgão legislativo (e, por conseguinte, criador de políticas públicas), controlador e fiscalizador da oferta, todo o desenvolvimento, fosse ele público ou privado, tinha a interferência da então Empresa Brasileira de Turismo. Não havia um empreendimento turístico sequer que pudesse funcionar legalmente no Brasil sem o registro no órgão e sua devida classificação. Se por um lado isso restringia a iniciativa privada e a diversificação da oferta, por outro gerava um controle de qualidade estatal sobre o produto turístico nacional, além de uma receita volumosa recolhida pela própria empresa estatal, já que todo cadastro e toda classificação implicavam recolhimento de taxas para a Embratur. Além disso, outra grande fonte de receita eram as Fichas Nacionais de Registros de Hóspede (FNRH), obrigatórias na época e fornecidas exclusivamente pelo órgão por meio de seus representantes estaduais, os Centros de Atividades Delegadas (Cades). Evidentemente, na realidade atual, nada disso seria plausível, pois tais cobranças seriam no mínimo consideradas bitributação, já que, além desses pagamentos obrigatórios, as empresas privadas ainda pagavam seus impostos. Naquele momento histórico, entretanto, pouco se tinha de possibilidade de questionamento, e tais receitas permitiam à empresa estatal manter um alto nível de funcionários e de atividades. Exemplos disso eram as matrizes classificatórias, especialmente as de meios de hospedagem, que viraram modelos internacionais. Novamente, faziam parte de um momento histórico em que as questões de mensuração de qualidade de serviços ainda não existiam, e as matrizes baseavam-se mormente em aspectos físicos construtivos. Além disso, como eram compulsórios, a cada nova administração enfrentavam problemas com o direito adquirido pelas empresas que haviam construído seus estabelecimentos durante a vigência da matriz anterior, e, por mais que os conceitos de qualidade fossem mudando, estas possuíam o direito de continuar sendo classificadas segundo os padrões em que haviam sido enquadradas originalmente, o que gerava uma discrepância entre hotéis de mesma categoria em estrelas, mas que, segundo sua "idade", tinham mais ou menos qualidade e, ainda assim, estavam na mesma categoria. Esse fato colaborou muito para desacreditar o sistema classificatório brasileiro. Não obstante, tal sistema teve tanta força em sua época que, por mais que tenha praticamente deixado de existir, até hoje ao se referir a um hotel costuma-se diferenciá-lo dentro de categorias de estrelas, como se fazia então.

Os primeiros golpes sofridos pela Embratur são do início da década de 1990, e coincidem com o fim da ditadura. Inicialmente, com o fim da obrigatoriedade de registro das empresas, posteriormente, com a retirada da FNRHs de sua responsabilidade, e, finalmente, com sua transferência do Rio de Janeiro para Brasília durante o governo Collor. Pode-se dizer que nesse período uma nova Embratur foi criada, transformando-se em autarquia, que só decolou novamente no governo FHC, com o advento do Programa Nacional de Municipalização do Turismo (PNMT). Nunca houve interrupção em sua atividade, mas, durante esse período transitório entre a ditadura e a democracia, tanto sua popularidade quanto seu poder foram marcadamente diminuídos.

Com o período de estabilidade da dupla legislatura do governo Fernando Henrique, a autarquia volta a tomar vulto, agora definitivamente em Brasília, e redireciona boa parte de suas funções, readquirindo a credibilidade balançada nos anos anteriores, quando algumas de suas funções ainda permaneciam no Rio de Janeiro e outras já haviam sido transferidas para Brasília. Como tal período transitório já ocorreu há mais de uma década, a imagem que se tem hoje é a do "escritório" do Rio de Janeiro, e alguns baluartes do turismo brasileiro (como Luiz Carlos Bodstein, que teve influência sobre praticamente toda a legislação turística brasileira até os anos 1990, entre tantos outros) acabam não tendo seus nomes referenciados em livros acadêmicos. Contudo, há que se ter em mente que muito da "nova" Embratur se deve a essa primeira geração do turismo público brasileiro.

Contudo, as mudanças não pararam aí, e, depois da segunda geração do Órgão Oficial de Turismo, uma nova Embratur é criada pelo governo Lula, como consequência da redistribuição das funções do que se chama hoje de Destination Management Organisation (DMO) entre as novas secretarias do recém-criado Ministério do Turismo.

A "novíssima" Embratur recupera integralmente o prestígio do Órgão Oficial de Turismo, focando suas atividades especificamente na promoção e divulgação do Brasil turístico no exterior, ainda que algumas das funções das "embratures" anteriores (como a estatística turística) permaneçam sob sua responsabilidade em função da tradição que o órgão possui nessas atividades.

Por fim, cabe notar que as mudanças ocorridas ao longo do tempo no turismo público brasileiro, e especialmente na Embratur, são fruto não só de transformações sociais e políticas nacionais, como também da evolução do pensamento turístico global e das mudanças ocorridas mundo afora que alteraram as funções dos governos em todo o globo.

FONTE: PROFESSOR CARLOS EDUARDO SILVEIRA. MESTRE EM TURISMO EM PAÍSES EM DESENVOLVIMENTO. PROFESSORA JULIANA MEDAGLIA. MESTRE EM COMUNICAÇÃO E TURISMO. 2008.

ESTUDO DE CASO 3
LAS VEGAS: 100 ANOS DA "CIDADE QUE NUNCA DORME"

Las Vegas, localizada no estado americano de Nevada, é um caso distinto e raro em todo o mundo. Segundo destino de férias dos americanos (depois da Walt Disney World), recebeu quase quarenta milhões de visitantes em 2003 e, sozinha, é o sétimo destino em fluxo de turistas no mundo. Seu aeroporto, o McCarran International, é o oitavo do mundo em movimento, com 36 milhões de passageiros/ano.

É impressionante observar que a cidade, que comemorou seus cem anos em 2005, é considerada por muitos a que mais cresceu no mundo entre aquelas que nasceram no século XX, pois, além do seu 1,7 milhão de habitantes, ainda recebe mais três milhões a cinco milhões de visitantes por mês, segundo o Las Vegas Convention and Visitors Authority (2003).

Também é conhecida por possuir os menores índices de criminalidade do país, segundo o Federal Bureau Investigation (FBI). Esse dado ajuda a entender o porquê de as famílias americanas adorarem a cidade, mantendo a ocupação dos 89 hotéis-cassinos que nunca fecham em uma média de 88,8% (a mais alta dos Estados Unidos).

Em 1941, com cerca de 8.500 habitantes, a população de Las Vegas começou a ver os primeiros frutos da comercialização de destino relacionado ao jogo com a construção do primeiro resort da cidade, o El Rancho Vegas; e, logo depois, com o Flamingo de "Bugsy" Siegel, um gângster proveniente do submundo de Nova York e que servia aos interesses de Al Capone em Los Angeles.

O hotel-cassino Flamingo foi inaugurado no Natal de 1946, mas a festa não foi como desejava o mafioso. O fracasso de público foi total, e seu assassinato é contado no filme *Bugsy*, de Warren Beatty.

Protótipo de hotel-cassino de Las Vegas, o Flamingo estabeleceu o mercado de jogos em resorts explorado até hoje, e as facilidades de sua empresa (apartamentos, piscina, bares, palco para shows, saguão etc.) definiram os novos cassinos da cidade. Quarenta e cinco anos depois, o Flamingo já havia arrecadado US$ 6 bilhões.

Na década de 1950, morar na cidade era muito barato. O dinheiro da máfia de todo o país estava envolvido em inúmeras operações e vários incentivos governamentais apareceram para dar infraestrutura à cidade.

Foi então, na década de 1960, que o governo criou o Gaming Control Board (Comissão de Controle do Jogo) para estabelecer limites na atividade. Americanos que buscavam uma segunda oportunidade começaram a ser substituídos por famílias em busca de diversão.

A tematização dos hotéis-cassinos de Las Vegas começa em 1966, com a inauguração do Caesars Palace (estilo Roma antiga imperial). Os empresários começavam a inovar para fugir do ambiente desértico.

Nos anos 1970, a cidade cresceu demais, e a situação começou a escapar até das mãos dos chefes da máfia, pois corporações como Sheraton, Hilton e MGM e empresas de investimentos de Wall Street começaram a ajudar Las Vegas a se tornar a cidade mais rápida em crescimento do país.

O seu período de monopólio do jogo nos EUA (entre 1940 e 1978) passou, e Las Vegas necessitava se reestruturar para melhor competir com outros destinos turísticos e de jogo-entretenimento, melhorando ainda mais sua infraestrutura, suas atrações e seus serviços. As corporações, então, começaram a pensar que deveriam oferecer muito mais para atrair famílias inteiras – era o início dos mega resorts, com seus parques temáticos, como conta o filme *Cassino*.

A partir da década de 1980, Las Vegas demoliu vários dos antigos hotéis como o Dunes (onde hoje é o Bellagio de *Onze Homens e um Segredo*), Hacienda, Landmark, Marina, o antigo Aladdin, El Rancho, Sands e outros menores.

Na "Sin City" (Cidade do Pecado), porém, entre os anos 1970 e 1980, tentou-se agradar às crianças com parques temáticos anexados aos hotéis-cassinos, como o Circus Circus e o MGM Grand Theme Park, com todo o tipo de jogos dentro dos apartamentos, e até com hotéis para crianças, mas quase todos não deram muito certo, e alguns até fecharam. Mesmo assim, Las Vegas duplicou o número de turistas nesse período, chegando à marca de 11.041.524 visitantes, enquanto os gastos aumentaram 273,6%, chegando aos US$ 4,7 bilhões.

Não parecia fácil agradar pais e filhos ao mesmo tempo, até que Steve Wynn abriu em 1989 o que ele chamou de "Nova Las Vegas", o mega resort The Mirage, que conseguiu agradar a toda a família ao mesmo tempo com suas atrações e temática. Os mega resorts, como Paris Las Vegas, The Venetian, Luxor, Excalibur, Monte Carlo, Bellagio, New York New York e Mandalay Bay, que apareceram depois, seguiram o mesmo modelo.

Las Vegas, hoje, pode ser considerada um exagero sob muitos aspectos, como no que se refere a casamento. A cidade apostou fortemente no público-alvo de noivos e recém-casados e atualmente é a cidade com maior número de capelas exclusivas para matrimônios do mundo – cerca de 35. Também ocorrem casamentos em quaisquer dos hotéis-cassinos da cidade, em motéis, torres e até em *drive thrus* (nesse caso, basta abrir a janela do carro, dizer sim e assinar a papelada). Tudo isso com a temática que o casal desejar, com roupas medievais, futuristas, informais, com o Elvis de padrinho ou de pastor etc.

Em termos de turismo de compras, Las Vegas também pode ser considerada uma meca, não pelos seus preços, mas pelo número de pessoas comprando em inúmeros centros comerciais e galerias. Muitas delas sequer "anoitecem", pois seus tetos e iluminação proporcionam a sensação de se estar ao ar livre e com céu claro. Lá encontra-se o shopping considerado o mais lotado do mundo, The Forum Shops, no Caesars Palace, que recebe cerca de cinquenta mil pessoas diariamente, amontoadas nas galerias que lembram o antigo Fórum Romano.

Viver em Las Vegas é ter um custo de vida 5% mais alto que a média nacional, e é muito grande a possibilidade de encontrar grandes famosos que moram na cidade, como Mike Tyson, Celine Dion, Jerry Lewis, André Agassi, entre outros.

Outro "exagero" é a quantidade de campos de golfe na cidade: 58 campos profissionais em 2003 (o triplo dos anos 1970). E isso não é só porque os americanos adoram o esporte e porque Las Vegas possui 320 dias de sol por ano, mas porque se sabe que o jogador de golfe é um dos visitantes que mais gasta atualmente e, apesar do alto custo de manutenção dos campos, são espaços bastante estratégicos na urbanização da cidade, aumentando a qualidade de vida da população.

A cidade se especializou, também, na área de eventos e congressos. Por isso, construiu o maior centro de convenções dos EUA, com aproximadamente um milhão de metros quadrados. O Las Vegas Convention Center pode receber eventos com até 130 mil pessoas circulando por seus suntuosos salões. Ao todo, na cidade, são promovidos quase três mil seminários, congressos e convenções por ano, que recebem cerca de cinco milhões de participantes (14% do total de visitantes da cidade), gerando um impacto econômico de US$ 5 bilhões. Colocar vinte mil pessoas sentadas lado a lado em um evento é tarefa fácil para os organizadores de eventos da cidade.

Além de suas extravagâncias, como plantar palmeiras (*palm springs* da Califórnia) de US$ 2 mil pela cidade, Las Vegas demonstra ser um dos resorts mais profissionais e preparados do mundo para receber turistas. Um exemplo claro é o tratamento dado aos visitantes deficientes físicos, que só necessitam ligar para o Convention & Visitors Bureau para receber toda a ajuda necessária para desfrutar a cidade da melhor maneira possível. Outro exemplo é a facilidade de fazer o check-in do hotel já no aeroporto e receber a chave lá mesmo. Percebe-se, entretanto, que as corporações da cidade são campeãs na arte de tirar dinheiro dos visitantes. Até o poder público, a quem pertence o aeroporto da cidade, posiciona caça-níqueis já na porta de desembarque dos aviões.

Há tempos que a "Cidade que nunca dorme" investe no planejamento e na gestão estratégica em escala macro e micro simultaneamente e, por isso, virou um cenário nada similar ao estereótipo do oeste americano, como no Velho Oeste das carruagens, índios, caubóis, mineiros e mórmons, que deram início à "resort city" mais famosa do mundo.

FONTE: PROFESSOR DARIO LUIZ DIAS PAIXÃO, COORDENADOR DO CURSO DE TURISMO DO CENTRO UNIVERSITÁRIO POSITIVO (UNICENP) – CURITIBA/PR.

ESTUDO DE CASO 4

NORMAS E QUALIFICAÇÃO COMO ALAVANCA DE NEGÓCIOS EM TURISMO DE AVENTURA NO BRASIL

Atualmente, o turismo de aventura é um dos segmentos que mais cresce em todo o mundo e, particularmente, no Brasil, onde as belezas naturais e a grandiosidade do território nacional permitem a realização de uma infinidade de atividades em diversos destinos turísticos. Inicialmente tratado como uma vertente do turismo de natureza, o turismo de aventura se disseminou pelo país, desenvolvendo características próprias e resultando no surgimento de organizações, profissionais e polos.

Mesmo com todas as oportunidades, esse segmento, no Brasil, é pouco explorado pelas agências de turismo internacionais. Existe pouca oferta do produto "turismo de aventura no Brasil", em parte em razão da falta de qualidade e segurança na operação dos serviços.

Dentro desse contexto, o Ministério do Turismo (MTur) passou a considerar o turismo de aventura um dos segmentos prioritários para o desenvolvimento da atividade turística no Brasil. Seguindo as tendências internacionais, de acordo com as quais o desenvolvimento de normas técnicas tem sido utilizado como ferramenta de organização e desenvolvimento do setor de turismo, o MTur criou o Projeto de Normalização e Certificação em Turismo de Aventura, executado pelo Instituto de Hospitalidade (IH) desde 2003.

Por meio de um amplo diagnóstico do setor, o projeto traçou um panorama dos aspectos críticos para a operação responsável e segura do turismo de aventura. Esse diagnóstico levou à definição das 21 normas técnicas[15] prioritárias e contou com oficinas de trabalho realizadas com empresários do setor e representantes do MTur, do Instituto Nacional de Metrologia, Normalização e Qualidade Industrial (Inmetro), de associações esportivas, de universidades, de trabalhadores e de ONGs.

Normalização é a maneira de organizar as atividades por meio da criação de normas técnicas, visando contribuir para o desenvolvimento econômico e social de uma região, um país ou um segmento. Seu objetivo no turismo de aventura é elaborar um sistema de normas técnicas que possibilite o crescimento desse segmento com qualidade e segurança.

As normas são criadas no âmbito da Associação Brasileira de Normas Técnicas (ABNT), por meio do Comitê Brasileiro de Turismo (CB54) e suas Comissões de Estudo (CE). Participam do processo empresas, organizações, profissionais, consumidores, institutos de pesquisa e universidades, além do governo. A seguir, cada CE e as respectivas normas:

> CE 54:003.01 – Turismo de aventura – Condutores – Competências de pessoal;
> Turismo de aventura – Condutores – Competências de pessoal (NBR 15285);
> CE 54:003.02 – Turismo de aventura – Sistema de gestão da segurança;
> Turismo de aventura – Sistemas de gestão da segurança – Requisitos (NBR 15331);
> Sistemas de gestão da segurança – Diretrizes;
> Turismo de aventura – Sistemas de gestão da segurança – Requisitos de competências para auditores (NBR 15334);
> CE 54:003.03 – Turismo de aventura – Informações mínimas preliminares a clientes;
> Turismo de aventura – Informações mínimas preliminares a clientes (NBR 15286);
> CE 54:003.04 – Terminologia – Turismo de aventura;
> Turismo de aventura – Terminologia;

---

15 A síntese e o estágio de desenvolvimento das normas técnicas estão disponíveis também no site do projeto, hospedado no site do IH.

> CE 54:003.05 – Turismo de aventura – Turismo com atividades de montanhismo;
> Turismo de aventura – Condutores de montanhismo e de escalada – Competências de pessoal (NBR 15397);
> Turismo de aventura – Condutores de caminhada de longo curso – Competências de pessoal (NBR 15398);
> CE 54:003.06 – Turismo de aventura – Turismo fora de estrada;
> Turismo de aventura – Condutores de turismo fora de estrada em veículos 4x4 ou bugues – Competências de pessoal (NBR 15383);
> Turismo de aventura – Turismo fora de estrada em veículos 4x4 ou bugues – Requisitos para produto (NBR 15453);
> CE 54:003.07 – Turismo de aventura – Turismo com atividades de rafting;
> Turismo de aventura – Condutores de rafting – Competências de pessoal (NBR 15370);
> CE 54:003.08 – Turismo de aventura – Espeleoturismo e turismo com atividades de canionismo;
> Turismo de aventura – Condutores de espeleoturismo de aventura – Competências de pessoal (NBR 15399);
> Turismo de aventura – Condutores de canionismo e cachoeirismo – Competências de pessoal (NBR 15400);
> Turismo de aventura – Espeleoturismo de aventura – Requisitos para produto;
> CE 54:003.09 – Turismo de aventura – Turismo com atividades com uso de técnicas verticais;
> Turismo de aventura – Turismo com uso de técnicas verticais – Requisitos para produto;
> Turismo de aventura – Turismo com uso de técnicas verticais – Procedimentos;
> CE 54:003.10 – Turismo de aventura – Cicloturismo, turismo com atividades de caminhada e cavalgada;
> Turismo – Turismo com atividades de caminhada – Requisitos para produto (parte 1) e Classificação de percursos (parte 2);
> Turismo – Cicloturismo – Requisitos para produto (parte 1) e Classificação de percursos (parte 2); > Turismo – Turismo Equestre – Requisitos para produto (parte 1) e Classificação de percursos (parte 2);
> CE 54:003.11 – Turismo de aventura – Turismo com atividades de arvorismo;
> Turismo de aventura – Parques de arvorismo - Requisitos das instalações físicas (parte 1) e Requisitos de operação (parte 2);
> CE 54:003.12 – Turismo de aventura – Turismo com atividades de bungee jump; e
> Turismo de aventura – Bungee Jump – Requisitos para produto.

Esse projeto é uma importante contribuição para a profissionalização da operação do turismo de aventura no Brasil, pois cria um ambiente propício para sua inserção no mercado internacional e atrai um fluxo relevante de turistas estrangeiros para o país, além de fomentar o turismo interno.

As normas técnicas possibilitam: desenvolver programas de certificação de profissionais, empresas e produtos turísticos; elaborar cursos de capacitação; referenciar os processos de recrutamento e seleção de empresas; criar políticas de estímulo e incentivo ao turismo de aventura baseadas em normas brasileiras discutidas e aceitas pela sociedade; enfim, transformar o cenário do turismo de aventura no Brasil com o aumento da segurança, da qualidade, do nível técnico e do profissionalismo das empresas e dos profissionais do segmento.

Com isso, ganha o turismo de aventura, que tem tudo para se estabelecer como atividade promissora, e ganha o Brasil, que se tornará um destino à altura do turismo de aventura mundial.

FONTE: LEONARDO PERSI (COÖRDENADOR DO PROJETO DE NORMALIZAÇÃO E CERTIFICAÇÃO EM TURISMO DE AVENTURA. GUIA DE TURISMO NACIONAL E NA AMÉRICA DO SUL. É GRADUADO EM ADMINISTRAÇÃO DE EMPRESAS E ESPECIALISTA EM ECOTURISMO. É SÓCIO-DIRETOR DA LMP CONSULTORIA EMPRESARIAL LTDA.) E TIAGO VALOIS (CONSULTOR DO PROJETO DE NORMALIZAÇÃO E CERTIFICAÇÃO EM TURISMO DE AVENTURA. É GRADUADO EM ENGENHARIA ELÉTRICA, COM MBA EM GESTÃO DE NEGÓCIOS E ESPECIALIZAÇÃO EM PLANEJAMENTO TURÍSTICO. É SÓCIO-DIRETOR DA D'AVENTURA ESPORTES E TURISMO LTDA.)

*O homem ingênuo perderá aquilo que tem
de mais valioso pela falta de limites.*
Robert Bly

2 OBJETIVOS DO CAPÍTULO

Definir desenvolvimento sustentável e apresentar sua importância ética e estratégica para a atividade turística.

Revelar os princípios técnicos do desenvolvimento turístico sustentável.

Relacionar o desenvolvimento sustentável à competitividade dos destinos turísticos.

Apresentar e descrever formas para promover o desenvolvimento turístico sustentável.

Promover a reflexão crítica sobre a importância do desenvolvimento turístico sustentável.

Desenvolvimento do turismo sustentável

A evolução do turismo nas últimas décadas nos permite identificar uma atividade em franca expansão, que vem ganhando importância na economia mundial.

A esse contexto de expansão do turismo, podemos agregar a experiência acumulada dos turistas nas viagens e sua crescente sensibilidade para alcançar um equilíbrio entre o crescimento da atividade turística e a conservação do meio ambiente e dos valores socioculturais que caracterizam os destinos turísticos.

A experiência acumulada pelo turista e a nova consciência socioambiental ampliaram a percepção dos elementos que verdadeiramente integram o produto turístico. Fugimos do reducionismo industrial para uma perspectiva holística da oferta, que já não seria constituída apenas pelos serviços de hospedagem, transportes e alimentação, mas também pela qualidade territorial, sociocultural e ambiental do destino turístico.

Essas evidências de maturidade da demanda, e da própria indústria do turismo, não são fatos isolados nem exclusivos da indústria turística. Fazem parte de um contexto de conscientização e transformação social maior. Estamos nos referindo à lógica do desenvolvimento sustentável.

A seguir, vamos realizar um mergulho em um dos conceitos mais importantes e mais influentes deste início de século.

Abra sua mente.

I. Conhecendo o conceito de desenvolvimento sustentável

O desenvolvimento sustentável talvez seja um dos assuntos mais abordados pelas ciências sociais neste início de século. Parece que, de fato, a sociedade capitalista, como a conhecemos hoje, ficou deslumbrada com os avanços da tecnologia e com a possibilidade de consumir produtos e serviços que até pouco tempo atrás nem sequer eram imaginados pela maioria da população.

Os avanços que propiciaram a imensa ampliação do consumo se sustentam numa lógica e numa relação funcionalista entre o homem e seu meio. Funcionalista em razão do pensamento relacionado ao capitalismo demasiado prático e funcional; porém, as variáveis em jogo não acompanham o senso de praticidade industrial. Os sistemas vivos têm seus limites naturais, mas a velocidade de nossos desejos de consumo tem estourado tais limites, tornando a relação do homem com seu meio insustentável.[16]

O funcionalismo das relações converteu-se, no último século, no princípio essencial da sociedade e de suas teorias para o desenvolvimento. Diante dos impactos dessa perspectiva míope, iniciou-se, nos anos 1960, um debate político para integrar as questões socioambientais aos processos de produção, consumo e ao próprio pensamento econômico. Esse seria o início da consciência ambiental na sociedade contemporânea, movimento que procura, no equilíbrio entre os interesses do homem e as limitações da natureza, uma nova diretriz para o desenvolvimento socioeconômico.

A consciência ecológica continuou se expandindo nos anos 1970, sobretudo depois da Conferência das Nações Unidas sobre o Meio Ambiente Humano, celebrada em Estocolmo, em 1972, na qual foram assinalados os impactos e os limites dos modelos de desenvolvimento econômico seguidos até aquele momento. Na conferência, reconheceu-se, pela primeira vez, a necessidade de uma nova ética que integrasse as problemáticas sociais e ambientais ao pensamento político e econômico global.

Em 1984, a pedido do secretário-geral da Organização das Nações Unidas, foi criada a Comissão Mundial sobre Meio Ambiente e Desenvolvimento, que apresentava três objetivos:

> reexaminar questões críticas de meio ambiente e desenvolvimento, formulando propostas para tratá-las;

> propor novas formas de cooperação internacional para essas mesmas questões, que influenciassem as políticas e os acontecimentos em direção às mudanças desejadas; e

> levar os níveis de compreensão e engajamento de indivíduos, organizações voluntárias, empresas, institutos e governos.[17]

Três anos depois de iniciados os estudos, a comissão publicou suas conclusões num documento intitulado "Nosso futuro comum ou relatório Brundtland".[18]

Nesse estudo, foram reconhecidas as disparidades entre as nações e a necessidade de uma política compartilhada, capaz de promover uma estratégia que garantisse as condições de sobrevivência ao gênero humano, que, segundo o próprio relatório, estariam em sério risco.

O desenvolvimento sustentável foi então definido por CMMAD[19] como: atividade que harmoniza o imperativo do crescimento econômico, com a promoção da equidade social e a preservação do patrimônio natural, garantindo assim que as necessidades das atuais gerações sejam atendidas sem comprometer o atendimento das necessidades das gerações futuras.

Tendo como referência esse conceito, podemos perceber uma mudança na maneira de se compreender o desenvolvimento. Tradicionalmente, o desenvolvimento teria implicações apenas no crescimento econômico, como assinala Daly,[20] uma vez que, sem lucro e renda, não seria possível gerar novos postos de trabalho nem prosperidade econômica. A inclusão do termo sustentável agrega a preocupação e a responsabilidade de pensarmos no impacto de nossas decisões e hábitos de consumo, bem como na qualidade de vida das próximas gerações.

---

16 Siqueira, 1991.
17 Fonseca, 2002, p. 170.
18 A norueguesa Gro Brundtland coordenou o processo de pesquisa. Em homenagem, o relatório ficou conhecido por seu nome.
19 CMMAD, 1991.
20 Daly, 1968.

Com base nos resultados do estudo "Nosso futuro comum", foi realizada, em junho de 1992, na cidade do Rio de Janeiro, a Conferência das Nações Unidas sobre Meio Ambiente e Desenvolvimento, a Rio 92. Nesse encontro, desenvolveu-se uma agenda em que os países das Nações Unidas se comprometiam a realizar ações concretas para contribuir com o desenvolvimento sustentável.

Durante a conferência, foi aprovado ainda um programa global conhecido como Agenda 21, cujo objetivo era descentralizar e compartilhar a responsabilidade do desenvolvimento sustentável com a população do planeta.

Foi no Brasil, especificamente a partir da Rio 92, que o conceito de desenvolvimento sustentável ganhou força e começou a ser amplamente debatido e, como é evidente, criticado.

Para algumas pessoas, o conceito de desenvolvimento sustentável, como apresentado, estaria simplificando a complexidade dos sistemas vivos e a diversidade cultural numa proposta em que o elemento natureza é integrado à retórica do discurso capitalista. Essa é uma opinião respeitável e compartilhada por muitas pessoas.

Seja como for, o desenvolvimento sustentável não é apenas um conceito; está amparado por instrumentos e estudos técnicos. Talvez seja na prática que o conceito possa se aperfeiçoar progressivamente, caso necessário.

A partir da Rio 92 e logo na Cúpula de Johanesburgo, também conhecida como Rio + 10, a discussão sobre desenvolvimento sustentável passou a ser cada vez mais ampliada e compartilhada com a sociedade.

A lógica de compartilhar a responsabilidade política do desenvolvimento com a sociedade em geral veio ganhando mais força. A experiência nos mostra que, à medida que a sociedade assume uma postura política mais ativa, é possível diminuir as contradições evidentes entre os interesses imediatistas do capitalismo e os demais interesses sociais.

Como podemos perceber, o desenvolvimento sustentável nos desafia a assumir um papel cada vez mais ativo na vida política; induz-nos ao associacionismo e ao fortalecimento do espírito cívico, bem como à ampliação de nossa participação na vida política da comunidade. Esse desafio talvez seja uma das mais importantes contribuições diretas do desenvolvimento sustentável à democracia do século XXI.

II. Por que atuar de acordo com os princípios do desenvolvimento sustentável?

O desenvolvimento sustentável representa, mais que uma questão política ou ideológica, uma orientação necessária para o desenvolvimento.

Os mais céticos quanto à viabilidade econômica do desenvolvimento sustentável podem compreendê-lo como um código de princípios éticos, que podem levar o Brasil a desenvolver-se de forma altamente competitiva.

Com base nessas reflexões, podemos perceber que o desenvolvimento sustentável é uma orientação ética e estratégica que pretende incluir, em sua lógica, interesses excluídos da agenda política e empresarial do século passado.

O objetivo central é que as próximas experiências de desenvolvimento socioeconômico sejam não apenas eficazes do ponto de vista econômico (tema que se domina), mas eficientes do ponto de vista social e ambiental. Como mostram diariamente o noticiário sobre aquecimento global e os indicadores da pobreza divulgados pela ONU, esses temas precisam ser imediatamente integrados à agenda política.

O que mudou?

Aos tradicionais interesses econômicos, foram agregados outros valores, como a sustentabilidade social, ambiental, cultural e política.

Vejamos:

> Sustentabilidade econômica

Resulta da eficiência e eficácia das atividades produtivas. Permite que se produzam retornos econômicos maiores do que os custos de produção.

> Sustentabilidade social

Diz respeito à necessidade de que sejam asseguradas condições de saúde e educação básicas, de modo que garanta a inclusão social da população local nos processos de desenvolvimento socioeconômico.

> Sustentabilidade ambiental

Traduz-se no compromisso de legar às próximas gerações um meio ambiente igual ou melhor do que o recebido das gerações anteriores.

> Sustentabilidade cultural

Ressalta o compromisso, de cada geração, de manter e enriquecer o legado cultural das gerações passadas, acrescentando-lhe contribuições de seu próprio tempo.

> Sustentabilidade política

É entendida como a manutenção das políticas em horizontes temporais, que extrapolem o curto prazo dos mandatos políticos. Para sua viabilização, propõe-se que as políticas públicas sejam formuladas e controladas com a participação da sociedade civil.

Como você pode constatar, o desenvolvimento sustentável vem acompanhado de uma série de novos paradigmas, que representam um salto qualitativo na reflexão sobre a política econômica e a democracia do século XXI.

Por muito tempo, o posicionamento da população frente ao exercício da vida política foi passivo. Parece que essa relação clientelista entre a política e a população pode estar chegando ao fim. Depende de nós.

Caso tenha conseguido tocá-lo com meus argumentos, você deve estar se perguntando se é possível uma mudança tão radical na sociedade e, sobretudo, na atitude das pessoas.

Poderá ainda se perguntar se, de fato, o desenvolvimento sustentável é uma utopia ou algo viável.

Não é o momento, contudo, para respostas absolutas. Continue lendo, pensando, comparando o que apresento aqui com sua própria experiência de vida, com o que você já viu e pensou.

No restante do capítulo, traço uma ponte entre o desenvolvimento sustentável e o que poderíamos chamar de desenvolvimento turístico sustentável, ou simplesmente turismo sustentável.

Como disse no início deste capítulo, a demanda mudou e, com isso, transformou-se também a forma de administrar os destinos turísticos.

Com base na Figura 2.1, compare a mudança entre os indicadores de desenvolvimento nos séculos XX e XXI. Veja que houve avanços qualitativos, sobretudo na responsabilidade sociocultural e ambiental do desenvolvimento turístico.

Figura 2.1 – Como medir o sucesso de um destino turístico

Indicadores do século XX	Indicadores do século XXI
Tradicional	**Sustentável**
Número de turistas	Número de turistas
Receitas geradas	Receitas geradas
Satisfação do turista	Satisfação do turista
Ignora	Lucro retido no destino turístico
Vazamento de receitas	Patrimônio ambiental conservado
Custos públicos	Patrimônio cultural conservado
Depreciação do patrimônio ambiental e cultural	
Satisfação da população	

FONTE: INSTITUTO DE HOSPITALIDADE.

Por que a conservação dos valores ambientais e socioculturais ganhou tanta importância?

A resposta é simples: o excesso da oferta está levando todos os destinos turísticos a uma corrida global pelo posicionamento diferenciado no mercado.

Nesse contexto, a qualidade dos recursos ambientais e os valores socioculturais do destino são os principais elementos que o marketing utiliza para desenvolver uma estratégia de posicionamento diferenciado.[21]

É possível, portanto, justificar o turismo sustentável como alternativa econômica para garantir a competitividade do destino turístico?

A resposta é sim.

Figura 2.2 – Ciclo virtuoso do turismo sustentável

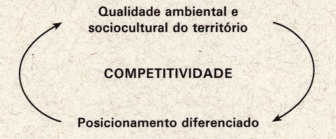

FONTE: MERCOTUR, 2007.

Quanto maior a qualidade dos recursos locais, melhores as possibilidades de posicionamento no mercado, maior a capacidade de atrair turistas para o destino e maiores poderão

---

21   Para saber mais, veja o Capítulo 12, "Análise estratégica de destinos turísticos".

ser as margens de rentabilidade para as empresas locais. A estratégia do turismo sustentável pode gerar um verdadeiro ciclo virtuoso.

Com essas ideias claras, vejamos agora o conceito apresentado pela OMT (2003):

Turismo sustentável é a capacidade de um destino permanecer competitivo em relação a outros mais novos e menos explorados; de atrair visitantes pela primeira vez, bem como visitas repetidas; de se manter culturalmente singular e de estar em equilíbrio com o meio ambiente.

O turismo sustentável é uma estratégia que pode permitir ao destino turístico alcançar benefícios concretos, tais como:

> melhorar a competitividade;
> ampliar e manter a satisfação dos turistas;
> ampliar e manter a geração de renda e o emprego na localidade; e
> valorizar as riquezas culturais, ambientais e os saberes tradicionais.

III. Princípios do turismo sustentável

O turismo sustentável se fundamenta num conjunto de princípios técnicos que servirão para auxiliá-lo no dia a dia da gestão.

Apresento os sete princípios propostos pelo Conselho Brasileiro para o Turismo Sustentável.

> 1º Respeitar a legislação vigente.

O turismo deve respeitar a legislação vigente no país, em todos os níveis, e as convenções internacionais de que o país é signatário.

> 2º Garantir os direitos das populações locais.

O turismo deve buscar promover mecanismos e ações de responsabilidade social, ambiental e de equidade econômica, incluindo a defesa dos direitos humanos de uso da terra, mantendo ou ampliando, em médio e longo prazos, a dignidade dos trabalhadores e das comunidades envolvidas.

> 3º Conservar o meio natural e sua diversidade.

Em todas as fases de implantação e operação, o turismo deve adotar práticas de mínimo impacto sobre o ambiente natural. Deve monitorar efetivamente os impactos, de forma que contribua para à manutenção das dinâmicas e dos processos naturais, e seus aspectos paisagísticos, físicos e biológicos, considerando o contexto social e econômico existente.

> 4º Considerar o patrimônio cultural e os valores locais.

O turismo deve reconhecer e respeitar o patrimônio histórico-cultural das regiões e localidades receptoras. O turismo ainda deve ser planejado, implementado e gerenciado em harmonia com as tradições e os valores culturais, colaborando para seu desenvolvimento.

> 5º Estimular o desenvolvimento social e econômico dos destinos turísticos.

O turismo deve contribuir para o fortalecimento das estruturas econômicas locais, a qualificação das pessoas, a geração crescente de trabalho, emprego e renda. Deve ainda contribuir para o fomento da capacidade local de desenvolver empreendimentos turísticos.

> 6º Garantir a qualidade de produtos, processos e atitudes.

O turismo deve avaliar a satisfação do turista e verificar a adoção de padrões de higiene, segurança, informação, educação ambiental e atendimento estabelecidos, documentados, divulgados e reconhecidos.

> 7º Estabelecer o planejamento e a gestão responsáveis.

O turismo deve estabelecer procedimentos éticos de negócios, visando engajar a responsabilidade social, econômica e ambiental de todos os integrantes da atividade. Deve incrementar o comprometimento de seu pessoal, fornecedores e turistas, em assuntos de sustentabilidade, desde a elaboração de sua missão, objetivos, estratégias, metas, planos e processos de gestão.

Os princípios aqui apresentados devem se desdobrar em planos, programas e ações com dotações orçamentárias próprias para sua execução. Por isso, recomendo que os territórios/municípios que integram um mesmo destino turístico realizem o planejamento turístico no âmbito de instrumentos legais, como Plano Plurianual (PPA), Lei de Diretrizes Orçamentárias (LDO), Lei do Orçamento Anual (LOA), Plano Diretor e a Lei dos Solos.

Como se pode ver, o desafio do turismo sustentável passa, necessariamente, pela capacidade de integrar os instrumentos legais e de gestão dos territórios/municípios à política de turismo, de modo que, com base nessa ação integrada, seja possível planejar um futuro viável para o destino turístico.

Assim, os instrumentos legais – PPA, LFO, LOA, o Plano Diretor e a Lei dos Solos – deverão não ser apenas desenhados e discutidos considerando interesses locais, mas ser elaborados tendo como referência o posicionamento estratégico do conjunto do território. Por exemplo, o município de Cabo de Santo Agostinho deve ser entendido como um território integrado à Região Metropolitana de Recife (RMR) e ao Estado de Pernambuco como um todo, antes de desenhar e planejar seu futuro como destino turístico.

É dessa maneira que se poderá dar um verdadeiro salto qualitativo na oferta dos destinos turísticos brasileiros, pois, por meio da integração e da harmonização dos instrumentos legais, será possível organizar polos e roteiros turísticos que compartilhem de mesma imagem e identidade, de mesmo padrão de qualidade e, em última instância, que tenham capacidade de oferecer ao turista uma oferta diversificada, porém integrada.

Até aqui, foi possível perceber que, embora os interesses econômicos continuem permeando a lógica do desenvolvimento, o turismo sustentável nos leva a uma reflexão mais ampla sobre os desafios e as oportunidades do desenvolvimento da atividade turística.

Com base nessa reflexão, podemos construir uma série de novos conceitos que nos servirão de fundamento para a gestão do turismo.

Vejamos a seguir esse novo acervo de conceitos técnicos:

> Sustentabilidade econômica do turismo

Capacidade que os empreendimentos turísticos têm para oferecer serviços de qualidade que produzam retornos superiores aos custos.

> Sustentabilidade ambiental do turismo

Nível acima do qual se produzem impactos ambientais que prejudicam a qualidade do ambiente e da oferta turística.

> Sustentabilidade social do turismo

Nível de tolerância da sociedade diante da presença de turistas e do desenvolvimento turístico em geral.

> Sustentabilidade do turista

Nível determinado pela capacidade de satisfação do turista diante do número de pessoas que visitam simultaneamente um mesmo destino turístico.

Até aqui, é possível perceber que o turismo sustentável não se reduz unicamente a orientações éticas; ele precisa de instrumentos técnicos e de capacidade de gestão.

Espera-se que, nesse sentido, os profissionais responsáveis pelo desenvolvimento do turismo tenham as competências necessárias para:

> utilizar critérios que propiciem a recuperação, a valorização e a promoção dos valores socioculturais e ambientais do destino turístico;

> utilizar instrumentos que permitam o uso eficiente das estruturas e dos espaços, bem como das riquezas naturais e culturais; e

> garantir a possibilidade de retorno econômico em longo prazo.

O mercado não tem espaço para amadores; a globalização é rápida, rigorosa e não perdoa.

A história demonstra que é ingênuo delimitarmos a sustentabilidade a aspectos ambientais, sociais e culturais, excluindo interesses econômicos e políticos. Mais ingênuo ainda é planejar o desenvolvimento numa perspectiva estritamente econômica ou orientada por interesses unicamente "político-partidários".

Nosso desafio encontra-se na capacidade de gerenciar os impactos do turismo, procurando ampliar o crescimento econômico, garantir a equidade social e equilibrar a utilização dos recursos ambientais e culturais do território.

Agora que você domina os conceitos e já pensou bastante sobre o turismo sustentável, deve estar se perguntando: como medir se um destino ou um empreendimento turístico é ou não sustentável?

Para realizar esse trabalho, é preciso contar com instrumentos que nos permitam controlar o desempenho dos destinos turísticos, aos quais me refiro como os Indicadores de Turismo Sustentável.

IV. Indicadores de turismo sustentável

Segundo a Organisation for Economic Cooperation and Development (OECD) [Organização para a Cooperação e o Desenvolvimento Econômico, em português],[22] os indicadores são instrumentos que oferecem informação sintética sobre determinados fenômenos. Tal oferta se realiza mediante a concessão de um valor atribuído que dá significado a um parâmetro específico.

Dessa forma, os indicadores são elementos que apoiam a supervisão e o controle do desenvolvimento de um destino turístico, no marco de um plano ou de uma estratégia turística previamente definida.

Os indicadores podem ser desenhados para distintas finalidades, sejam quantitativos ou qualitativos. Em todos os casos, correspondem a um instrumento básico para a gestão do turismo sustentável.

A crescente utilização desses sistemas de informação tem levado organizações internacionais, como a OECD,[23] a OMT[24] e a Agência Europeia de Meio Ambiente,[25] a realizar investigações que sirvam de base para o aperfeiçoamento desses instrumentos.

Cabe mencionar os trabalhos do Institut Français de l'Énvironnement, o National Sustainable Tourism Indicators, os indicadores de integração do turismo e meio ambiente de Portugal,[26] o Sistema Espanhol de Indicadores Ambientais,[27] assim como o Sistema de Indicadores do Instituto de Hospitalidade, aqui no Brasil.

Os sistemas de indicadores têm um papel essencial no desafio de tornar operativo o paradigma da sustentabilidade. Eles reforçam os eixos básicos do desenvolvimento sustentável, como a gestão estratégica, a perspectiva integral do território e a profissionalização dos gestores.

---

22   OECD, 2000.
23   OECD, 2000.
24   OMT, 2005.
25   Agência Europeia de Meio Ambiente, 1998.
26   Ministério do Ambiente, 1999.
27   Ministerio de Medio Ambiente, 2003.

Alguns dos indicadores mais utilizados em projetos de turismo sustentável são: a capacidade de carga social, ambiental, das estruturas, do turista e a satisfação da população, entre outros.

1. Capacidade de carga social

Indicador que revela o grau máximo de suporte da população e da cultura local diante do impacto do turismo.

Esse indicador pretende sinalizar o equilíbrio entre a fusão cultural da população local e os turistas, evitando, dessa forma, a perda da identidade local e garantindo a satisfação dos residentes para com o fenômeno do turismo.

Exemplos:

> Nos anos 1980, período de auge do turismo de massas, 80% da população local da cidade de Veneza, na Itália, migrou para outras cidades da região do Vêneto, em decorrência de sua falta de capacidade de assimilar e adaptar-se à expansão do turismo.

> Na Ilha de Flores, na Indonésia, os jovens estão substituindo o tradicional batique por roupas de origem ocidental. Perdem, assim, as tradições que representam sua principal vantagem comparativa em turismo.

> O desenvolvimento turístico de Porto Seguro promoveu a migração da maioria da população local para outras regiões de menor densidade turística, uma vez que não conseguiram assimilar o fenômeno turístico.

2. Capacidade de carga ambiental

Esse indicador permite tomar decisões mais consistentes sobre como utilizar os recursos naturais, controlar os fluxos turísticos e quais as características da infraestrutura pública e privada que poderão ser instaladas em determinado território.

Esse indicador também tem capacidade de revelar índices de ecoeficiência que servem para monitorar a capacidade de renovação dos ecossistemas.

Exemplos de indicadores de capacidade de carga ambiental:

> indicadores quantitativos e qualitativos de utilização ecoeficiente dos recursos naturais;

> capacidade máxima de suporte dos ecossistemas; e

> capacidade máxima de processamento dos resíduos orgânicos.

Figura 2.3 – Ecoeficiência

Taxa de regeneração > Taxa de exploração ambiental

FONTE: CREA-RJ.

Exemplo: a Polinésia Francesa é formada por 118 ilhas; desse total, 31 recebem turistas, mas apenas 12 têm hotéis e bangalôs. Das 31 ilhas, apenas três concentram o maior número de turistas: Taiti, Moorea e Bora Bora. Mesmo assim, os turistas sentem-se satisfeitos por ter conhecido a Polinésia Francesa, "sem saber" que foram concentrados em apenas 26% da região. Porém, essa é uma estratégia necessária para preservar os valores territoriais e ambientais que mantêm a atratividade turística do destino.

3. Capacidade de carga das estruturas

O indicador da capacidade de carga das estruturas revela a quantidade máxima de pessoas que pode utilizar simultaneamente equipamentos turísticos e outras estruturas públicas ou privadas. Aqui podemos incluir praças públicas, polos esportivos, museus e discotecas.

Exemplos:

> No mês de julho de 2002, 28 jovens peruanos morreram numa discoteca na cidade de Lima. O incidente poderia ter sido evitado se fosse respeitada a capacidade de suporte do estabelecimento, que era de quinhentas pessoas, em vez de permitir o ingresso de 1.100.

> Em outubro de 2000, parte do grupo de oitenta turistas da terceira idade morreu numa embarcação de turismo no estado do Rio de Janeiro. A embarcação naufragou, e não havia equipamentos de salva-vidas para todos. A quantidade máxima de suporte da embarcação era de cinquenta pessoas.

4. Capacidade de carga do turista

Esse indicador apoia o processo decisório e o planejamento turístico, na medida em que determina o limite de sociabilidade do turista diante da quantidade de pessoas que visitam simultaneamente um mesmo destino turístico. O objetivo é poder oferecer, ao turista, serviços e infraestruturas correspondentes à sua percepção de qualidade.

Por exemplo, não podemos imaginar que o nível de tolerância às massas do turista rural que viaja ao interior de Mato Grosso seja o mesmo daqueles que realizam turismo de sol e praia no verão do Rio de Janeiro. São grupos de pessoas com desejos diferentes e incompatíveis simultaneamente num mesmo destino turístico.

Até aqui deve parecer evidente que o desenvolvimento sustentável estabelece certos limites de base técnico-científica que devem ser levados em conta no planejamento e na gestão dos destinos turísticos. Evita-se, dessa maneira, uma deterioração dos recursos turísticos e dos elementos tangíveis e intangíveis que constituem o alicerce para o desenvolvimento turístico.

V. Modelo conceitual de desenvolvimento turístico sustentável

Até aqui, observamos que o turismo sustentável não pode ser entendido como um estado ideal, praticamente utópico. Porém, deve considerar-se um processo de mudança qualitativa que oriente e reoriente o desenvolvimento turístico para objetivos alcançáveis. Com base nessas análises, Ivars[28] propõe um novo conceito para o turismo sustentável, uma definição que pretende, mais que qualquer coisa, ser operativa e útil para o planejamento e a gestão de destinos turísticos.

Dessa forma, identifica-se o turismo sustentável como um processo de mudança qualitativa, produto da vontade política, que, com a participação imprescindível da população local, adapta o marco institucional e legal, assim como os instrumentos de planejamento e gestão, a um desenvolvimento baseado no equilíbrio entre a preservação do patrimônio natural, cultural, a viabilidade econômica do turismo e a equidade social do desenvolvimento.

A Figura 2.4 ilustra esse conceito e mostra a importância da cooperação intersetorial e do engajamento da sociedade civil na dinâmica do desenvolvimento turístico.

---

28   Ivars *et alii*, 2001.

Figura 2.4 - Cooperação intersetorial

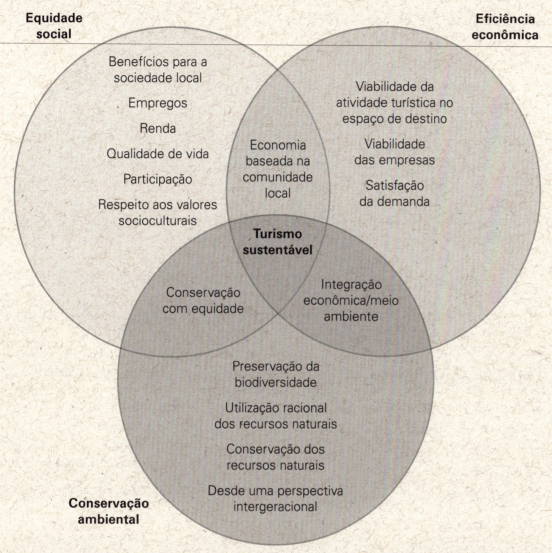

FONTE: ADAPTADO DE IVARS, ET ALLI, 2001.

VI. Conclusões

A experiência acumulada no último século nos leva a questionar, de uma perspectiva mais madura, nossa responsabilidade como consumidores, empresários e políticos. A crescente preocupação e a demanda das pessoas por fontes de energia renováveis, produtos integrais e sem agrotóxicos, e pela preservação ambiental, são só algumas das evidências da sensibilidade adquirida pela demanda. Se de um lado o interesse empresarial por certificações de qualidade ambiental como a ISO 14.000 e por práticas vinculadas ao conceito de "responsabilidade social empresarial" tem crescido, de outro a demanda parece cada vez mais exigente por essas práticas empresariais. Tudo isso serve para ilustrar que a lógica do desenvolvimento sustentável vem sendo assimilada pouco a pouco, tanto pelo consumidor final, como pela iniciativa privada de todas as indústrias.

Esses acontecimentos podem ser interpretados como verdadeiras evidências de uma sociedade em transformação ou até podem ser percebidos como um aperfeiçoamento do próprio sistema capitalista. Seja como for, sua influência nas teorias de desenvolvimento turístico são evidentes e inegáveis. É nosso papel refletir sobre esse fenômeno e, na medida do possível, agir.

Quando o turismo é pensado com base na lógica do desenvolvimento sustentável, ele nos leva ao compromisso de agir em prol da valorização das riquezas e de nosso país. São esses valores autênticos e endógenos ao Brasil que têm a força de penetrar na mente dos turistas e atraí-los para realizar turismo em qualquer dos roteiros, regiões ou destinos do país.

Exercícios

1. Explique cada um dos cinco fatores que influem no desenvolvimento sustentável.

2. Proponha duas formas para ampliar a sustentabilidade social.

3. Explique por que o planejamento do turismo pode promover o desenvolvimento sustentável.

4. Qual o significado do termo ecoeficiência e qual sua relação com a sustentabilidade ambiental e a qualidade da oferta turística?

5. Pesquise e escreva dois exemplos que ilustrem os conceitos de capacidade de suporte ambiental e capacidade de suporte das infraestruturas.

6. Pesquise como é manejada a capacidade de suporte ambiental na ilha de Fernando de Noronha.

7. Na sua opinião, por que a participação dos principais agentes envolvidos no turismo é importante para promover o desenvolvimento sustentável?

8. Cite três fatores que dificultam o desenvolvimento sustentável do turismo.

9. Forme grupos de três pessoas, analise e debata cada uma das informações a seguir:

"Se a derrubada das florestas tropicais seguir no mesmo ritmo de dez anos atrás, vamos destruir boa parte da base dos recursos naturais dos quais a humanidade depende. Como consequência involuntária, vamos extinguir metade das espécies animais e vegetais até o fim do século XXI." (E. O. Wilson)

"Nossa sociedade será definida não só pelo que criamos, mas também pelo que nos recusamos a destruir." (John Sawhill, The Nature Conservancy)

"Em geral, desconhecemos os benefícios oferecidos pelos ecossistemas intactos: ar puro, água pura, regulação parcial do clima, criação de solos férteis, controle das pragas e dos elementos patogênicos. Só quando começarmos a perder esses serviços é que perceberemos como eles são valiosos." (Jane Lubcheno)

"Enfraquecidos por séculos de exploração humana, os recifes de coral podem desaparecer ainda neste século se medidas drásticas para preservá-los não forem tomadas rapidamente", alertou John Pandolfi, do Instituto Smithsonian, em artigo publicado na revista *Science*.

Com base em dados que remontam a séculos, o cientista sustenta que muitos dos recifes já estavam bastante danificados antes de 1900, em razão da pesca excessiva e do lançamento de detritos. "Mesmo sem levar em conta o crescente aumento da poluição e das doenças (dos corais), nossos resultados demonstram que esses ecossistemas não sobreviverão por mais de algumas décadas", escreveu.

Leituras recomendadas

Agência Europeia de Meio Ambiente. *Europe's environment: The second assessment.* Copenhagen: Elsevier Science, 1998.

Capra, Fritjof. *O ponto de mutação.* São Paulo: Cultrix, 1982.

_____. *A teia da vida.* 4.ed. São Paulo: Cultrix, 1996.

CMMAD. *Nosso futuro comum.* 2.ed. Rio de Janeiro: FGV, 1991.

CREA-RJ. *Projeto Brasil 21: Uma nova ética para o desenvolvimento*. Rio de Janeiro: CREA–RJ, 1999.

Da Fonseca, Denise; Siqueira, Josafá (orgs.). *Meio ambiente, cultura e desenvolvimento*. Rio de Janeiro: Sette Letras; Historia y Vida, 2002.

Daly, H. E. "On economics as a life science". Londres: Journal of Political Economy, 1968.

De Franco, Augusto. *Além da renda: a pobreza brasileira como insuficiência de desenvolvimento*. Brasília: Millennium–Instituto de Política, 2000.

Fluvià, Modest *et alli*. *Politica turistica: entre la sustentabilidad y el desarrollo económico*. Barcelona: Esade-Cedit, nº 3, pp. 34-41, 1998.

Inskeep, Edward. *Tourism planning: an integrated and sustainable approach*. 4.ed. Nova York: John Wiley & Sons, 1999.

Institut Français de L'environnement. *Les indicateurs. Turisme, environnement, territories*. Orléans: Ifen, 2000.

Ivars, Josep *et alli*. "Planificación y gestión del desarrollo turístico sostenible: Propuesta para la creación de un sistema de indicadores". Documento de Trabajo Numero 1. Alicante: Universidad de Alicante, 2001.

Marchena, Manuel. "El desarrollo sostenible del turismo: El papel del municipio". Seminario sobre desarrollo sostenible del turismo. Havana: OMT, 1996.

Ministerio de Medio Ambiente. Sistema español de indicadores ambientales de turismo. Madri: Ministerio de Medio Ambiente, 2003.

Ministério do Ambiente. *Turismo e ambiente: indicadores de integração*. Lisboa: Direção Geral do Ambiente, 1999.

OECD. "OECD core set of indicators for environmental performance reviews". Environmental Monographs, 83, Organization for Economic Cooperation and Development. Disponível em www.oecd.org, acessado em 21.2.2000.

OMT. Previsiones del turismo mundial hasta el año 2006 y después. Madri: OMT Publications, 2005.

Siqueira, Josafá. *Um olhar sobre a natureza*. São Paulo: Loyola, 1991.

United Nations Environment Programme; World Tourism Organization. Final report of the International Conference on Sustainable Tourism in Small Island Developing States and Other Islands. Lanzarote: Unep-WTO, 1998.

Vergara, Sylvia Constant. *Estrutura organizacional & mudança: a redescoberta do homem*. Rio de Janeiro: Rumos, 1997.

ESTUDO DE CASO 1
PROTEÇÃO DO MEIO AMBIENTE – GESTÃO DOS RECURSOS NATURAIS NA ZÂMBIA

A Zâmbia é um país da África meridional cuja base turística se sustenta na fauna e em outros atrativos naturais como as Cataratas Vitória e demais enclaves de importância histórica e arqueológica. No entanto, esses valores, que constituem seu principal atrativo, estão deteriorando-se numa velocidade maior do que a esperada.

Há várias razões que explicam esse fenômeno: o aquecimento global, a instabilidade política do país, a pobreza e o nível primário de organização alcançado pelos órgãos da administração pública e privada.

A população de elefantes do Vale de Luangwa caiu de cem mil animais para trinta mil; esse caso, em particular, foi resultado da caça furtiva. Com base nesses dados, o governo da

Zâmbia, consciente da necessidade de frear essas atividades, iniciou programas inovadores de educação ambiental comunitária para proteger a fauna com apoio da população local.

Para controlar a caça furtiva no Parque Nacional de South Luangwa, zona importante de conservação de elefantes, rinocerontes negros e outros animais silvestres, as comunidades recebem uma participação de até 35% nos lucros obtidos da gestão do parque. Esses fundos se destinam ao desenvolvimento de infraestruturas públicas, em sua maioria relacionadas à saúde, à educação e à promoção do patrimônio histórico e ambiental. Com base nessa experiência, a população local tem aumentado significativamente sua participação na proteção da fauna. Alguns têm se disposto, como voluntários, a cooperar com o trabalho que desempenham os guardiões florestais. O trabalho de voluntariado é coordenado por ONGs e remunerado.

FONTE: ADAPTADO DE INSKEEP.

ESTUDO DE CASO 2
REFÚGIO BIOLÓGICO BELA VISTA, FOZ DO IGUAÇU – EDUCAÇÃO AMBIENTAL PARA A SUSTENTABILIDADE SOCIAL

O Refúgio Biológico Bela Vista (RBV), assim como todas as outras unidades de conservação criadas pela Itaipu, no Brasil e no Paraguai, ajudou a amenizar o impacto causado pela formação do reservatório da hidrelétrica Lago de Itaipu.

Situado no município de Foz de Iguaçu, numa área de 1.920 hectares, ao lado da barragem, o RBV tem como objetivo a conservação e a pesquisa de espécies vegetais e animais nativos da região, bem como a educação ambiental da comunidade do entorno e de seus visitantes.

Esse programa busca a consolidação de uma integração com essa comunidade, de forma que assegure a manutenção da biodiversidade ameaçada pela pressão da crescente urbanização, que trouxe consigo as ocupações irregulares de áreas de conservação, os depósitos ilegais de lixo, a caça e a pesca predatórias, o corte ilegal de árvores e a ameaça de incêndios florestais. Some-se a esses aspectos um cenário social caracterizado pela carência de infraestrutura básica e geral, a ausência de organização comunitária e a baixa autoestima dessa população.

Com base nesse quadro, construiu-se um programa fundamentado em parceria entre setores governamentais, não governamentais e a própria comunidade, alinhados para o seguinte objetivo superior: "Sensibilizar e educar a comunidade para a valorização de sua identidade, instrumentalizando-a por meio da organização e da participação para autogestão de sua história, com consequente valorização e conservação do Refúgio Bela Vista, patrimônio que lhe agrega valor."

As metodologias aplicadas têm privilegiado práticas participativas e interdisciplinares, que construíram coletivamente ações de educação ambiental para a comunidade; educação ambiental para as escolas e para os colaboradores internos.

O Programa de Educação Ambiental para a Sustentabilidade do Refúgio Bela Vista tem-se constituído numa verdadeira experiência de comprometimento com os princípios do desenvolvimento sustentável: busca alcançar autonomia e eficiência econômica por meio da qualificação da comunidade; promoção da justiça social e redução das desigualdades, trabalhadas nos conteúdos de resgate de autoestima e cidadania nos cursos e nas práticas de organização comunitária; e respeito ao meio ambiente, com a conservação e a valorização do RBV e de sua biodiversidade.

No seu viés turístico, o programa enriquecerá a vocação turística local e regional, oferecendo ao turista a oportunidade de conhecer e vivenciar parte das ações ambientais desenvolvidas pela Itaipu Binacional, com um atendimento fundamentado na educação ambiental.

O projeto de revitalização do RBV, em andamento, além de atender aos objetivos técnico-científicos da Itaipu, tornará o refúgio um atrativo turístico de destaque. Os projetos de construção de edificações, urbanização e planejamento de infraestrutura partem dos conceitos de sustentabilidade e educação ambiental.

O atendimento diferenciado aos visitantes prevê percursos diversificados, com espaços para atividades educativas, em integração com o funcionamento do refúgio.

FONTE: ITAIPU, COMPLEXO TURÍSTICO.

ESTUDO DE CASO 3
FERNANDO DE NORONHA: ESTUDOS TÉCNICOS PARA GARANTIR A SUSTENTABILIDADE

Localizada a 545 quilômetros de Recife, na costa do Nordeste brasileiro, o arquipélago de Fernando de Noronha é formado por 21 ilhas, que ocupam uma área de aproximadamente 26 quilômetros quadrados. A maior e única ilha habitada, Fernando de Noronha, que dá nome ao arquipélago, tem 18,4 quilômetros quadrados.

Suas 21 ilhas representam os topos emersos de uma grande montanha submarina, formada a partir de erupções vulcânicas ocorridas entre 12 e dois milhões de anos atrás.

Em virtude das características ecológicas e das limitações de sua superfície, o distrito estadual de Fernando de Noronha possui uma rígida política de controle migratório, de forma que garanta o desenvolvimento sustentável e a preservação de seus ecossistemas.

Estudos de capacidade de suporte realizados em 2001, com apoio da WWF-Brasil, identificaram um limite máximo de pessoas que podem conviver na ilha, incluindo residentes permanentes, temporários e turistas.

De acordo com tais estudos, e enquanto não é concluído o Plano de Manejo da APA de Fernando de Noronha, a administração distrital trabalha com o limite médio mensal de quatro mil pessoas.

A população de residentes da ilha é de aproximadamente três mil pessoas, sendo pouco mais de duas mil o número de residentes permanentes.

Aos excursionistas e turistas é cobrada uma Taxa de Preservação Ambiental (TPA), por dia de permanência, cuja receita é destinada aos serviços de preservação e manutenção da ilha.

O território do arquipélago é bem de propriedade da União, que cedeu o uso de parcelas de áreas à Aeronáutica, ao Ibama e ao Estado de Pernambuco. Uma característica interessante da política de desenvolvimento de Fernando de Noronha é que só o residente permanente tem direito de uso de terreno ou de construir edificações com possibilidade de uso misto (hospedaria e residência).

Para os gestores de Fernando de Noronha, o controle migratório contribui com a garantia da preservação ambiental do arquipélago, seu desenvolvimento sustentável e a satisfação de seus visitantes.

FONTE: GOVERNO DE PERNAMBUCO.

ESTUDO DE CASO 4
TURISMO E DESENVOLVIMENTO SUSTENTÁVEL – UM CASO PRÁTICO DO LITORAL NORTE DA BAHIA

A década de 1990 trouxe uma importante mudança de visão sobre a atividade turística no Brasil e no mundo. Dados da OMT dão conta de uma participação da atividade turística como responsável por 8% das exportações mundiais.[29] No Brasil, o crescimento

---

29 Mendonça, 2001, com base em dados da OMT de 1991 a 1999.

do turismo teve como alavanca os investimentos em infraestrutura proporcionados pelo Programa de Desenvolvimento do Turismo no Nordeste (Prodetur). No âmbito regional, a Bahia não só se beneficiou dos recursos do Prodetur, mas também elegeu como plataforma política e programa de governo o incremento da atividade turística. Esse plano vem sendo solidificado, modificado e reforçado sistematicamente nos últimos anos, sem apresentar solução de continuidade com a sucessão governamental.

Os primeiros resultados dessa iniciativa puderam ser vistos com a reforma do Centro Histórico de Salvador, a criação das zonas turísticas da Bahia[30] e, principalmente, a sensibilização dos órgãos públicos e de fomento à atividade turística, tendo em vista a manutenção desse projeto.

O incentivo governamental se traduzia até na inversão de recursos para investimentos, tendo como um dos projetos de maior monta, em 1993, a construção da Linha Verde (BA-099), rodovia com 140 quilômetros de extensão, que liga a Bahia a Sergipe, pelo litoral, cruzando a zona turística denominada Costa dos Coqueiros.

Tamanho esforço, aliado à forte pressão da mídia, acabou por colocar a Bahia na "mira" de grandes cadeias hoteleiras nacionais e internacionais. Alguns dos grandes hotéis baianos foram comprados por redes nacionais e internacionais como Rede Tropical de Hotéis, Grupo Pestana, Meliá e Accor. De início, tais investimentos foram feitos na zona turística da Bahia de Todos os Santos, incluindo Salvador; em seguida, foram levados para outras localidades, como Costa dos Coqueiros e Costa do Descobrimento, no sul do estado.

A partir de 1997, começa a construção do Complexo Costa do Sauípe, com recursos da Caixa de Previdência dos Funcionários do Banco do Brasil (Previ) e da Construtora Norberto Odebrecht (CNO). Tal empreendimento conta, em sua primeira fase, com cinco hotéis e seis pousadas, que totalizam 1.300 leitos. Além disso, há toda uma infraestrutura de serviços e lazer que prevê, desde o seu início, a qualificação dos colaboradores empregados ali, tanto no que diz respeito às ocupações de base, quanto às ocupações-meio. Entretanto, não se tinha o conhecimento do perfil ocupacional dos moradores da região no momento da implantação dos empreendimentos.

A necessidade de promover a qualificação de colaboradores locais para as ocupações de base gerou uma parceria entre Previ, CNO, Senac, Senai, Instituto de Hospitalidade, Avante! e o Governo do Estado da Bahia, com recursos do Fundo de Amparo ao Trabalhador do Ministério do Trabalho e Emprego (FAT-MTE). Foram qualificados, nesse processo, cerca de 2.700 trabalhadores em ocupações como: garçom, camareira, jardineiro, recepcionista, cozinheiro e outras ocupações operacionais. Desse ponto em diante, iniciou-se o processo de convencimento das redes hoteleiras que ali se instalariam de aproveitar os colaboradores locais, em vez de "importá-los" de outros lugares, principalmente de Salvador. Nesse momento, chega-se a um impasse; os trabalhadores da região, em sua maioria, não tinham a escolaridade necessária e exigida pelo empreendimento – o ensino médio completo. Do mesmo modo, pouco se conhecia a respeito da cultura da região e dos hábitos locais, assim como dados populacionais, educacionais e do perfil de jovens e adultos da região.

Um programa de desenvolvimento – que visava conhecer para atuar e apoiar ações endógenas de desenvolvimento das populações do entorno do Complexo Costa do Sauípe (então em construção) – se inicia com uma pesquisa diagnóstica efetivada pelo Instituto de Hospitalidade entre novembro de 1998 e fevereiro de 1999, com financiamento da Fundação Banco do Brasil e do sistema da Federação das Indústrias do Estado de São Paulo (Fiesp). Buscava-se perceber como viviam os residentes do local em que estava sendo construído o maior Com-

---

30   Baía de Todos os Santos, Costa dos Coqueiros, Costa do Dendê, Costa do Cacau, Costa do Descobrimento, Costa das Baleias e Chapada Diamantina. Para maior detalhamento de cada uma dessas zonas, com seus principais atrativos e municípios que as formam, ver Spinola, 2000.

plexo Hoteleiro da América Latina. Esses indivíduos estavam preparados para um empreendimento daquele porte? Teriam qualificação para trabalhar ali? Tinham um patrimônio cultural que os possibilitasse ter visibilidade diante dos visitantes? Quais as expectativas dessas comunidades acerca do complexo em construção? E o espaço? O que continha, além de sol e praias belíssimas? Havia monumentos históricos para serem visitados? Havia locais naturais que pudessem ser "atrativos turísticos"? Essas e outras perguntas se constituíam no centro das preocupações da equipe multidisciplinar[31] formada para executar tal pesquisa.

A pesquisa diagnóstica foi condensada em um livro de devolução, entregue a cada um dos entrevistados, e suscitou uma série de seminários de devolução. Esses seminários tinham como objetivo principal mobilizar aquelas pessoas que foram entrevistadas, visando à formulação de um projeto de futuro, ao mesmo tempo em que eram multiplicadores desses pressupostos para o restante da população.

Com base na pesquisa, foi então efetivado um plano de trabalho, tendo como marco as linhas de ação definidas pela própria população como prioritárias. Estaria, pois, feito o desenho de futuro da região, levando-se em consideração tanto os desejos das populações como os daqueles empreendedores que ali se instalavam, fossem os empreendedores do Complexo Costa do Sauípe, fossem pequenos empresários de outras localidades (como Imbassaí, Praia do Forte, Porto de Sauípe, Subaúma etc.). É importante salientar que todo esse processo tem como pano de fundo um processo educativo que leva em conta as especificidades da região e tem como ponto de chegada a atividade turística.

A formulação de um desenho de futuro para o território levava em consideração, principalmente, dois vetores da produção tradicional (artesanato e agricultura familiar), aliados a um vetor moderno de ocupação (ocupações hoteleiras), considerados, durante a pesquisa, os principais geradores de renda na região. Assim, foi formulado, em parceria com o Sebrae, o Programa de Apoio ao Desenvolvimento Sustentado da Costa dos Coqueiros, que realizou atividades entre 1999 e 2004, tendo como foco principal os seguintes projetos:

> Artesanato

Agregar valor ao artesanato de origem tupinambá produzido na Costa dos Coqueiros, ampliando os patamares de qualidade e diversificando a produção, tanto quantitativa quanto qualitativamente.

> Agricultura familiar

Iniciar o processo de fomento ao cultivo de espécies vegetais tanto para consumo quanto para a venda do excedente entre as comunidades do litoral norte da Bahia.

> Formação de professores

Partir da prática de ensino dos professores, do exercício pedagógico em sala de aula, fazendo com que houvesse uma reflexão coletiva e individual sobre essa prática, abrindo um campo de possibilidades para se trabalhar alternativas teóricas aplicadas que superem os problemas encontrados.

> Empreendedorismo cultural

Identificar o patrimônio cultural, além de registrar o seu grau de conservação e uso, tendo em vista a sua salvaguarda, despertando para as possibilidades de gestão do patrimônio cultural enquanto atrativo turístico.

---

31 Dessa equipe, fizeram parte: Silvestre Teixeira (educador), coordenador geral; Martha Rocha (socióloga), coordenadora de campo; Maria Thereza Senna (pedagoga); Soane Matos (pedagoga); Prudente Almeida Neto (agrônomo); Paul Healey (antropólogo); Ana Carla Souto Rocha (socióloga); Ana Cláudia Machado (historiadora); Mariah Ramos (estagiária de Pedagogia); Maria Luíza Seixas (estagiária de Pedagogia); Tatiana Pitanga (estagiária de Ciências Sociais) e Giljane Dourado (agrônoma).

Ao longo de quase cinco anos, o Programa de Apoio ao Desenvolvimento Sustentado da Costa dos Coqueiros buscou ser um instrumento de atuação integrador das forças sociais e do governo para o desenvolvimento sustentado de uma microrregião vocacionada para o turismo; mantém certa sintonia com a estratégia setorial do país e do Estado da Bahia; exige criatividade na mobilização social e na construção de parcerias com redes de pequenos negócios, com empresas maiores, com órgãos de classe e instituições governamentais; e busca contribuir para a elevação da qualidade de vida numa sociedade mais justa.

Esse programa, durante os anos de atuação na Costa dos Coqueiros, se propôs a construir uma estratégia que contemplasse, de um lado, processos de inserção e reinserção das comunidades litorâneas nas novas dimensões do mundo produtivo e, de outro, liberasse e valorizasse a criatividade e os talentos humanos, endógenos, defendendo a "capacidade" e as competências dos pequenos e dos excluídos.

Calcado num processo de arregimentação de vontades, buscou atender necessidades concretas e imediatas da região, satisfazer expectativas da comunidade e alcançar uma mínima estruturação da produção tradicional para atender às demandas criadas com base na operação de novos empreendimentos turísticos e, ao mesmo tempo, facilitar o crescimento e a consolidação da emergente atividade turística num novo patamar de qualidade. Todas as ações realizadas no âmbito do Programa de Apoio ao Desenvolvimento Sustentado da Costa dos Coqueiros foram sempre realizadas em conjunto com as lideranças instituídas (ou não) das comunidades abrangidas.

FONTE: MARTHA ROCHA DOS SANTOS, MESTRE EM SOCIOLOGIA PELA UFBA, CONSULTORA DO INSTITUTO DE HOSPITALIDADE.

Referência bibliográfica

MENDONÇA, Letícia. "O desempenho do turismo baiano nos anos 90". *Bahia Análise & Dados. Dez anos de economia baiana*. Salvador: nº 57, pp. 159-192, 2001.

Só existem dois dias no ano em que nada pode ser feito. Um se chama ontem e o outro se chama amanhã; portanto, hoje é o dia certo para amar, acreditar, fazer e principalmente viver.
Dalai Lama

3 OBJETIVOS DO CAPÍTULO

Contribuir para a sustentabilidade política das instituições de turismo.

Ampliar a reflexão sobre o papel dos atores locais e da sociedade civil no desenvolvimento do turismo sustentável.

Oferecer subsídios para uma reflexão crítica sobre os desafios políticos do turismo sustentável.

Sustentabilidade político-institucional

Este capítulo trata de um dos temas mais importantes do livro: como viabilizar o turismo sustentável partindo de uma perspectiva institucional.

Aqui será estimulada a reflexão sobre a importância de os processos de desenvolvimento de políticas de turismo serem participativos, e de os instrumentos de gestão institucionais estimularem a cooperação, uma vez que essas práticas constituem elementos básicos para se alcançar a sustentabilidade político-institucional.

Isso será apresentado por meio de conceitos, instrumentos de gestão e exemplos, todos organizados de forma que facilitem a compreensão e estimulem a análise crítica do tema.

É importante que se tenha consciência de que, embora a falta de continuidade política seja uma problemática comum na gestão pública tradicional, esta pode ser minimizada, com uma mudança no relacionamento entre a sociedade civil e o governo, tendo em vista que a sociedade civil estaria constituída por grupos organizados de empresários, organizações e instâncias de representação social e as universidades.

Vale mencionar que é preciso reconhecer que, no caso do desenvolvimento de destinos turísticos, existe uma interdependência real entre:
> o governo, que precisa dos atores locais para formular políticas públicas eficazes; e
> os atores locais, que precisam de um governo que reconheça as dificuldades locais e estimule a organização dos sistemas de produção para o desenvolvimento sustentável do território.

Figura 3.1 – Turismo sustentável: interdependência entre atores locais e governo

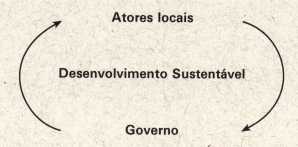

FONTE: MERCOTUR.

Como se pode ver, é preciso assumir a verdadeira importância da dimensão institucional caso se deseje estimular o desenvolvimento sustentável dos destinos turísticos brasileiros.

Para o Instituto Brasileiro de Administração Municipal (Ibam),[32] a sustentabilidade político-institucional refere-se à solidez e à continuidade das parcerias e dos compromissos estabelecidos entre os diversos agentes e agências governamentais dos três níveis de governo, e nas três esferas de poder, além daqueles atores situados no âmbito da sociedade civil.

Como será apresentado ao longo deste capítulo, para estimular o crescimento dos destinos turísticos, não basta elaborar programas e projetos de desenvolvimento turístico isolados. É preciso estimular a expansão da atividade turística com base em uma perspectiva territorial integrada, na qual instituições governamentais e não governamentais comprometidas com o turismo sustentável trabalhem em parceria, a fim de garantir a sustentabilidade política das instituições de turismo.

Nesse novo relacionamento, esperamos que a sociedade civil assuma uma postura participativa e colaborativa, e que o governo perceba a sociedade civil como um verdadeiro parceiro, capaz de contribuir com a eficácia e o desempenho das suas funções.

Os atores locais são o grupo representado por líderes comunitários, empresários, organizações da sociedade civil e demais membros da sociedade, que analisam e manifestam os interesses coletivos da população de determinado território turístico.

Por que é importante a sustentabilidade político-institucional?

A sustentabilidade político-institucional exerce influência na capacidade de organização dos destinos turísticos.

Transformar um território em um destino turístico sustentável não é tarefa que se executa da noite para o dia. É preciso levantar informações locais e de mercado, definir públicos, criar infraestruturas, testar polos, produtos e roteiros, articular os distintos agentes em cada localidade e entre as localidades e, sobretudo, planejar o trabalho.

É possível que no processo de execução dos trabalhos ocorram mudanças políticas nas organizações que representam o setor. Essas modificações na organização política das instituições públicas podem desestabilizar o crescimento dos destinos turísticos.

Alguns dos fatores que podem desestabilizar o processo de desenvolvimento turístico são:

> falta de continuidade das políticas públicas de turismo;
> acentuada disputa por interesses políticos;
> falta de transparência na gestão pública do turismo;
> baixa cooperação interinstitucional; e
> falta de planejamento do turismo local e regional.

O desafio dos atores locais e das instituições responsáveis é evitar que esses problemas se acentuem no destino, a ponto de desestabilizar o processo de desenvolvimento. Embora isso seja evidente, o compromisso social dos políticos e a participação ativa dos atores locais têm um papel essencial na sustentabilidade político-institucional dos destinos turísticos.

A sustentabilidade político-institucional é entendida como a continuidade da gestão e das políticas de desenvolvimento turístico em horizontes temporais que superem o curto prazo dos mandatos políticos.[33]

---

32   Instituto Brasileiro de Administração Municipal, 2005, p. 131.
33   Mercotur, 2006.

I. Turismo sustentável: uma atividade com alta dependência político-institucional

A razão que faz do turismo um importante instrumento para a criação de novos postos de trabalho e de crescimento descentralizado é a mesma que faz dele uma atividade altamente dependente de uma forte liderança político-institucional.

A pulverização do setor turístico é sua maior força como atividade indutora de desenvolvimento econômico, e é também seu calcanhar de Aquiles, em virtude da dificuldade que o Estado tem em atender às múltiplas demandas de um grupo grande e heterogêneo.

Ao analisar diferentes atividades econômicas, é possível observar que o turismo é um setor em que prevalecem as pequenas e médias empresas e, consequentemente, a diversidade de interesses. Por essa razão, o setor público e os grupos representativos têm um papel essencial na coordenação e no direcionamento desse setor.

Como se pode ver, o desafio do desenvolvimento dos destinos turísticos implica necessariamente repensar a participação dos profissionais, gestores, empresários e cidadãos na dinâmica do desenvolvimento local.

Embora o turismo não seja ainda visto como ciência, a gestão de destinos turísticos é uma área de conhecimento bastante consolidada, e que oferece às instituições uma série de princípios e instrumentos amplamente aceitos e difundidos no mundo.

Alguns dos princípios e instrumentos de gestão que têm uma conexão direta com a sustentabilidade político-institucional são:

> participação ativa dos atores locais;
> cooperação intergovernamental, interempresarial e público-privada; e
> indicadores de sustentabilidade político-institucional.

Segundo um estudo realizado pelo Sebrae, em 2004, a indústria do turismo estimula 56 atividades produtivas, e a maioria delas é realizada por pequenas empresas.

Imagine o impacto positivo que uma ação coordenada de promoção do território pode criar em uma cidade.

Participação dos atores locais

A gestão pública nas sociedades democráticas vem passando por um processo de aperfeiçoamento de suas práticas de gerência, que tem como principais objetivos torná-la mais transparente, eficaz e menos burocrática.

Uma das alternativas mais eficazes para promover essa mudança qualitativa do setor público é a participação dos atores locais nas decisões políticas.

No Brasil, podemos testemunhar a formação de novas instituições cuja finalidade é estimular a participação da sociedade na discussão e no controle políticos. São reuniões de orçamento, planejamento participativo, consultas públicas ou mesmo encontros comunitários para debater temas de interesse coletivo.

É importante deixar claro que a sustentabilidade político-institucional dos destinos turísticos depende, em grande parte, da capacidade de participação e do engajamento efetivo da sociedade. Não basta que o governo defina regiões e crie produtos ou roteiros turísticos para entrar no mercado. É preciso que a sociedade se apodere deles, lidere seu desenvolvimento e trabalhe em cooperação com o Estado para estimular a organização de verdadeiros sistemas turísticos que sejam ofertados ao mercado, nesse caso, como produtos turísticos.

Por quê? Por uma razão simples: a concorrência é grande. Todo ano surgem novos destinos turísticos no mundo inteiro, e muitos deles estão bem organizados e prontos para entrar no mercado internacional.

As operadoras de turismo e o próprio mercado não têm capacidade de assimilar tamanha oferta, por isso existe uma seleção natural entre quem entra e quem não entra, tanto nos catálogos das operadoras como na mente do consumidor. Embora essa não seja a única forma de promoção de um destino turístico, é ainda a mais eficaz para entrar no mercado global.

O ponto-chave é não esquecer que, por trás dos destinos concorrentes, existem pessoas (empresários, cidadãos, gestores) que planejaram ativamente seu futuro e que, com trabalho sério e contínuo, lutam por uma posição de destaque no mercado.

Parece bastante claro que não é suficiente criar produtos ou gastar milhões em marketing para conquistar uma posição no mercado turístico. Existe, de fato, um longo caminho que deve ser seguido com seriedade e profissionalismo.

Não se pode esquecer que a concorrência internacional é dura e, mesmo que seja possível atrair turistas para uma cidade, esse fato por si só não garante que a atividade trará os benefícios esperados pela comunidade.

A alternativa recomendada pelo Ibam, pelo Mercotur e por outras instituições de vulto é planejar e gerenciar o desenvolvimento turístico com base em Instâncias de Governança de Turismo Sustentável que resultem da participação social e da cooperação entre o Estado e os atores locais, de modo que a responsabilidade pela elaboração, pelo controle e, em alguns casos, pela execução de políticas públicas seja compartilhada.

Por que participar da política de turismo?

Se, tradicionalmente, os governos se limitavam a informar à sociedade decisões políticas numa relação de um só sentido, hoje o amadurecimento das sociedades democráticas, associado às dificuldades evidentes do governo em atender às demandas sociais, está consolidando canais de comunicação que estimulam a transparência, o profissionalismo e a sustentabilidade da gestão pública.

Nas últimas décadas, os grupos organizados em sindicatos, associações, ONGs, empresas mistas, agências de desenvolvimento e outras estruturas que facilitam o diálogo e a cooperação com o setor público têm proliferado e servem como um indicador social para se identificar o interesse e a urgência que a sociedade tem de se aproximar da gestão pública.

Essa nova postura ativa da sociedade não é fruto do acaso. Vive-se um novo momento em que o Estado e a sociedade civil percebem no diálogo e na cooperação a oportunidade de solucionar problemáticas sociais e de se desenvolver com maior efetividade. Essa nova prática traz benefícios ao sistema produtivo do turismo, ao governo em geral e à sociedade em particular.

Nesse novo cenário, cada um de nós tem um papel essencial no desenho do futuro de nossa cidade, nosso estado e mesmo de nosso país.

Como a participação dos atores locais pode influenciar no desenvolvimento dos destinos turísticos?

ATORES LOCAIS E COMPETITIVIDADE DOS DESTINOS TURÍSTICOS

O turismo não é uma atividade que pode ser planejada a portas fechadas. É preciso identificar seus impactos na sociedade, reconhecer seus limites como atividade econômica e desenhar estratégias que ampliem os benefícios sociais de seu desenvolvimento.

Para contribuir com essa tarefa, o conhecimento prático e do dia a dia dos atores locais é essencial. Eles podem oferecer importantes contribuições no que se refere às possibilidades e limitações do desenvolvimento turístico local e a respeito das formas práticas para superar problemáticas operacionais e estratégicas, até compartilhando responsabilidades com o Estado.

A participação pode ainda oferecer importantes subsídios sobre o mercado que contribuam com decisões acertadas de investimentos públicos em infraestruturas, capital humano e marketing.

Não se esqueça de que a competitividade na era da informação está menos vinculada à quantidade de riquezas naturais e socioculturais e mais à capacidade de organização de processos e estruturas e de criar e administrar o conhecimento.

A participação tem como componente essencial o fortalecimento das capacidades previamente mencionadas, estimulando a inovação, melhorando o poder de negociação do destino turístico com operadoras e fornecedores, e ampliando o poder político do destino no âmbito regional. É, portanto, uma importante estratégia para aproveitar oportunidades de mercado e melhorar a competitividade.

É preciso, contudo, lembrar que um destino turístico depende dos polos, dos municípios ou das regiões que o integram – e que, em alguns casos, ultrapassam fronteiras político-administrativas e até do país – para que seu trabalho seja realizado de maneira coordenada.

Para tanto, é importante que os territórios turísticos (polos, municípios, regiões) desenhem uma estratégia individual e uma conjunta que privilegiem as vantagens comparativas de cada um dos participantes, e que estimulem, ao mesmo tempo, a competitividade global da região.

Recomenda-se que os territórios turísticos de uma mesma região procurem a complementaridade entre suas ofertas. Quando se desenham estratégias de desenvolvimento com ofertas complementares, as estratégias de comunicação e de marketing geram resultados mais efetivos, assim como beneficiam a definição de prioridades de investimentos em infraestruturas e incentivos que os governos podem oferecer às pequenas e médias empresas.

ATORES LOCAIS E SUSTENTABILIDADE SOCIOCULTURAL

A participação dos atores locais pode contribuir para o equilíbrio entre as forças econômicas e outros interesses vinculados à sustentabilidade ambiental, social e cultural dos destinos turísticos. Embora o interesse econômico seja o motor de qualquer atividade produtiva, não se pode confundir exploração turística com degradação turística. É necessário ter consciência de que o turismo não pode matar o turismo. Gestores e atores sociais devem trabalhar juntos para debater continuamente o ponto de equilíbrio entre o crescimento econômico e o desgaste dos ativos que o permitiram. Essa é uma das maiores dificuldades encontradas por centenas de destinos turísticos ao redor do mundo.

Para Enrique Torres Bernier,[34] algumas questões devem ser analisadas e podem ser corrigidas graças à participação dos atores locais. São elas:

> a necessidade de estabelecer as diferenças entre processos de expansão da atividade turística e processos de desenvolvimento;

> a possível dependência da atividade econômica local ao turismo;

> o problema da especulação imobiliária vinculada ao crescimento turístico;

> os impactos do turismo na cultura, nas tradições das comunidades receptivas;

> a participação dos atores e dos produtores locais no sistema produtivo; e

> as vantagens e os riscos da exploração dos ativos ambientais e culturais pelo turismo.

Como é possível notar, são todas essas questões que fazem diferença entre um processo de expansão da atividade turística e um processo de desenvolvimento sustentável. Como você

---

34   Bernier, 2005.

já sabe, nosso compromisso é com a segunda alternativa, um caminho crítico que cobra do turismo responsabilidades e compromissos, um caminho maduro.

ATORES LOCAIS E A QUALIDADE DAS POLÍTICAS PÚBLICAS

Relações sólidas entre o governo e a sociedade oferecem melhores informações para a formulação de políticas públicas e possibilitam maior eficácia na alocação de recursos para investimentos e incentivos.

Em outras palavras, o governo precisa da colaboração dos atores locais para identificar problemáticas, apontar alternativas e contribuir no monitoramento da execução dos projetos.

Como vimos no início deste capítulo, recomenda-se que a participação da sociedade se dê de forma organizada e, preferencialmente, com base nas Instâncias de Governança de Turismo Sustentável. Assim, empresários, cidadãos e gestores podem discutir problemas coletivos, identificar soluções viáveis e dividir responsabilidades para estimular o desenvolvimento do turismo em curto, médio e longo prazos.

Podemos perceber, então, que a questão central enfrentada pelos novos destinos turísticos não é se as relações entre governo e sociedade devem ser sólidas, mas como estabelecê-las.

Esses princípios e ideais representam uma nova responsabilidade civil que deve ser incorporada ao dia a dia das sociedades democráticas, ou seja, em nossas vidas. Embora essa nova cultura cívica ainda não esteja consolidada, o desenvolvimento de novos destinos turísticos no Brasil está claramente estimulando a adesão a essa cultura, ao mesmo tempo em que depende dela.

Ganharão em competitividade os destinos turísticos em que as pessoas percebam com maior rapidez a importância da participação e se organizem em Instâncias de Governança de Turismo Sustentável o mais rápido possível, a fim de planejar de forma coordenada seu próprio modelo de desenvolvimento turístico.

II. Conclusões

Por trás de qualquer iniciativa política existem pessoas cujos compromissos e visões de mundo podem ou não estar de acordo com os princípios da sustentabilidade. Com base nessa constatação, um dos instrumentos gerenciais mais utilizados para estimular a sustentabilidade político-institucional é a política da própria instituição.

A política da instituição rege seus regulamentos, seu compromisso social e até orienta o comportamento que esta espera de seus integrantes diante da sociedade e entre si. A política da instituição é um dos instrumentos mais tradicionais utilizados por qualquer organização pública ou privada.

Os partidos políticos, por exemplo, têm políticas internas que regem a ideologia e o comportamento ético de seus membros. Embora tradicionalmente no Brasil estes não sejam respeitados, é isso que se espera.

Grandes instituições privadas definem cada vez mais suas políticas institucionais para orientar, em linhas genéricas, a postura ética de seus funcionários que trabalham em escritórios virtuais e ao redor do mundo, seus objetivos de mercado e sua missão.

Para que a política da instituição estimule a sustentabilidade, basta que esta seja redigida, aprovada e publicada dentro e fora da instituição. Assim, ela se compromete frente à sociedade, com fundamentos éticos e políticos.

Quando uma instituição de turismo redige e aprova sua política com a participação de todos os associados, tal documento torna-se um parâmetro para as futuras decisões políticas da instituição. Recomenda-se que as instituições de turismo se comprometam com a sustentabilidade político-institucional de sua gestão, agregando à sua política institucional esse compromisso social.

Leituras recomendadas

BERNIER, Enrique Torres. "Actualización de las megatendencias del mercado turístico". Apuntes del Programa de Doctorado en Gestión y Desarrollo Turístico Sostenible. Málaga: UMA, 2005.

COSTA, Delaine Martins. *Gênero e raça no orçamento municipal: um guia para fazer a diferença.* V. I. Rio de Janeiro: Ibam, 2006.

DEMO, Pedro. *Participação é conquista: noções de política social participativa.* São Paulo: Cortez, 1988.

Fundação Luis Eduardo Magalhães (Flem). *Gestão Pública e participação.* Fundação Luis Eduardo Magalhães. Salvador: Flem, 2005.

Instituto Brasileiro de Administração Municipal (Ibam). *Manual do prefeito.* 12.ed. Rio de Janeiro: Ibam, 2005.

LUBANBO, Catia; COELHO, Denilson. *Atores sociais e estratégias de participação no programa de governo nos municípios.* Petrópolis: Vozes, 2005.

Mercotur. "Desafios operacionais do turismo sustentável". In Relatório técnico n. 3. Disponível em <www.mercotur.org>, acessado em 14.4.2006.

Exercícios

1. Pesquise na internet os seguintes conceitos e debata com seus colegas de turma:
   > gestão participativa;
   > orçamento participativo;
   > capital social;
   > política e políticas públicas.

2. Pesquise se seu município pratica a gestão participativa e identifique os instrumentos que ele utiliza para dar voz ao cidadão.

3. Com base no conhecimento adquirido neste capítulo, responda:
   > Quais instrumentos e práticas você sugere para ampliar a transparência e o profissionalismo da gestão do turismo no seu município?
   > Por que os atores locais têm um papel essencial no desenvolvimento do destino turístico?

4. Você já participou de reuniões de gestão participativa. Como foi sua experiência? Você acredita que essa prática é definitiva ou não? Responda em dez linhas.

ESTUDO DE CASO 1

TURISMO CONTRIBUI COM A SUSTENTABILIDADE DO PROJETO TAMAR

O Tamar, como todos os projetos conservacionistas, sofre as consequências da recessão econômica mundial, obrigando-se a estabelecer prioridades para a obtenção de recursos. Sempre atuou com doações de empresas estatais ou privadas, mas o tempo mostrou que a autossustentação é necessária, no intuito de deixar a instituição mais enxuta e ágil para continuar cumprindo seus objetivos.

Atualmente, a maior preocupação reside em ampliar ainda mais suas fontes de recursos próprios. Por vários motivos, o Tamar cresceu muito e o volume de gastos para sua manutenção não permite grandes flutuações no recebimento de verbas. Quanto mais o projeto depender apenas de seu próprio esforço, mais estabilidade terá. Com a venda de produtos e a prestação de serviços, sempre há soluções criativas para enfrentar as oscilações do mercado. A decisão de aumentar as fontes de recursos independentes resultou da constatação de que não havia condições de se manter um planejamento executivo estável sem assegurar previamente um orçamento estável.

Normalmente, os contratos de patrocínio são anuais, o que implica alto risco. A descontinuidade administrativa dos órgãos governamentais deixa o projeto à mercê de decisões orçamentárias e de decretos inesperados. A experiência do Tamar mostrou que é possível prever certa pontualidade nas remessas, mas não quando ou como o recurso será recebido. Dos patrocinadores de peso, os recursos dependem da quantidade e da qualidade do retorno que obtiverem com a veiculação e divulgação de suas marcas anexadas ao projeto. Esses recursos também podem sofrer a influência de outros fatores, como desgastes provocados pela mídia, queda no orçamento, problemas de volume de divulgação com outros patrocinadores ou, simplesmente, porque a empresa já utilizou demasiadamente o nome do projeto e resolveu mudar.

O Tamar, por abranger regiões geograficamente distintas, procura adaptar-se às características próprias de cada local, aproveitando aqueles que têm maior visitação pública para explorar os programas especiais de adoção de tartarugas, venda de produtos como camisetas, brindes, bijuterias etc., sempre relacionados e identificados com a marca Tamar. É importante lembrar que grande parte do material vendido é fabricada pela própria comunidade envolvida no projeto. Isso permite a circulação de dinheiro dentro dela, evitando o deslocamento de recursos para outras áreas.

Na Praia do Forte (BA), a função da base é mais institucional, de representação. Além do trabalho de preservação, lá são desenvolvidas atividades ligadas ao turismo. O objetivo é preparar a comunidade para trabalhar na área de atendimento ao turista, de modo adequado às necessidades do projeto. Para isso, foram construídos viveiros, tanques com exemplares de tartarugas, quiosques para a venda dos produtos e uma cantina. Recentemente, foram incluídos no projeto cursos de guias mirins para as crianças da comunidade, que acompanharão os turistas, fornecendo importantes noções de educação ambiental durante as visitas.

Com relação ao turismo, a principal fonte de recursos está no próprio pátio do projeto. Somente a cantina, por exemplo, em trinta dias, rende um volume de recursos maior do que a doação anual de uma das mais significativas entidades internacionais. Naturalmente, isso representa trabalho extra – exigindo que os administradores passem a se preocupar com a quantidade de bebidas que há no freezer ou se há sanduíches suficientes – que não pode interferir nos objetivos fundamentais do projeto, mas precisa ser feito, pela importância que tem como meio de captação de recursos.

O principal polo produtor do projeto localiza-se no Espírito Santo. O trabalho começou com a necessidade de confeccionar camisetas promocionais e de divulgação, que eram distribuídas aos pescadores e à comunidade local. Inicialmente, as camisetas eram feitas numa oficina de "fundo de quintal", depois transformada em cooperativa e atualmente administrada pela Fundação Pró-Tamar. Lá, são produzidos camisetas, bonés, calcinhas, cangas, sungas, todos com a marca Tamar. Os resíduos são doados para pessoas que produzem estopas, tapetes de retalhos, tartaruguinhas de pano. Ao longo do ano, são realizados cursos de matelassê, macramê, pintura em tecido etc. Mesmo contando com fornecedores externos, o Tamar dá preferência ao material produzido pelas comunidades envolvidas no projeto, nos diversos estados.

Hoje, no setor de produção, na área de preservação, fiscalização e demarcação de áreas, trabalham 60% dos membros dessas comunidades. Isso fez com que o choque produzido inicialmente pela proibição da caça à tartaruga fosse plenamente compensado, convertendo-se em benefícios financeiros para o projeto e a comunidade. Atualmente, além de projetos de caráter social, está sendo reformada uma pousada, onde os moradores do local irão trabalhar; a parte administrativa e a jurídica ficarão a cargo da Fundação.

Esses são apenas dois exemplos de como o turismo pode contribuir para a sustentabilidade econômica e social de iniciativas sérias e autênticas, capazes de despertar o interesse de turistas do Brasil e do mundo.

FONTE: ROBERTO M. F. MOURÃO, DIRETOR DO INSTITUTO ECOBRASIL.

ESTUDO DE CASO 2
A PRAIA DE IRACEMA QUE O VENTO LEVOU

Ao fazer uma reflexão sobre a Fortaleza contemporânea, entendemos que a Praia de Iracema foi escolhida, na década de 1920, como berço de modernismo. Os bangalôs e clubes de elites foram construídos, dando a esse território a característica de um bairro boêmio.

A Praia de Iracema, chamada inicialmente de Praia do Peixe, não era local de habitação da sociedade da época. A demanda de pessoas era sazonal, somente no período de veraneio. Dos anos 1930 aos 1950, era conhecida como a "Praia dos Amores", que caiu nas graças de Luiz Assunção, consagrando-se em seus versos, tornando-se um recanto da boemia, cuja tradição se mantém até hoje.

Hoje, muita coisa mudou na famosa Praia de Iracema: a paisagem já não é mais a mesma; as ruas, ainda com seus nomes em homenagem às tribos indígenas, persistem em manter a memória poética do bairro; os velhos casarões dão lugar aos bares e restaurantes, infelizmente sem nenhuma lei que regule e normalize, facilitando o agir da especulação desenfreada e impiedosa que tanto tem descaracterizado o patrimônio cultural desse bairro.

Como estudiosa e pesquisadora de turismo, entendo que a cultura e o turismo precisam caminhar de mãos dadas, gerando uma convivência pacífica entre o viajante e o viajado, o antigo e o novo, preservando a identidade cultural das localidades turísticas.

Convido você a pesquisar e a refletir mais sobre esse importante destino turístico do Ceará.

FONTE: TEREZA NEUMA MARTINS, MESTRE EM GESTÃO DE NEGÓCIOS TURÍSTICOS, PROFESSORA DAS FACULDADES ATENEU E DO INSTITUTO DE ENSINO SUPERIOR DO CEARÁ (IESC).

ESTUDO DE CASO 3
TURISMO SEXUAL E O REPOSICIONAMENTO DA TAILÂNDIA

Nas décadas de 1980 e 1990, o desenvolvimento turístico da Tailândia teve como um dos principais eixos a expansão do comércio sexual e do turismo sexual em particular. O comércio sexual, atividade financiada principalmente pela demanda local, teve uma forte expansão com o crescimento do turismo internacional no país.

As autoridades de turismo da Tailândia trabalham atualmente no reposicionamento da oferta e da imagem do país, apostando nos segmentos de turismo cultural e de saúde.

O turismo de saúde, que tenta promover a Tailândia no mercado, está vinculado à realização da tradicional massagem tailandesa, à utilização de plantas aromáticas e medicinais, e à prática da ioga. Esse esforço pelo reposicionamento da oferta e da imagem está sendo realizado em parceria com o setor empresarial.

As autoridades e o setor empresarial perceberam que a Tailândia vinha perdendo participação nos principais segmentos do mercado e que parte dessa perda de competitividade estava vinculada à imagem de insegurança implícita no turismo sexual.

O subcomandante da divisão da Polícia Turística de Pattaya, na Tailândia, afirmou que teme que os turistas que não procuram turismo sexual evitem o país, porque, em sua opinião, o turismo sexual pode destruir a imagem da cidade de Pattaya e da Tailândia.[35]

Em 2003, o turismo representava uma das principais entradas de divisas na economia tailandesa. Mais de nove milhões de turistas visitaram o país naquele ano, e a Tailândia projetava, antes da crise provocada pelo tsunami, um crescimento de 10% para o ano de 2004.

Em 2002, a OMT apresentou uma pesquisa intitulada "A incidência da exploração sexual das crianças no turismo", que havia sido encomendada a C. Michael Hall, da Universidade de Otago, a Chris Ryan, da Universidade de Waikaty, e à consultora Christine Beddoe. Nesse informe foram apresentados os resultados das pesquisas realizadas na Tailândia, no Camboja e na Indonésia. A pesquisa da OMT revela informações relativas ao turismo sexual nesses países e ainda oferece dados referentes à influência dessa atividade no desenvolvimento dos destinos turísticos. Um dos pontos mais marcantes do estudo é que se sinalizam relações diretas entre o turismo sexual e outras atividades ilícitas, que têm como público-alvo o turista:

> tráfico de drogas e de armas e roubos;
> reprodução e distribuição de pornografia;
> exploração sexual infantil;
> tráfico de mulheres;
> propagação de enfermidades como o vírus HIV e outras doenças sexualmente transmissíveis;
> crime organizado; e
> corrupção de autoridades.

Segundo as autoridades tailandesas, para reposicionar a imagem do país como destino turístico, é preciso contar com a participação direta de taxistas, funcionários de hotéis, bares e restaurantes, empresários locais e organizações da sociedade civil, para que possam trabalhar em cooperação num novo posicionamento da oferta turística do país.

Parece necessário admitir que a prostituição é um trabalho que gera renda, empregos e atende a uma demanda real. Deveria ser regulamentada, para evitar abusos dos direitos humanos, e no intuito de melhorar seu controle sanitário. Mas prostituição e turismo sexual não são atividades que contribuem de forma direta para o aperfeiçoamento dos processos de desenvolvimento socioeconômico, nem são ocupações comprometidas com a qualidade de vida e a prosperidade social. Portanto, tudo indica que a opção da Tailândia de combater a oferta de turismo sexual e reposicionar sua oferta no mercado é uma decisão exemplar de importância estratégica para o turismo e para a sociedade tailandesa.

---

35 *Bangkok Post*, 28 de fevereiro de 1999.

O amor é cerimonioso.
Milton Azevedo

4 OBJETIVOS DO CAPÍTULO

Identificar as principais tendências do mercado turístico.

Descrever as características e as principais mudanças do turismo no ambiente econômico, político, tecnológico, na oferta e na demanda.

Analisar como as mudanças socioculturais e tecnológicas influenciam o desenvolvimento turístico no Brasil.

Megatendências do turismo

A sociedade contemporânea vivencia processos de transformação nunca antes vistos pelo homem. A cultura, as tradições, os estilos de vida e as atividades econômicas se veem continuamente influenciadas pela globalização socioeconômica, política e tecnológica. São mudanças que contribuem, direta e indiretamente, para o futuro das indústrias, sempre em busca de garantias para seu desenvolvimento.

Você conhecerá, neste capítulo, algumas tendências fundamentais do mercado de turismo e como elas vêm sinalizando o futuro do setor. Essas tendências foram levantadas por um dos mais importantes pesquisadores do turismo espanhol, dr. Enrique Torres Bernier. Aqui, apresento algumas de suas reflexões mais marcantes.

I. Tendências do mercado de turismo

É importante compreender as tendências do mercado de turismo para prever oportunidades de negócios, definir mercados prioritários e produtos turísticos, desenvolver estratégias de marketing e antecipar-se à concorrência.

Quem trabalha olhando para o presente e para o passado conseguirá reproduzir, no máximo, o que já existe. Já quem acompanha os sinais e as tendências do mercado terá maiores possibilidades de utilizar os recursos públicos com eficácia e acertar nas decisões estratégicas de planejamento e marketing. Essa é a razão pela qual dedicamos um capítulo a análises das megatendências do turismo.

Lembre que o mercado turístico é extremamente sensível ao entorno. Fatores como segurança, qualidade ambiental, saúde pública e mesmo a evolução das tecnologias de informação têm um poder de influência enorme nas tendências do mercado. Saiba, portanto, que as tendências que apresento a seguir não são verdades absolutas, mas movimentos dinâmicos, ou probabilidades, que servirão para apoiar seu processo decisório como gestor.

As tendências do mercado servem ainda como referência para a definição da política de turismo e de programas de desenvolvimento e marketing turístico.

Segundo Bérnier,[36] as tendências podem ser divididas em: econômicas, políticas, tecnológicas, sociodemográficas, da oferta e da demanda. Vejamos:

Mercado de turismo é o grupo constituído por todos os consumidores efetivos e potenciais da oferta de turismo.

---

36   Bernier, 2005.

1. Tendências econômicas

Consistem na identificação de aspectos da conjuntura macroeconômica que influem no desenvolvimento do setor turístico. Os aspectos da conjuntura macroeconômica tendem à estabilização parcial, à medida que os países firmam suas moedas, controlam a inflação e se desenvolvem. Mesmo assim, é preciso estar atento a possíveis mudanças na economia local e nacional, mas, principalmente, na de mercados emissores.

Principais tendências econômicas:

> a globalização como fenômeno de integração e transformação econômica, tecnológica e social dos países, liderado pelos países desenvolvidos;

> a globalização como influência significativa nos hábitos de consumo das sociedades civilizadas, criando uma cultura homogênea nas grandes cidades e despertando o desejo de visitar outros países, num mundo considerado cada vez menor e comercialmente mais organizado;

> as corporações transnacionais serão a estrutura dominante na oferta de produtos e serviços em escala mundial;

> o poder econômico dessas organizações é cada vez mais determinante nas políticas dos Estados;

> incremento da renda pessoal disponível nos países desenvolvidos;

> liberalização dos mercados comerciais;

> consolidação de novos blocos econômicos, como o Mercosul, a Alca, o Pacto Andino, os Tigres Asiáticos e outros blocos socioeconômicos; e

> aumento das exportações de produtos agrícolas da América do Sul para o mundo.

Em 2001, a crise da economia argentina afetou diretamente destinos turísticos como Florianópolis, em Santa Catarina, e Búzios, no Rio de Janeiro. Você sabe por quê? Porque a Argentina é o principal emissor de turistas estrangeiros ao Brasil.

2. Tendências políticas

Consistem no reconhecimento de ações políticas que ganham importância na esfera mundial e nacional e que têm influência no desenvolvimento turístico. São exemplos desse tipo de tendência:

> fortalecimento dos movimentos de proteção ao meio ambiente e valorização das tradições particulares de cada povo;

> desregulamentação do transporte aéreo;

> eliminação de barreiras para viagens internacionais;

> política de portos abertos;

> necessidade cada vez menor de uso de vistos;

> cooperação técnica internacional para a transferência de tecnologias;

> descentralização da gestão pública do turismo;

> utilização de instrumentos formais de gestão, como a elaboração de planos de desenvolvimento;

> compromisso ético para com o desenvolvimento sustentável;

> incentivo a pequenas e médias empresas;

> incentivo à formação de clusters turísticos;

> foco na geração de trabalho e renda;

> planejamento e gestão participativa; e

> incentivo à cooperação público-privada.

3. Tendências tecnológicas

Referem-se à identificação dos avanços na tecnologia que influenciam o desenvolvimento turístico. São avanços constantes e muitas vezes radicais. Tendo isso em vista, não se pretende limitar as tendências àquelas explícitas aqui, mas simplesmente reconhecer as mais significativas até o momento:

> modernização contínua dos sistemas de transporte aéreo, marítimo e terrestre;
> digitalização, integração e globalização dos sistemas de reservas;
> marketing e comercialização de destinos e serviços turísticos via internet;
> informática, internet e experiências virtuais concorrendo com o turismo;
> fortalecimento do uso de banco de dados para o Customer Relationship Management (CRM);
> formação de grandes portais distribuidores de serviços da oferta de transportes aéreos, hotéis e pacotes turísticos;
> tecnologia agregando valor à experiência turística;
> formação de comunidades virtuais, redes de conhecimento e segmentação do mercado;
> diversificação das fontes de energia e fortalecimento da energia limpa;
> equipamentos projetados para a eficiência ecológica; e
> maior número de pesquisas em estudos ambientais e culturais.

4. Tendências sociodemográficas

Dizem respeito à identificação de aspectos sociais e demográficos que afetam o desenvolvimento do turismo. Nesse caso em particular, vamos nos concentrar na análise de aspectos marcantes deste início de século, como:

> envelhecimento da população nos países industrializados;
> aumento da participação das mulheres no mercado de trabalho;
> aumento da idade média nos casamentos;
> maior índice de casais sem filhos;
> desmembramento das férias em períodos mais curtos, durante o ano;
> maior desejo e consciência das possibilidades de viajar;
> maior consciência ambiental;
> expansão do associativismo e das cooperativas;
> expansão dos empreendedores sociais e das organizações do terceiro setor;
> fortalecimento e desejo da cultura da paz e da solidariedade;
> valorização da identidade cultural dos povos; e
> nova força empreendedora nos países da América do Sul adquirida pela sociedade.

5. Tendências da oferta

Consistem na identificação de aspectos essenciais para o desenvolvimento de novos produtos turísticos e no reposicionamento dos produtos já consolidados, por exemplo:

> desenvolvimento de circuitos e destinos turísticos temáticos;
> inserção de aspectos culturais, ambientais e do patrimônio histórico na oferta turística;
> percepção dos recursos como fonte finita de exploração;
> profunda sensibilidade e valorização ambiental;
> planejamento municipal do turismo;
> estabelecimento de padrões de qualidade ambiental e social;
> mínima diferenciação entre a oferta de serviços para o turista e a oferecida para a população local;

> gestão pública cada vez mais profissional;
> desenvolvimento de territórios especializados em turismo;
> pacotes de turismo cada vez mais segmentados e personalizados;
> oferta de pacotes e serviços de turismo via internet;
> maior responsabilidade social das empresas;
> surgimento de novos países desenvolvidos que contribuam com maiores fluxos turísticos; e
> aprimoramento das técnicas de planejamento e marketing.

6. Tendências da demanda

Constituem a identificação de aspectos socioculturais que influem no comportamento do consumidor de turismo, entre eles:

> maior experiência e exigência pela qualidade e pela personalização dos serviços;
> maior quantidade e melhor qualidade de informações para a escolha do destino;
> valorização da liberdade na tomada de decisões (programação reduzida);
> procura por saúde, conhecimento e segurança;
> busca de qualidade social e ambiental;
> interesse em apreender e conviver com valores culturais próprios do destino;
> procura por produtos e experiências exclusivas e personalizadas;
> valorização das relações interpessoais;
> valorização dos turismos étnico-social, sustentável, responsável e solidário;
> valorização de vivências, do turismo ativo e de aventura;
> aumento das viagens intrarregionais e de curta distância;
> maior índice de pessoas que viajam sozinhas; e
> maior exigência na relação qualidade/preço e esforço/benefício.

Analise, de acordo com a Figura 4.1, o crescimento da demanda turística nas Américas, projetado pela OMT até o ano 2020.

Figura 4.1 – Histórico e projeção de chegadas internacionais de turistas nas Américas (milhões de pessoas)

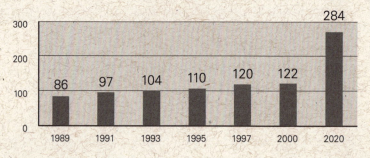

FONTE: OMT (NÚMEROS ARREDONDADOS).

II. Conclusões

A análise das tendências do mercado é uma responsabilidade gerencial, necessária para que sejam tomadas decisões conscientes e eficazes.

Como você pode compreender, vivemos em uma economia de bens escassos e não podemos nos dar ao luxo de utilizar os recursos públicos de forma amadora. Como dito anteriormente, o mercado é dinâmico, e o turismo, em particular, muito sensível às mudanças do entorno. Isso, porém, não justifica que um gestor desconheça as principais tendências do mercado. É muito provável, nesse caso, que decisões sejam tomadas e investimentos sejam feitos em descompasso com o mercado, o que resultaria numa perda incalculável de tempo, dinheiro e oportunidades.

O futuro do mercado de turismo é imprevisível. As tendências têm cada vez menos duração. O homem cria e se recria continuamente, a uma velocidade sem precedentes, abandonando práticas antigas e optando por novos estilos de vida, formas e estratégias para atingir seu desenvolvimento. Nesse contexto, haverá destinos turísticos mais conservadores e outros que acompanham, de perto, as tendências. Não existe uma estratégia melhor do que a outra; existem públicos com perfis diferentes e capazes de entender e acompanhar a mensagem que o destino turístico deseja transmitir.

É fundamental que acompanhemos as tendências globais. Mais do que nunca, precisamos ganhar visibilidade mundial, criar um posicionamento e defendê-lo com o intuito de que as atividades de turismo gerem trabalho e renda nos destinos turísticos. Se não estivermos atentos ao mercado, perderemos valiosas oportunidades.

Seu desafio como gestor é compreender essas tendências e incorporá-las, pouco a pouco, às decisões de planejamento e gestão.

Figura 4.2 – Quadro síntese: o novo mercado turístico

FONTE: ENRIQUE TORRES BERNIER, ADAPTADO POR MERCOTUR.

Pense e analise o ambiente globalmente a fim de atuar e inovar localmente.

Exercícios

1. Na sua opinião, quais são as duas tendências mais importantes? Por quê?
2. Forme grupos de três pessoas e justifique seu ponto de vista.
3. Na sua opinião, há outras tendências que poderiam ser agregadas a esse estudo? Quais?

4. Explique a seguinte tendência: não diferenciar a oferta de serviços para o turista e os serviços destinados à população local. Você considera isso importante? Por quê?

5. O desenvolvimento sustentável é uma tendência? Por quê?

6. Explique a necessidade da especialização da oferta turística.

7. Explique como a internet está influenciando a comercialização das empresas e dos destinos turísticos.

8. Pesquise o site das seguintes empresas e confira algumas das tendências tecnológicas mencionadas:

> www.etravel.com
> www.rumbo.es
> www.amadeus.net
> www.orbitz.com
> www.opodo.fr
> www.lastminute.com
> www.cheaptickets.com

Leituras recomendadas

BAUMAN, Zygmunt. *Globalização: as conseqüências humanas*. Rio de Janeiro: Zahar, 1999.

BERNIER, Enrique Torres. "Actualización de las megatendencias del mercado turístico". Apuntes del Programa de Doctorado en Gestión y Desarrollo Turístico Sostenible. Málaga: UMA, 2005.

DRUCKER, Peter. *Sociedade pós-capitalista*. 6.ed. São Paulo: Pioneira, 1997.

OMT. *Previsiones del turismo mundial hasta el año 2006 y después*. Madri: OMT Publications, 2005.

ESTUDO DE CASO 1
PRAINHA DO CANTO VERDE (CE) – UMA EXPERIÊNCIA SUSTENTÁVEL NA GESTÃO DE DESTINOS TURÍSTICOS

A Prainha do Canto Verde está localizada no litoral leste do Estado do Ceará, a 120 quilômetros de Fortaleza pela CE-040. É uma praia caracterizada por mar calmo, calor do sol frequente amenizado pelo mesmo vento que move as jangadas trazendo lagostas vermelhas e verdes (samango) e uma variedade de peixes (cavala, serra, guaiúba, pargo e outros) – pescados artesanalmente e servidos nas barracas à beira do mar.

Na Prainha do Canto Verde, não se vê especulação imobiliária ou turismo desordenado. Problemas de saúde e de saneamento ainda existem, mas as soluções são mais avançadas do que em outros vilarejos. A batalha mais difícil é garantir o sustento dos pescadores locais, tradicionalmente com base na pesca da lagosta. Mas o poder de mobilização e de motivação, aliado à organização da população local, tem evitado que a comunidade embarque nos processos de turismo depredadores já observados em outros destinos. A luta da comunidade que mora na Prainha do Canto Verde refere-se ao combate das pressões especulativas provenientes da ambição de empresários ávidos por ocupar a região com seus loteamentos e megaprojetos hoteleiros.

Por volta de 1979, tiveram início as iniciativas de especulação imobiliária na região, com a aquisição de terras por parte de grileiros. Naquela época, os moradores da Prainha sentiram, pela primeira vez, a real possibilidade de perderem o direito de uso de suas terras, ocupadas por seus familiares desde 1860. Embora essas áreas fizessem parte de terras da União, o poder judiciário concedeu posse aos grileiros, gerando muita revolta entre a comunidade.

Em 1991, inicia-se o projeto de organização e desenvolvimento comunitário com o apoio da Fundação Amigos da Prainha do Canto Verde, formada por algumas empresas e ONGs nacionais e estrangeiras. Com o passar dos anos, a comunidade foi se fortalecendo, e os grileiros e especuladores viram seus projetos de loteamento e ocupação da área emperrarem na burocracia do Judiciário. A luta pela posse da terra construiu a identidade da comunidade da Prainha do Canto Verde, que, por meio de sua organização, vem desenvolvendo uma série de projetos que buscam melhorar suas condições de vida.

Entre os projetos dessa comunidade, vale destacar o ecoturismo comunitário sustentável, no qual a comunidade não apenas ocupa a função de base consultiva, mas também participa das tomadas de decisão, da implementação do projeto, da organização e do gerenciamento da atividade turística. A comunidade alicerçou em seus recursos ambientais e em seus valores culturais o projeto de ecoturismo, no qual natureza e cultura estão inextricavelmente entrelaçadas.

O turismo, tendo como base a comunidade, esteve sempre focado na capacidade organizativa ainda incipiente dos moradores mobilizados pela posse da terra. Isso propiciou a capacidade de discussão e de tomada de decisão da comunidade. A forma cooperada de gerenciar e administrar a atividade turística foi concebida em consonância com a pretensão de assegurar essa capacidade organizativa.

O turismo não surgiu como a solução das dificuldades financeiras advindas do declínio da pesca. A comunidade não se deixou enganar pelos especuladores imobiliários. O turismo não veio para substituir a atividade essencial do modo de vida da comunidade. Pelo contrário, as práticas turísticas necessitaram, para ser implementadas, do apoio social e do patrimônio relacional dessa comunidade de pescadores. A sustentabilidade da atividade turística de base comunitária é entendida como um elemento de reforço da trama do tecido social e revigorante do patrimônio relacional.

FONTE: ADRIANA LÚCIA COSTA GIRÃO, 2006. CONSULTORA – CONVÊNIO SEBRAE/
MINISTÉRIO DO TURISMO/EMBRATUR.

ESTUDO DE CASO 2
PLANEJAMENTO E DESENVOLVIMENTO DO TURISMO NO BUTÃ – EXEMPLO DE CONTROLE DA QUANTIDADE DE TURISTAS PARA GARANTIR A CONSERVAÇÃO DOS RECURSOS NATURAIS E CULTURAIS

Situado nas montanhas orientais do Himalaia, o reinado de Butã oferece uma paisagem montanhosa espetacular e importantes evidências culturais budistas. O turismo iniciou-se após a coroação do atual rei, em 1974. Naquela época, constatou-se que os hotéis construídos para a ocasião poderiam ser utilizados por turistas e, assim, promover a entrada de capital na economia local ao mesmo tempo em que se promoviam as atividades culturais e as tradições desse longínquo país. O governo, consciente de que fluxos incontrolados de turistas poderiam gerar impactos indesejados, como problemas ambientais e socioculturais, aplicou controles estritos à entrada de turistas. Todos os visitantes de origem não indígena deveriam organizar suas férias com as agências autorizadas, não se permitindo a entrada, no país, de turistas independentes. Fixou-se ainda um mínimo de gasto turístico diário de US$ 200 por pessoa. Aparentemente, o governo pretende continuar aplicando essa política controlada com a intenção de organizar novos clusters e desenvolver infraestruturas de apoio especializadas, de forma que o desenvolvimento dessa atividade não danifique o meio ambiente nem o patrimônio cultural, porém que sejam motores para sua conservação e valorização. Os planos de turismo adotados distinguiram três clusters de turismo:

> cluster do Himalaia, para a realização de montanhismo e trekking em grandes alturas;

> cluster Central, para circuitos culturais e trekking; e

> cluster dos Picos Meridionais, para o turismo ecológico e o turismo étnico em períodos de inverno.

FONTE: ADAPTADO DE INSKEEP.

ESTUDO DE CASO 3
ECOTURISMO INTEGRADO AO MANEJO DA VÁRZEA DE SILVES NO AMAZONAS

Silves é um município do Estado do Amazonas, localizado duzentos quilômetros a leste de Manaus, em uma importante região de lagos amazônicos, muito rica em sua biodiversidade aquática. Há 23 anos, as comunidades vêm buscando preservar seus recursos naturais na Várzea de Silves, ameaçados, principalmente, pela pesca predatória. Isso vem ocorrendo em razão do aumento da demanda por peixes de água doce em outros estados. A necessidade de aumentar o estoque de peixe provoca conflitos ecológicos entre os interesses dos pescadores da região e a necessidade de uso sustentável dos recursos da várzea. Pescadores artesanais e comerciantes de pequeno e médio portes têm utilizado instrumentos e técnicas de pesca predatória, colocando em risco a sustentabilidade de algumas espécies.

Esses acontecimentos levaram a comunidade e o setor público à mobilização e à definição de áreas de desenvolvimento variáveis. Com participação da população local e de técnicos, foi realizada a divisão da zona fluvial, por meio de uma lei municipal, em três padrões de uso do sistema: lagos santuários, lagos de pesca de subsistência e lagos para a pesca comercial.

Para dinamizar a cooperação público-privada e implementar um sistema de manejo efetivo dos lagos, e recuperar e conservar a biodiversidade aquática, a comunidade se articulou em uma organização não governamental chamada Associação de Silves pela Preservação Ambiental e Cultural (Aspac). Em busca de fontes de financiamento para as atividades de conservação, a Aspac desenvolveu um projeto comunitário de ecoturismo que atende aos pressupostos técnicos do desenvolvimento sustentável. O ecoturismo foi percebido pela população como meio para articular a proteção das áreas naturais, garantindo a atividade econômica, a geração de emprego e o aumento de renda familiar.

Tendo em vista esse contexto, o objetivo do projeto da Aspac é viabilizar o primeiro empreendimento comunitário de ecoturismo da Amazônia integrado a um sistema de uso dos lagos, utilizando uma parte da renda obtida em benefício do sistema lacustre de pesca da região.

Durante a primeira fase (1994-1996), foi implantada a infraestrutura básica de hotelaria e serviços. A comunidade recebeu treinamento para sua operação, capacitação em manejo dos lagos e orientação legal. Na segunda fase (1997-1999), foram desenvolvidos roteiros turísticos de caráter ambiental e educativo, aproveitando a paisagem da região e a cultura das populações locais. Isso incluiu o treinamento dos funcionários para a melhoria dos serviços prestados. A Aspac, atualmente, vem implementando um sistema de monitoramento e fiscalização dos lagos por meio da capacitação de agentes ambientais voluntários. O projeto tem como parceiros o Fundo Mundial para Meio Ambiente (WWF, sigla em inglês para World Wildlife Fund), os governos da Áustria, da Inglaterra e da Suécia, e o Ministério do Meio Ambiente.

Alguns dos resultados obtidos nesse trabalho foram:

> construção do hotel Aldeia dos Lagos na Ilha de Silves, em funcionamento desde julho de 1996.

> duas bases flutuantes de fiscalização foram instaladas entre os Lagos Piramiri e Purema, e no Lago Canaçari, o que intensificou o trabalho de conservação.

> foi aprovada a Lei Municipal nº 186/2000, que define o zoneamento dos lagos.

> sistema comunitário de monitoramento de pesca e manejo dos lagos. Com isso, a comunidade de Silves se capacitou para realizar um novo levantamento socioeconômico dos recursos pesqueiros da região.

> em 2000, o hotel Aldeia dos Lagos tornou-se autossustentável, gerando um lucro líquido de R$ 25 mil. Vinte por cento da renda obtida com o hotel é investida no manejo e na fiscalização da reserva. O restante vai para um fundo de reserva, que investe na manutenção das atividades de ecoturismo com a participação das comunidades ribeirinhas.

> a Aspac participou do 1º Simpósio Internacional sobre Ecoturismo e Desenvolvimento Sustentável dos Países da Bacia Amazônica – Ecotour Amazon 2001.

FONTE: JOANNA ALIMONDA – PUC-RIO.

Política é a arte do possível.
Otto von Bismarck

5 OBJETIVOS DO CAPÍTULO

Definir a importância e as características da política e da economia do turismo.

Analisar as transformações e as tendências da intervenção do Estado em relação à política de turismo.

Apresentar conceitos e bases técnicas para a formulação de políticas de desenvolvimento turístico.

Política e economia do turismo

A política de turismo vem ganhando importância à medida que se atribui ao turismo a capacidade de catalisar processos de geração de trabalho, renda e desenvolvimento socioeconômico.

Nos últimos dez anos, o mundo experimentou importantes avanços na pesquisa de turismo e iniciativas inovadoras foram propostas. Foram desenvolvidas também novas políticas para a formalização desse setor mediante a modernização da legislação e planos de desenvolvimento. Além disso, ministérios foram organizados com responsabilidades e competências específicas no setor.

A "mão invisível"[37] de Adam Smith parece insuficiente para dinamizar o setor turístico, embora a experiência demonstre que o Estado não deve ser agente interventor, mas facilitador do desenvolvimento dessa atividade.

Atribuir ao Estado a função de organismo facilitador do desenvolvimento turístico parece ser uma tendência global. Porém, não representa necessariamente a única alternativa. Há exemplos de cidades altamente desenvolvidas no que se refere ao turismo, em que o governo desempenha um papel ativo não apenas facilitando, mas regulamentando e fiscalizando o setor em relação à qualidade e à responsabilidade ambiental e social.

Neste capítulo, vamos conhecer os fundamentos da economia do turismo assim como as formas de intervenção do Estado e os instrumentos que a política de turismo oferece para incentivar o desenvolvimento de forma ordenada, competitiva e responsável.

I. Efeitos econômicos do turismo

O turismo tem um amplo efeito multiplicador sobre a economia dos destinos receptivos. Trata-se de um efeito relacionado aos gastos de um turista ao longo de sua estadia, como hospedagem, transporte, alimentação, entretenimento e comércio em geral.

O efeito multiplicador, contudo, não se restringe apenas ao gasto direto realizado pelo turista. Na cadeia produtiva do turismo integram-se não apenas prestadores de serviços diretos, mas também uma série de fornecedores que influem e se beneficiam indiretamente do crescimento da atividade turística.

A título de ilustração, tente imaginar a dinâmica operacional que gira em torno de um hotel. Podemos destacar a contratação de funcionários operacionais como garçons, camareiras

---

37 Metáfora usada pelo pai da economia moderna, Adam Smith.

e cozinheiros; o consumo de equipamentos e de material de limpeza, lavanderia, consumo de alimentos e bebidas, entre outros.

O efeito multiplicador da atividade turística pode se estender ainda por uma série de empresas de pequeno, médio e grande portes que prestam serviços a esse hotel. Essa ilustração, embora simples, revela uma das principais vantagens econômicas da atividade turística: sua capacidade de distribuição de renda.

A política econômica tem ainda outros interesses relacionados ao turismo, como veremos a seguir.

1. Efeitos globais

NA ECONOMIA NACIONAL

A capacidade de o turismo estimular a economia é um de seus efeitos globais mais importantes. Surgiram, nas últimas décadas, muitos exemplos em que o turismo teve um papel-chave no desenvolvimento econômico das cidades. Vejamos o exemplo da Espanha, com cidades turísticas como Barcelona, Sevilha, Granada, Málaga e Valência, todas essas competindo no mercado global. Adicionalmente, o turismo é capaz de estabelecer vínculos intersetoriais, o que pode contribuir com a distribuição de renda e a geração de economias de escala, beneficiando com isso a dinâmica econômica.

NA DEPENDÊNCIA EXTERIOR

É necessário que se busque a independência entre o destino turístico e as empresas estrangeiras que atuam como intermediárias nos negócios, oferecendo pacotes, transporte e hospedagem. Dessa maneira, o setor turístico pode beneficiar a articulação de economias mais autônomas e gerar maior equilíbrio econômico. Em outras palavras, quanto maior a articulação do destino turístico com o mercado emissor, menor o risco de dependência.

2. Efeitos multiplicadores

SOBRE A PRODUÇÃO

O impacto turístico sobre a economia, entretanto, não se reduz aos ingressos diretos. O gasto direto realizado pelo turista se distribui pelos enlaces intersetoriais, firmados com outras áreas de atividade. Direta ou indiretamente, as outras áreas podem estar vinculadas à cadeia produtiva do turismo. Nesse contexto, podemos identificar três efeitos positivos do turismo na economia:

1º Ingresso turístico direto – recebido pelas empresas turísticas vinculadas ao setor;

2º Ingresso turístico indireto – recebido por empregados e empresas dos setores que diretamente abastecem a produção turística; e

3º Ingresso turístico induzido – recebido pelo restante dos setores da economia que, mesmo sem abastecer diretamente o setor turístico, se beneficia por uma melhora geral da economia.

SOBRE O EMPREGO

Um dos efeitos mais importantes do setor turístico na economia é sua capacidade de gerar empregos. Porém, se comparado a outras atividades de produção, uma crítica comum é que se atribui ao turismo a capacidade de absorver mão de obra pouco qualificada. Isso de fato não se mantém em destinos turísticos desenvolvidos, que tendem a contratar profissionais altamente qualificados para manter uma posição competitiva e diferenciada.

De maneira geral, o turismo influi sobre o emprego em três níveis:

1º Emprego direto – gerado pelas empresas turísticas;

2º Emprego indireto – gerado pelas empresas que fornecem produtos e serviços ao setor turístico; e

3º Emprego induzido – gerado em outros setores da economia beneficiados pelo turismo.

Existem dois aspectos que podem caracterizar negativamente o emprego turístico:

1º Alta eventualidade – o grau de eventualidade do emprego depende do nível de sazonalidade da demanda turística; e

2º Baixa retribuição salarial – embora ainda esteja sendo pesquisado, acredita-se que os salários baixos sejam uma consequência da contratação de colaboradores menos qualificados.

SOBRE A BALANÇA DE PAGAMENTOS

A balança de pagamentos de um país é um documento contábil. Ela expressa as relações econômicas do país com o exterior, por meio da análise das saídas e entradas de divisas por distintos meios, normalmente relacionados a atividades de importação e exportação de bens e serviços. Os efeitos que o setor turístico pode exercer sobre a balança de pagamentos de um país se dividem em:

1º Efeitos primários sobre a balança de pagamentos – quando o turista estrangeiro realiza gastos que trazem divisas ao país ou quando o residente realiza gastos turísticos no exterior;

2º Efeitos secundários sobre a balança de pagamentos – podem ser de caráter direto (os serviços diretos para o turista exigem importação de tecnologias, o que supõe saída de divisas), indireto (os fornecedores das empresas de turismo também requerem tecnologia estrangeira para a produção de sua oferta, o que supõe saída de divisas para o exterior) e induzido (por exemplo, o pagamento de salários a funcionários estrangeiros necessários para a prestação dos serviços turísticos); e

3º Efeitos terciários sobre a balança de pagamentos – os produtos importados que não estão vinculados ao gasto turístico direto. Um exemplo é a aquisição de uma câmera fotográfica importada ante a possibilidade de realizar uma viagem de turismo.

SOBRE A TAXA DE CÂMBIO

A taxa de câmbio é o preço de uma moeda expresso em unidades de outra, quer dizer, a quantidade de moeda nacional necessária para obter uma moeda estrangeira. A relação de valor entre uma e outra moeda pode contribuir com o aumento ou a diminuição dos fluxos de turistas estrangeiros: o destino turístico pode tornar-se mais barato ou mais caro dependendo da situação.

A desvalorização progressiva do dólar americano tem melhorado o poder de consumo do brasileiro nos EUA. Com isso, esperamos um aumento dos fluxos de turistas para lá. Por outro lado, a valorização do euro tem encarecido, para os brasileiros, os destinos turísticos europeus. Em consequência, esperamos que, na Europa, o fluxo de brasileiros caia. A valorização do euro amplia, no entanto, o poder de compra dos europeus, tornando baratos destinos como o Brasil.

SOBRE OS INGRESSOS PÚBLICOS

O setor turístico pode gerar importantes ingressos ao setor público, sobretudo quando os gestores estimulam a dinamização do setor empresarial, quando criam sistemas eficazes para cobrar impostos e quando administram o destino de maneira empreendedora, inventando serviços e atividades que ampliem a oferta turística e permitam maiores gastos diretos.

SOBRE OS GASTOS PÚBLICOS

Considerar que o desenvolvimento turístico traz unicamente benefícios econômicos para o setor público é um erro. Ele pode ter importantes consequências negativas sobre os gastos públicos. Para reconhecer a verdadeira contribuição do turismo ao setor público, é necessário considerar os custos com serviços públicos e outras atividades como promoção turística, planejamento, pesquisa e gestão do destino turístico.

Um exemplo de turismo que traz grandes benefícios para os cofres públicos é o turismo residencial ou de segunda residência, no qual o turista que reside em determinado local alguns meses do ano, normalmente no período de férias, paga todos os encargos e tributos de um residente, porém não utiliza os serviços públicos como um cidadão comum. Esse é o turista que toda cidade quer.

SOBRE A INFLAÇÃO

A entrada de turistas estrangeiros e de divisas afeta a quantidade de dinheiro em circulação, além de ampliar a velocidade com que este se movimenta na economia. Consequentemente, contribui para o aumento dos preços. Esse fenômeno é também conhecido como "inflação turística".

Existem cidades em que o comércio pratica uma política de preços de segunda a sexta-feira e outra diferente nos fins de semana e feriados. Também há destinos turísticos que mantêm os preços altos durante toda a temporada, criando inflação. Ela pode ser mais bem absorvida por quem se beneficia do turismo, mas pode gerar exclusão dos cidadãos locais que não se beneficiam desse setor e, portanto, podem não ter capacidade de acompanhar a oscilação de preços.

SOBRE A ESPECULAÇÃO IMOBILIÁRIA E DOS SOLOS

A consolidação do setor turístico e seu desenvolvimento podem levar a uma série de importantes mudanças na utilização produtiva dos solos. Dessa maneira, substitui-se o uso agrícola da terra por outras atividades, principalmente de caráter residencial, o que introduz dinâmicas especulativas. Existem centenas de exemplos de como o turismo substitui atividades tradicionais de desenvolvimento rural por atividades como a construção civil, modificando rapidamente a paisagem, a identidade e as tradições de um destino turístico. Aliás, isso já vem acontecendo nas principais praias do litoral brasileiro.

SOBRE A DISTRIBUIÇÃO DA RENDA

Não existem pesquisas suficientes para determinar exatamente como o turismo contribui com a distribuição da renda. Porém, essa capacidade lhe é atribuída não só por seus enlaces com outras indústrias, mas também por ser uma atividade propícia a empresários de micro e pequenas empresas. Um estudo sobre a indústria espanhola de turismo, realizado em 2005, afirma que mais de 90% do setor é formado por micro e pequenas empresas. No Brasil, a realidade não parece ser diferente.

SOBRE O DESENVOLVIMENTO REGIONAL

O desenvolvimento turístico e seus efeitos sobre as economias regionais dependem, em boa parte, do modelo de desenvolvimento regional e da integração do território à estrutura produtiva do país. Evidentemente, o turismo pode exercer uma influência positiva na diminuição das disparidades regionais. No entanto, como qualquer atividade econômica, pode concentrar renda e submeter a região a disparidades econômicas e a pressões territoriais insustentáveis. Esse é o risco que se corre quando complexos turísticos de grande porte são construídos sem prever a participação, as necessidades e as expectativas da população local.

SOBRE O MEIO RURAL

Os efeitos do turismo sobre o meio rural são múltiplos. O desenvolvimento turístico pode contribuir com a geração de uma série de ingressos complementares que pode elevar o nível de renda dos polos rurais. Não obstante, um dos efeitos mais positivos atribuídos ao setor turístico no meio rural está vinculado aos movimentos demográficos. Estudos realizados na Espanha indicam que o turismo rural tem contribuído com a fixação das populações rurais, ajudando a diminuir as migrações do campo para a cidade. Por essa razão, o turismo rural foi tratado, na Espanha, como atividade vinculada não apenas à Secretaria de Turismo, mas também à Secretaria de Desenvolvimento Social. Esse mesmo fenômeno se repete em outros países da América Latina.

SOBRE A MOVIMENTAÇÃO DEMOGRÁFICA

Em relação à movimentação demográfica, um dos efeitos mais importantes do turismo já foi apresentado no item anterior, porém não é o único. Outro efeito direto está relacionado à população flutuante adicional que as economias locais, regionais e nacionais devem suportar em consequência do turismo.

Como o setor é altamente sazonal, a pressão demográfica se concentra em determinados períodos. Assim, o gasto público aumenta nesses períodos e coloca em risco a eficiência e a qualidade dos serviços básicos, como luz, água e saúde.

3. Efeitos externos

São efeitos indiretos que resultam da influência da atividade turística em determinados aspectos socioculturais, ambientais e territoriais. Eles influem na atividade econômica e podem ocorrer:

SOBRE O MEIO AMBIENTE

O desenvolvimento turístico pode levar à utilização predatória de recursos ambientais, colocando em risco sua sustentabilidade. Existem evidências de que o turismo pode contribuir de forma positiva para a manutenção do meio ambiente e, ainda, financiar projetos de pesquisa vinculados a sua recuperação e a seu desenvolvimento sustentável. Mas o turismo também pode gerar poluição ambiental e incentivar o desmatamento e a comercialização de animais silvestres, atividades que devem ser evitadas por meio de fiscalização séria.

SOBRE A SOCIEDADE E A CULTURA

O turismo pode contribuir com avanços na sociedade e na cultura dos turistas. Atribuímos ao turismo a capacidade de estimular a paz à medida que o conhecimento, o convívio e a aceitação das diferenças socioculturais aproximam as pessoas e ampliam sua tolerância diante de perspectivas de mundo diferentes.

Por outro lado, é possível atribuir ao turismo efeitos negativos quanto à verdadeira recuperação e valorização da identidade e da cultura das comunidades receptivas. Estudos realizados na área de sociologia e antropologia indicam que o turismo pode mercantilizar a cultura e tratá-la como produto estático, com fins unicamente comerciais. Nesse processo, a população pode ser estigmatizada e até mesmo excluída, e suas tradições originais podem se perder quando adaptadas aos interesses imediatos do mercado. Existem muitos casos de festas folclóricas e rituais adaptados ao turismo. Alguns exemplos são a Festa del Sol em Cuzco, os casamentos balineses na Indonésia, a festa do Ano-novo Chinês, os rituais xamanistas no México etc. Embora interessantes, essas festas perderam parte de sua identidade.

São temas fascinantes, cada vez mais pesquisados, que devem ser levados em conta quando se trabalha com turismo, sobretudo em comunidades rurais e indígenas.

II. Principais mudanças na participação do Estado

Como já sabemos, o turismo é um dos fenômenos sociais e econômicos mais importantes do século XXI. Esperamos que mantenha um crescimento médio de 7% nos próximos vinte anos, como demonstram as projeções realizadas pela OMT.

Figura 5.1 – Projeção de visita de turistas por região receptiva (1950–2020)

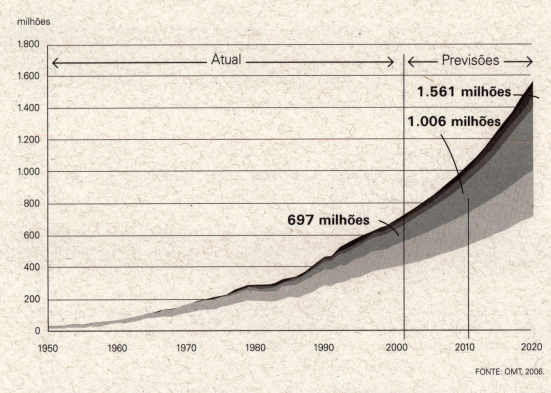

FONTE: OMT, 2006.

As funções que o Estado assume em relação ao turismo variam segundo o sistema político, o grau de crescimento econômico geral e o estágio de desenvolvimento turístico concreto do país.

Segundo Bernier,[38] nos últimos cinquenta anos foi possível distinguir no mínimo três fases diferentes de participação do Estado no contexto da política e da gestão pública do turismo:

1ª – O Estado interventor;
2ª – O Estado promotor; e
3ª – O Estado coordenador.

A seguir, algumas características marcantes de cada uma dessas fases.

---

38   Bernier, 2005.

1. Primeira fase: o Estado interventor

Nesse primeiro momento, o Estado trata o setor turístico como atividade de importância secundária. Em alguns casos, pela falta de experiência frente à dinâmica do setor, o Estado controla rigidamente as licenças de operação de empresas turísticas e transportes.

Outra característica marcante dessa fase é que o turismo era percebido mais como fenômeno sociocultural e menos como atividade econômica. Por isso, não se notava a necessidade nem de uma política econômica para o setor nem de planejamento dos destinos turísticos. O desenvolvimento do turismo de massas e a carência de planejamento urbano e territorial são outras características importantes desse estágio.

Como características mais marcantes dessa fase, podemos citar:

> centralização do poder;

> mínima relação entre os setores público e privado;

> controle rígido de preços e concessão de licenças para atuação no setor;

> insuficiência de planejamento, ordenação territorial e análises de impactos ambientais;

> ênfase destinada ao controle de hotéis e agências de viagens;

> escassa legislação; e

> poucas concessões privadas.

2. Segunda fase: o Estado promotor

Na segunda fase, o Estado estaria mais consciente do papel econômico do turismo. Percebemos um esforço real, por parte dele, em ampliar o debate sobre o desenvolvimento econômico dessa atividade. Uma característica comum desse estágio é o aproveitamento de recursos ambientais e culturais como base mercadológica de comercialização. Ampliam-se os esforços de publicidade e o discurso político sobre a importância econômica do turismo. Ainda há pouca reflexão e discussão sobre os impactos negativos que o turismo pode trazer a uma comunidade. Além do mais, a lógica do desenvolvimento sustentável é percebida como tema distante e de natureza teórica, sem influência relevante nas políticas de desenvolvimento turístico.

Relacionamos, a seguir, as características mais relevantes dessa fase:

> maior liberdade nos fluxos de visitantes intrarregionais e internacionais;

> aumento da presença de agentes privados na gestão turística. Surgem órgãos privados, de caráter consultivo, que apoiam o planejamento e a elaboração de políticas;

> surgimento das administrações turísticas que incentivam estratégias mais avançadas de organização para promover o turismo;

> controle de políticas e ações nacionais. Maior integração de esforços para um mesmo objetivo;

> a inconsistência da regulamentação do setor turístico é substituída pela burocratização e o detalhamento dos procedimentos necessários à participação nos negócios turísticos;

> os incentivos ao turismo sustentam-se em benefícios de caráter tributário. Muitas vezes vinculam-se a polos determinados;

> liberalização do movimento de capital estrangeiro assim como da participação de operadores turísticos estrangeiros;

> dependência política dos gestores públicos, o que produz descontinuidade no desenvolvimento das iniciativas turísticas;

> as sanções do Estado adquirem maior detalhamento e desaparecem outras de caráter mais rígido.

3. Terceira fase: o Estado coordenador

Essa é a fase ideal, na qual existe um esforço pela profissionalização da gestão pública e busca-se descentralizar a política de turismo. Dessa forma, instâncias municipais, mais capazes para responder às necessidades do mercado, são valorizadas. O governo federal se concentraria no desenvolvimento de políticas que mantenham a coordenação entre os municípios e o Estado, sobretudo no que diz respeito à legislação e, principalmente, ao marketing nacional e internacional. A Espanha é um exemplo concreto desse sistema. Atualmente, todas as campanhas de comercialização internacional da Espanha são coordenadas pelo Ministerio de Industria, Turismo y Comercio. Os municípios e os estados trabalham de mãos dadas com o ministério no que se refere à comercialização e à publicidade internacional, com o intuito de fortalecer a marca e a imagem do país.

Além disso, o Estado incentiva a participação da comunidade nos processos de planejamento, gestão e desenvolvimento local do turismo. Essa etapa, porém, sofre questionamentos. Há quem defenda maior intervenção estatal sobre o turismo; outros são contrários a tal orientação.

As características dessa fase se diferenciam dos períodos anteriores por algumas transformações de caráter qualitativo, em termos da necessidade de participação do Estado e da dinamização das alianças e parcerias público-privadas. Essas medidas respondem à necessidade de dinamização econômica e de abertura dos mercados para investimentos estrangeiros, sobretudo no setor hoteleiro e de tecnologia da informação. O Estado vem criando incentivos fiscais, diminuindo os processos burocráticos e reconhecendo a importância do turismo na economia.

Em seguida, apresentamos uma relação das características mais marcantes:

> a qualidade e a competitividade são problemas a serem solucionados em parceria público-privada;

> planificação estratégica do turismo, ou seja, adiantar-se ao futuro para ganhar competitividade no presente;

> a licença para atuação nessa atividade é considerada um direito do cidadão e não uma concessão especial do Estado;

> liberalização dos preços. O preço dos serviços deixa de ser controlado para ser informado aos canais de distribuição ou consumidores diretos;

> segurança do turista, como pessoa física, e de seus interesses comerciais;

> defesa dos patrimônios culturais e ambientais como necessidade estratégica da qualidade de vida da população, assim como estratégia básica da diferenciação competitiva dos destinos;

> adoção de políticas restritivas no uso do espaço, delimitando e ordenando o uso do solo, além da criação de zonas de proteção ambiental;

> processo de descentralização da gestão pública do turismo para os municípios. Surgem duas novas categorias de municípios: os turísticos e aqueles com potencial turístico;

> descentralização e participação da sociedade no planejamento, no desenvolvimento e na gestão do destino turístico.

Até aqui, é possível perceber que a gestão pública dos destinos turísticos vem se aperfeiçoando progressivamente, o que demonstra, até certo ponto, agilidade no desafio de acompanhar as necessidades sociais e do mercado.

Municípios Turísticos (MT) são consolidados, determinantes de um turismo efetivo, capazes de gerar deslocamentos e estadas de fluxo permanente.

Municípios com Potencial Turístico (MPT) são possuidores de recursos naturais e culturais expressivos, encontrando no turismo diretrizes para o desenvolvimento socioeconômico do município.[39]

---

39 Segundo a Deliberação Normativa nº 432, de 28 de novembro de 2002 (essas definições deverão ser ajustadas).

O estilo de gestão que se caracterizou inicialmente por práticas interventoras e centralizadoras demonstra um verdadeiro movimento antagônico para a descentralização.

O cenário atual tem por característica um movimento crescente de descentralização das responsabilidades de planejamento e gestão do destino turístico. Além disso, revela um novo posicionamento do setor público como órgão coordenador e facilitador do processo de desenvolvimento. São exemplos concretos dessa tendência o Programa Nacional de Municipalização do Turismo (PNMT), 1997; o Plano Nacional de Turismo (PNT), 2003–2007; e o Programa de Regionalização do Turismo (PRT), 2004.

Contudo, devemos admitir que o setor turístico requer intervenção obrigatória do Estado. A mão invisível do mercado não é suficiente para garantir o desenvolvimento desse setor, em razão de sua característica multissetorial e de seu poder político ser altamente pulverizado.

Nesse sentido, não parece haver alternativa quanto à intervenção do Estado no setor de turismo. A questão está em definir sua forma e seus limites.

O grau de intervenção do Estado na atividade de turismo dependerá do estágio de desenvolvimento do destino e do know-how acumulado pelos gestores públicos e privados. Quanto maior a experiência acumulada e maior o nível de organização da sociedade civil, menor a necessidade de intervencionismo direto.

Nesse contexto, podemos definir a política de turismo como um conjunto de diretrizes, estratégias, objetivos e ações formuladas e executadas pelo Estado. Sua finalidade é promover e incrementar o turismo como fonte de renda, geração de emprego e desenvolvimento econômico.

III. Objetivos da política de turismo

Segundo Bote e Marchena,[40] a política de turismo tem três objetivos principais:

> ordenação das ações do setor público, orientando os esforços do Estado e a utilização de recursos públicos para combater a pobreza e promover a integração social, com base no turismo;
> definição de parâmetros para o planejamento e a execução das ações dos governos estaduais e municipais referentes ao turismo; e
> formulação de legislação específica para a orientação do próprio setor público, de pequenas empresas e de investidores interessados no setor de turismo.

Com base nesses objetivos, o turismo pode ser percebido como atividade econômica com capacidade de:

> melhorar a qualidade de vida de milhões de brasileiros que vivem em regiões de potencial turístico;
> gerar novos empregos e manter os já existentes;
> qualificar recursos humanos;
> diminuir desigualdades regionais;
> aportar divisas para a economia nacional;
> recuperar, valorizar e promover os valores sociais e culturais do país;
> utilizar de maneira ecoeficiente e sustentável o meio ambiente e o patrimônio histórico e cultural;
> promover uma imagem positiva do Brasil que dinamize outros setores da economia; e
> promover a inclusão de colaboradores de baixa qualificação técnica e capacitá-los para a prestação de serviços.

---

40 Bote e Marchena, 1996.

O turismo, quando bem administrado, revela características únicas para dinamizar a economia e distribuir a renda. Mas, para isso, é necessário que os gestores das esferas federais, estaduais e municipais utilizem os instrumentos da política de turismo para organizar e desenvolver essa atividade.

IV. Instrumentos da política de turismo

Por meio da política de turismo, os Estados podem alcançar objetivos socioeconômicos concretos, utilizando, em função disso, uma série de ferramentas, conforme apresentamos a seguir.

Os instrumentos organizativos são estruturas organizativas públicas ou de natureza mista com responsabilidade sobre o turismo. De maneira geral, podem ser agrupados nas seguintes categorias:

> Estruturas administrativas tradicionais

São constituídas por organizações do governo federal (central) com responsabilidade em relação ao turismo ou com capacidade de intervenção direta no setor turístico. No Brasil, temos como exemplo o Ministério do Turismo.

> Estruturas executivas

Dependem das anteriores, mas podem ter objetivos específicos que complementam as estruturas administrativas tradicionais. É o caso da Embratur, no Brasil, e de Turespaña, na Espanha.

> Estruturas de participação e cooperação

Podem ser lideradas pelo setor público, mas normalmente contam com a participação do setor empresarial. Esperamos que essas estruturas facilitem a comunicação e a definição de políticas estratégicas para o desenvolvimento turístico. Um exemplo, no Brasil, são os Fóruns Estaduais de Turismo e as Instâncias de Governança de Turismo Sustentável.

> Planos de desenvolvimento e planos de marketing

São instrumentos básicos da política de turismo. Esses documentos contêm o conjunto de ações necessário para promover o desenvolvimento e a comercialização de um destino turístico. O plano é o resultado de um processo formal de planejamento e negociações. Em sua estrutura metodológica, define os objetivos e identifica as ações necessárias para alcançá-los. Para que um plano tenha valor público, é necessário que seja resultado do consenso das negociações, que seja publicado, divulgado e aprovado pelos órgãos legislativos pertinentes, como a Câmara de Vereadores.

> Programas

Definem objetivos, identificam instrumentos e ações para alcançá-los e dotação de meios financeiros para seu cumprimento, como acontece nos planos de desenvolvimento. A diferença está no fato de os objetivos serem concretos e normalmente implicarem ações de intervenção direta sobre a demanda, a oferta ou a imagem do destino turístico.

> Instrumentos normativos

São as normas legais com incidência direta no desenvolvimento do setor turístico, incluindo atividades vinculadas a algum dos subsetores (hoteleiro, de transportes, de agenciamento etc.) ou a outros componentes complementares da atividade turística.

> Instrumentos financeiros

São o conjunto de estímulos econômicos cujo objetivo é apoiar financeiramente o setor turístico, público ou privado, com base na concessão de créditos para empreendimentos turísticos de grande, médio ou pequeno portes. Aqui é possível agregar as políticas de microcrédito que vêm sendo orientadas para o desenvolvimento de microempresas de turismo no país.

> Ações de comunicação

São diversas ações lideradas pelo Estado, cuja finalidade é difundir a evolução da atividade turística no conjunto da sociedade, gerar espaço de comunicação entre profissionais e favorecer a formação de know-how e capital humano especializado. Um exemplo evidente é o trabalho que a Embratur vem realizando no Portal de Turismo. Nele encontramos valiosas informações sobre o turismo nacional e estudos econômicos relevantes para os profissionais do setor. Aqui podemos incluir o papel dos observatórios de turismo.

V. Importância de uma política para o turismo

Como já sabemos, o turismo é uma atividade com particularidades que a diferenciam de outras atividades industriais e comerciais. Concorda?

Assim, o turismo precisa de uma política própria, que estimule o seu crescimento em bases competitivas e sustentáveis. A importância de uma política específica para o setor turístico se justifica por duas razões:

1ª Natureza multissetorial – a produção turística é de difícil limitação se comparada com o setor agrícola ou industrial. O setor de turismo apresenta-se como um agrupamento de unidades de produção e setores com complementaridade técnica e comercial.

2ª Competitividade e qualidade – o governo se posiciona como único organismo com capacidade de administrar aspectos determinantes à satisfação do turista, gerenciando aspectos não comerciáveis como ecoeficiência, impacto social, segurança, ordenamento territorial, qualidade ambiental, limpeza, acessos e informações.

São essas características específicas da atividade turística que revelam a complexidade de seu sistema econômico, bem como a diversidade dos agentes que incidem no desenvolvimento e na qualidade da oferta dos destinos turísticos.

No âmbito federal, além do próprio Ministério do Turismo, os ministérios do Meio Ambiente, do Comércio, dos Transportes e da Economia têm incidências diretas na eficácia da política de turismo, assim como as secretarias de Segurança, de Cultura e de Meio Ambiente também exercem importante influência no sucesso da atividade turística em uma cidade.

Outro aspecto particular da atividade turística é que é a demanda que define se a empresa é ou não uma prestadora de serviços do sistema de turismo. Esse fenômeno particular ao setor turístico dificulta a análise econômica da atividade, se comparada a outros setores da economia. Imagine um turista tomando sorvete num centro comercial. Podemos afirmar que o centro comercial e a sorveteria são empresas de turismo? Como se pode constatar, é a demanda que define a natureza da empresa, e não a oferta.

No Brasil, a política de turismo experimentou mudanças importantes como resultado do processo de maturação do governo e dos empresários, no que se refere à gestão de destinos turísticos. Alguns exemplos concretos são:

> Política Nacional de Turismo, 1996–1997;
> Programa Nacional de Municipalização do Turismo, 1997–2003;
> Ministério do Esporte e Turismo, 2001–2003;
> Ministério do Turismo, desde 2003;
> Plano Nacional de Turismo, 2003–2007;
> Programa de Regionalização do Turismo, 2004;
> Plano de Marketing Turístico Internacional, 2005; e
> Plano de Marketing Turístico dirigido para o Mercado Doméstico, 2005.

Atualmente, experimentamos um importante momento no desenvolvimento da indústria brasileira do turismo, ocasião em que se percebe seriedade, profissionalismo e interesse em superar as carências estruturais que têm freado o crescimento dessa importante atividade econômica em nosso país.

VI. Conclusões

A liderança do Estado no desenvolvimento turístico torna-se tanto mais importante quanto maior é a competição entre os destinos turísticos. No Brasil, há exemplos concretos da maturidade do governo federal, estados e municípios em relação à política de turismo. O governo atual conta com novos planos e programas que complementam iniciativas anteriores e que caminham na mesma direção. Essa é a descentralização da gestão pública.

Antes, o governo federal sentia-se responsável por intervir diretamente no desenvolvimento e no controle do setor turístico. Hoje, espera-se que possa coordenar um setor com as características multissetoriais do turismo, sobretudo quando se trata da política setorial, do posicionamento estratégico e da publicidade, uma vez que o governo federal tem capacidade financeira e poder necessários para isso.

Por outro lado, a gestão operacional dos destinos turísticos tende a consolidar-se no âmbito municipal, uma vez que a qualidade da oferta, a satisfação do turista e o desenvolvimento turístico sustentável poderiam ser mais bem administrados com base nessa instância.

Como se pode constatar, a política de turismo é um tema relevante, que deve ganhar cada vez mais importância no país, sobretudo nos mais de 1.400 municípios turísticos. Planejamento, publicidade, marketing e tecnologias de informação terão, cada vez mais, um papel essencial na gestão dos destinos turísticos.

Se tivéssemos o distanciamento necessário para uma análise histórica, talvez pudéssemos dizer que a história da política brasileira de turismo está apenas começando. Vocês, futuros gestores, serão os principais protagonistas dela.

Diante desse cenário, apresento sete responsabilidades essenciais do novo gestor de destinos turísticos:

> assumir a responsabilidade pela política e pelo planejamento do destino turístico;

> fornecer estruturas físicas e legais que incentivem a geração de trabalho e renda nos destinos turísticos;

> apoiar a organização de novos produtos e de clusters de turismo;

> promover e engajar a comunidade em processos de desenvolvimento turístico sustentável;

> alinhar as políticas locais às macropolíticas de desenvolvimento estadual e federal;

> responder às expectativas dos turistas, aumentando e diversificando a oferta, a fim de garantir a satisfação e ampliar o gasto turístico no destino; e

> conservar a qualidade e a integridade dos valores culturais e ambientais. Isso equivale a preservar a capacidade de atração turística no futuro.

Exercícios[41]

1. Quais os efeitos econômicos que justificam a participação do Estado na política de turismo?

2. Quais os três efeitos econômicos do turismo que, na sua opinião, são os mais importantes? Por quê?

---

41   Para responder às perguntas, recomendo a leitura dos estudos de caso deste capítulo.

3. Quais as vantagens e as desvantagens da primeira fase da gestão pública do turismo?

4. Qual a importância da descentralização da gestão de destinos turísticos para os empresários? Identifique duas razões e explique-as.

5. Pesquise, no site do Ministério do Turismo, em que regiões está sendo executado o Programa de Regionalização.

6. Verifique os indicadores de turismo do Brasil. Utilize como fonte o Relatório Embratur e o Ministério do Turismo (www.turismo.gov.br).

> Quantidade de voos domésticos;

> Quantidade de turistas estrangeiros;

> Divisas geradas pelo setor turístico; e

> Quantidade aproximada de pessoas empregadas direta e indiretamente no setor turístico brasileiro.

Leituras recomendadas

Bernier, Enrique Torres. "Actualización de las megatendencias del mercado turístico". Apuntes del Programa de Doctorado en Gestión y Desarrollo Turístico Sostenible. Málaga: UMA, 2005.

Bote, Venancio; Marchena, Gomez *et alii. Introducción a la economía del turismo en España.* Madri: Civitas, 1996.

Fluvià, Modesto *et alii. Política Turística: entre la sustentabilidad y el desarrollo económico.* Barcelona: Esade − Cedit, nº 3, pp. 34-41, 1998.

Ministério do Turismo. *Plano nacional do turismo.* Brasília: MinTur, 2003.

_____. *Roteirização turística − módulo operacional 7.* Brasília: MinTur, 2005.

OMT. *Barometro del turismo: prollecciones 2020.* Madri: OMT, 2006.

Vera, Fernando; Ivars, J. A. "Una propuesta de indicadores para la planificación y gestión del turismo sostenible". Comunicación al congreso nacional de medio ambiente. Alicante: Universidad de Alicante, 2000.

Vera, Fernando *et alii. Análisis territorial del turismo.* Barcelona: Ariel, 1997.

Vignati, Federico. "Los desafíos de la gestión pública del turismo en América Latina". Sevilha: Unia. Tese de Mestrado, 2001.

Para obter mais informações sobre o Programa Nacional de Regionalização e sobre o Plano Nacional de Turismo, acesse o site do Ministério do Turismo (www.turismo.gov.br) e faça o download.

ESTUDO DE CASO 1
PROGRAMA DE REGIONALIZAÇÃO DO TURISMO (2004) – EXEMPLO DE POLÍTICA PARA O DESENVOLVIMENTO DE NOVA OFERTA TURÍSTICA

No Plano Nacional de Turismo 2003−2007, o Ministério do Turismo definiu sete macroprogramas estruturantes, dos quais derivam diretrizes e programas operacionais. As bases do Programa de Regionalização do Turismo derivam do Macroprograma 4 − Estruturação e Diversificação da Oferta Turística −, cujo objetivo é impulsionar regionalmente o desenvolvimento turístico sustentável.

Para o ministério, a regionalização do turismo é um modelo de gestão pública que visa apoiar a descentralização e profissionalização dos processos de desenvolvimento turístico em uma perspectiva regional. Para consolidar a permanência desse novo modelo de gestão regionalizada, estabeleceram-se quatro estratégias:

1ª Consolidar uma estrutura de coordenação municipal, regional, estadual e nacional.

2ª Aplicar instrumentos metodológicos que possam responder às necessidades nacionais e às particularidades de cada realidade: inventário da oferta turística; matrizes para a definição, estruturação e avaliação de roteiros; métodos e técnicas para a mobilização e organização local com foco na região.

3ª Definir parâmetros de modelo de acompanhamento e avaliação.

4ª Implantar um sistema de informação que recupere, reúna, organize e faça circular dados e informações.

Para o Ministério do Turismo, o modelo de regionalização exige uma verdadeira mudança no posicionamento e relacionamento entre o poder público, a iniciativa privada e a sociedade civil, mudanças que permitam alcançar os seguintes objetivos:

> dar qualidade ao produto turístico;

> diversificar a oferta turística;

> estruturar os destinos turísticos;

> ampliar e qualificar o mercado de trabalho;

> aumentar a inserção competitiva do produto turístico no mercado internacional;

> ampliar o consumo do produto turístico no mercado nacional; e

> aumentar a taxa de permanência e o gasto médio do turista.

As estratégias definidas pelo programa ainda não ganharam o nível de detalhamento necessário a um programa nacional dessa importância. Porém, em linhas gerais, são bastante acertadas: promovem três princípios essenciais para o desenvolvimento turístico sustentável – a coordenação entre os governos e a iniciativa privada; o planejamento turístico; e o desenvolvimento de uma nova oferta turística para ser comercializada no mercado nacional e internacional.

Algumas referências a esses princípios são:

COORDENAÇÃO

A formação de parcerias com vistas ao compartilhamento de propostas, responsabilidades e ações envolve os governos federal, estaduais e municipais, bem como a criação de instâncias que promovam a integração destes à comunidade nas etapas de planejamento, implementação e avaliação. Para efetivar tal proposta, o programa está estruturado como unidade de coordenação nacional, apoiada em instrumentos metodológicos e em um sistema de informação indispensáveis para a ação descentralizada. (Ver Programa de Regionalização, p. 11.)

PLANEJAMENTO INTEGRADO E PARTICIPATIVO

A ação pública, seja ela estatal ou privada, demanda espaços de participação política que articulam as potencialidades do conjunto dos setores sociais e econômicos envolvidos no processo de organização e gestão do território, além de possibilitar nova cultura de relacionamento. Viabilizar a elaboração de planos estratégicos de desenvolvimento do turismo regional, de maneira participativa, significa democratizar os espaços e os mecanismos de representação política da sociedade civil, permitindo as mudanças estruturais almejadas. (Ver Programa de Regionalização, p. 11.)

NOVA OFERTA TURÍSTICA E APOIO À COMERCIALIZAÇÃO

Na busca de adotar as medidas capazes de alterar as relações de mercado e alcançar resultados, o programa assume pressupostos fundamentais como: vontade, inteligência, participação e o reconhecimento de que a diversidade e as particularidades do país traduzem-se em diversidade e particularidades da oferta turística segmentada e, também, nos modos de comercializar. Tais pressupostos definem as etapas operacionais: formação de redes, educação para o mercado, construção de roteiros e estratégias de promoção e apoio à comercialização. (Ver Programa de Regionalização, p. 11.)

Os princípios, objetivos e estratégias por trás do Programa de Regionalização estão sintonizados com o conhecimento que vimos debatendo neste e em capítulos anteriores. Recomendo que você entre no site www.turismo.gov.br, solicite ao ministério uma cópia do programa e faça análises mais detalhadas.

FONTE: MINISTÉRIO DO TURISMO.

ESTUDO DE CASO 2
TRILHAS INTERPRETATIVAS DA ILHA DE ITAPARICA: INSTRUMENTO DE ATRATIVIDADE E SUSTENTABILIDADE

A Trilha Interpretativa, apesar de ser um tema ainda pouco desenvolvido no Brasil, vem mostrando resultados satisfatórios em alguns destinos turísticos à medida que revela para os visitantes, ao longo de seu percurso, valores naturais e culturais intrínsecos.

É o caso das Trilhas Interpretativas da Ilha de Itaparica, desenvolvida entre 2002 e 2004 pela Faculdade de Turismo da Bahia, por meio das Faculdades Integradas Olga Mettig, que teve como equipe organizadora os pesquisadores em interpretação do patrimônio com comunidades Eny Kleide Vasconcelos Farias, Gustavo Vasconcelos Farias, Cristiano Fontes, Milena Rocha e Liz Rodrigues Cerqueira. O trabalho, que contou com ampla participação das comunidades locais e com as parcerias dos Transportes Marítimos da Bahia (Comab) e do Hotel Nativos, apresentou como resultado cinco trilhas interpretativas em toda a ilha: Caminho das Águas, Trilha da Tabatinga, Trilha do Rio das Pedras, Trilha das Parapatingas e o Caminho da Tabuada.

As Trilhas Interpretativas são um instrumento importante para agregar valor à experiência turística em espaços naturais, porque, além de um estímulo para que o turista vivencie sentimentos e sensações vinculadas à educação ambiental, transmite também aspectos relativos aos costumes, aos símbolos e ao imaginário da comunidade que vive no seu entorno. À medida que percorre a trilha, o visitante descobre o valor daquele local, interagindo com o meio ambiente como um todo (incluindo a própria comunidade) e vivenciando com mais profundidade toda a essência da trilha.

O trabalho realizado em Itaparica buscou justamente integrar os elementos natureza e cultura. A Ilha, como comumente é chamada, está localizada na Baía de Todos os Santos, no Estado da Bahia, apresenta um rico ecossistema de Mata Atlântica e manguezais e um fantástico valor cultural, com um misto de herança africana, indígena e portuguesa. Dessa forma, foi possível potencializar suas riquezas e foram gerados atrativos turísticos realmente diferenciados e instigantes aos olhos dos visitantes.

As Trilhas Interpretativas são baseadas na Interpretação do Patrimônio, que, segundo conceito oficial da Asociación para la Interpretación del Patrimônio, "es el 'arte' de revelar in situ el significado del legado natural y cultural al publico que visita eses lugares en su tiempo libre". Para Tilden, "é uma atividade educacional que objetiva revelar significados e relações através da utilização de objetos originais, de experiência de primeira mão, bem como de mídia ilustrativa em vez de simplesmente comunicar informações factuais". Portanto, a Interpretação do Patrimônio se apresenta como forma de melhorar a qualidade da atividade turística. Trata-se de buscar alternativas para aperfeiçoar a consumação da experiência, a fim de torná-la memorável, expandindo a perspectiva do visitante além da simples observação da natureza.

E esse foi um dos objetivos das Trilhas Interpretativas da Ilha de Itaparica: agregar valor à experiência do visitante. Como relatou Cristiano Fontes, um dos coordenadores do projeto, em entrevista feita à autora: "O que vai diferenciar substancialmente uma trilha da outra é a significância daquela trilha, a historicidade, a construção poética da trilha. Muitas vezes, as paisagens são semelhantes, os ecossistemas são semelhantes, mas as vivências são diferentes." O trabalho, todo construído com base na mediação com a comunidade, resgatou e contextualizou a cultura da pesca, o sagrado, os costumes, os rituais e as ações cotidianas características de cada povo da Ilha. No final, obtiveram-se diversos produtos diferenciados, que representam não apenas um simples andar na trilha, mas, sim, viver uma experiência autêntica.

Um desses produtos é a Trilha do Rio das Pedras, localizada em Barra do Gil, povoado da Ilha. A trilha foi desenvolvida para que, durante todo o seu percurso, os visitantes possam vivenciar o ritual dos agueiros: um costume antigo de homens da região que utilizavam o caminho para ir buscar água para o sustento da família, seja no lombo de animais ou mesmo a pé. A caminhada mistura cotidiano, história oral, e revela, através dos sentidos, momentos verdadeiramente prazerosos. Para desenvolver esse produto, conforme pôde presenciar a presente autora, foi necessário um processo de mediação minucioso com a comunidade, baseado na escuta sensível, no intuito de que fossem revelados esses símbolos e toda a historicidade da trilha.

O principal valor agregado de um destino são os recursos naturais, humanos e culturais. Esses recursos estão escondidos nos caminhos por onde o ecoturista passa e merecem ser revelados, trazidos à tona, pois se configuram no verdadeiro diferencial do lugar.

Ao analisar-se a Interpretação do Patrimônio sob a ótica da sustentabilidade, também é comprovada a sua eficiência quando aplicada ao turismo, principalmente se ela for fundamentada na construção conjunta com a comunidade local.

Se um local tem experiências depredatórias do turismo, nas quais a comunidade local é totalmente excluída das decisões, esta deixa de acreditar nos efeitos positivos que a atividade pode trazer. Por outro lado, se o turismo é desenvolvido com base nas decisões locais, as pessoas se sentem valorizadas, o que gera um sentimento de envolvimento e importância no processo turístico e garante sua qualidade.

Segundo Cristiano Fontes, a ocupação e a renda não foram os únicos objetivos do trabalho na Ilha. O projeto gerou também o fortalecimento dos símbolos, vínculos entre as pessoas, força empreendedora, o exercício de pensar coletivamente e projetivamente para o futuro, o autoconhecimento e o aumento da autoestima.

O turista que se sente motivado a conhecer uma Trilha Interpretativa é uma pessoa politizada, consciente, muito preocupada com as questões sociais e ambientais do mundo. Ele quer viver uma experiência autêntica, quer vivenciar a cultura viva da comunidade receptora. A partir do momento em que um destino turístico está degradado, este não oferece mais experiências autênticas, deixa de ser relevante, de representar a possibilidade de aprendizado e de uma vivência marcante.

Agregar valor à experiência é um objetivo muito mais fácil de ser alcançado quando se trabalha com as premissas da sustentabilidade. Dentro da visão dialética entre visitante e comunidade, observa-se até uma relação de causa e consequência, isto é, a sustentabilidade agrega valor à visitação, pois, segundo Coriolano, "o lugar só pode ser bom para o turista se for bom também para os seus habitantes".

Foi com base nesses princípios – benefícios reais à comunidade e valor agregado ao visitante – que se desenvolveram as Trilhas Interpretativas da Ilha de Itaparica. Gustavo Farias, também coordenador do projeto, pontua que o principal objetivo foi trabalhar junto à comunidade local, revelando sua identidade cultural, além de buscar preservar os patrimônios natural e cultural, despertar o sentimento de pertencer à Ilha e gerar ocupação e renda para a população local.

FONTE: CAROLINA CHAGAS É TURISMÓLOGA, ESPECIALISTA EM TURISMO E INTERPRETAÇÃO DO PATRIMÔNIO COM COMUNIDADES, E ESPECIALISTA EM PLANEJAMENTO TURÍSTICO PELAS FAMETTIG. TAMBÉM É SÓCIA-DIRETORA DA D'AVENTURA ESPORTES E TURISMO LTDA., E CONSULTORA DO PROGRAMA DE CERTIFICAÇÃO EM TURISMO SUSTENTÁVEL, EXECUTADO PELO INSTITUTO DE HOSPITALIDADE.

ESTUDO DE CASO 3
PLANO CORES DO BRASIL: PROFISSIONALISMO NO MARKETING TURÍSTICO NACIONAL

O Plano Cores do Brasil foi formulado durante o ano de 2005 para ser referência na atuação do Ministério do Turismo, estabelecendo, em um âmbito temporal, as bases estratégicas para suas ações.

Na formulação do Plano foi necessário considerar um duplo trabalho para que esse esforço de gestão pública pudesse ser eficaz. A lógica utilizada propôs diferenciar o planejamento para o desenvolvimento turístico do planejamento para o marketing turístico, conforme a metodologia desenvolvida pelo dr. Josep Chias, diretor-técnico do trabalho.

Nesse caso em particular, o Plano Cores do Brasil tomou como base os produtos existentes, estruturados em roteiros turísticos; e concentrou suas estratégias na dinamização e no posicionamento dessa oferta real.

O Plano definiu dois tipos de objetivo: operacionais e mercadológicos.

Os objetivos específicos do Plano são:

> analisar a situação do produto turístico do Brasil, para o mercado interno, sua promoção e seus competidores;

> definir a estratégia de marketing turístico mais adequada para atingir os objetivos e metas propostos;

> desenhar um plano operacional de marketing preciso e factível, com seus programas, ações, calendários e orçamentos, que guie e garanta a implementação eficaz;

> definir o Brasil como oferta turística: o que queremos que seja o mercado turístico nacional, que valores ou argumentos devemos potencializar, qual deve ser sua marca turística e que posicionamento competitivo deverá atingir;

> determinar as prioridades de segmentos e produtos por mercado emissor a serem consideradas na realização dos programas e das ações de marketing e desenvolvimento de novos roteiros e produtos;

> avaliar os roteiros propostos pelos estados dentro do Programa de Regionalização do Turismo, para permitir estabelecer prioridades de investimentos do Ministério do Turismo em conjunto com os parceiros do programa, em curto, médio e longo prazos.

A avaliação do produto foi realizada por meio de visitas técnicas da equipe consultora a cada um dos roteiros. O resultado foi um documento que pode subsidiar a política turística de 116 roteiros com mais de trezentos municípios.

O estudo do comportamento do consumidor foi uma das tarefas mais importantes do Plano Cores do Brasil. Para a elaboração do Plano, foi feita uma pesquisa para conhecer o comportamento do turista atual que viaja pelo Brasil: a sua reação frente aos atrativos visitados, as imagens que ocupam a memória viva dos turistas, os hábitos de viagem e os desejos de consumo de produtos turísticos.

Em paralelo ao estudo do turista atual no Brasil, foi feita uma pesquisa com agências de viagens nos principais mercados emissores para avaliar o nível de conhecimento e motivação desses profissionais com relação à comercialização dos produtos turísticos do Brasil em geral.

As pesquisas realizadas permitiram que fosse estabelecida uma estratégia de comunicação que tem como objetivo motivar o brasileiro a viajar pelo Brasil em vez de para destinos internacionais. A campanha está concentrada, em sua primeira fase, na proposta de que o brasileiro pode ter uma experiência única dentro das fronteiras do país, e a mensagem permanente é: Brasil. Experimente!

O Plano Cores do Brasil foi uma iniciativa pioneira da qual participaram tanto os gestores públicos do setor turístico dos estados, como as entidades representantes do setor privado. Uma série de ações que devem ser implantadas em curto prazo, mas também aquelas que deverão atravessar vários governos e gestões do turismo em todas as esferas públicas, foram definidas pelo conjunto dos participantes, para permitir a gestão compartilhada da sua implantação.

O Brasil precisa que os objetivos da política de turismo, quando desenvolvidos em bases técnicas profissionais, como é esse caso, sejam levados adiante, em nome do interesse da sociedade brasileira.

O Plano Cores do Brasil é um marco importante na história da gestão pública do turismo, e sua implementação rigorosa e eficaz pode levar a ampliar radicalmente a demanda nacional de turismo.

Não podemos esquecer que o mercado doméstico é essencial para a sustentabilidade do destino turístico, o que permite a melhoria da distribuição de renda entre as macrorregiões do país, reduzindo a sazonalidade e contribuindo para a preservação da identidade local.

FONTE: PATRÍCIA SERVILHA, CONSULTORA DA CHIAS MARKETING,
COORDENADORA DO PLANO CORES DO BRASIL – MARKETING TURÍSTICO NACIONAL.

Diante da vastidão do espaço e da imensidão do tempo,
é uma alegria, para mim, partilhar um planeta
e uma época com você.
Carl Sagan

6

OBJETIVOS DO CAPÍTULO

Definir os principais conceitos que norteiam o processo de planejamento de destinos turísticos.

Apresentar as principais diferenças entre planos de desenvolvimento e planos de marketing.

Apresentar fatores políticos, sociais e territoriais críticos para o sucesso do planejamento de destinos turísticos.

Aplicar o modelo SWOT na análise de um destino turístico.

Planejamento de destinos turísticos

O planejamento de destinos turísticos pode influir na vida de milhares de pessoas. Ele exige que o responsável lide com uma ampla variedade de informações. Com base nelas, ações concretas devem ser propostas de modo que contribuam para o desenvolvimento da comunidade e que garantam o retorno dos investimentos públicos e privados.

O planejamento de destinos turísticos não obedece a uma metodologia única. Além disso, o plano de um destino turístico não pode ser copiado para ser executado em outro. O território, a população e o estágio de desenvolvimento de cada destino são alguns dos fatores que influem na escolha da metodologia e nos objetivos do planejamento. Mesmo assim, existe um consenso sobre a estrutura básica de um plano, seus diferentes objetivos e os estudos técnicos necessários para realizá-lo.

Neste capítulo, você vai conhecer os principais conceitos, aspectos operacionais e ainda os fatores críticos para que seu trabalho na área de planejamento seja realizado com consistência técnica e profissionalismo.

I. Conceito e características dos destinos turísticos

Tradicionalmente, o destino turístico era uma zona geográfica bem definida, uma região, ilha ou cidade. Porém, reconhecemos, cada vez mais, que um destino turístico pode ser uma imagem percebida. Em outras palavras, ele pode ser interpretado subjetivamente pelos consumidores, em função de seu itinerário de viagem, de sua formação cultural, do motivo da visita, do nível de educação e até mesmo da experiência prévia.

Destino turístico é o local, cidade, região ou país para onde se movimentam os fluxos turísticos.

Por exemplo, Foz de Iguaçu pode ser um destino de lazer para um turista japonês que comprou um pacote de cinco semanas na América do Sul; ao mesmo tempo, pode ser um destino de negócios para um turista argentino que procura boas oportunidades com empresários locais da rede Rafain Hotéis.

Alguns turistas podem considerar seu destino um passeio em cruzeiro; outros já consideram seu destino as cidades que visitam no trajeto.

Em geral, os destinos turísticos se dividem artificialmente por barreiras geográficas e políticas. Em algumas ocasiões, elas confundem o consumidor. Um exemplo podem ser as Cataratas de Foz de Iguaçu, que legalmente pertencem ao Brasil e à Argentina, mas, para o consumidor, são um único destino turístico; o mesmo pode ocorrer com o Caribe, os Andes e a Europa.

Então, podemos entender o destino turístico como um território cujas características percebidas pelo turista justificam sua unidade espacial e têm força para atrair fluxos de visitantes.

Essa definição parte dos seguintes princípios:

> O destino turístico é uma unidade que engloba diversos recursos e estruturas, formando um sistema.

> O destino turístico não acompanha necessariamente limites políticos de território (municípios, estados, países). Isso significa que diferentes administrações poderão dividir a responsabilidade pela gestão de um mesmo destino turístico.

II. Posicionamento funcional de um destino turístico

Um bom ponto de partida para analisar e planejar um destino turístico é apresentado por Alcaniz,[42] no qual os destinos turísticos são classificados em função de seu posicionamento funcional:

a) Destino Turístico Único: concentra diversas infraestruturas, recursos e atividades que os turistas poderiam visitar, sem desejar ir a outros destinos regionais. Exemplos:

> Paris
> Nova York
> Sydney
> Rio de Janeiro
> Moscou
> Cancun
> Roma
> Londres

b) Destino Quartel-General (QG): o turista viaja a um destino específico, que será o "quartel-general". Dali, planeja viagens a outros lugares de uma mesma região. Isso ocorre com frequência com destinos que são visitados pela segunda vez por um mesmo turista e com destinos maduros que oferecem boa infraestrutura de logística. Exemplos:

> Bangcoc: Chiang Mai, Chiang Rai, Ko-Phan Ghan, Ko-Pipi, Krabi, Phuket
> Cuzco: Parque Nacional de Manu, Machu Picchu, Lago Titicaca
> Porto Seguro: Arraial D'Ajuda, Trancoso, Caraíva, Praia dos Espelhos
> Málaga: Sevilha, Huelva, Granada

c) Destino Roteiro: alguns turistas viajam a um destino e decidem conhecer diversos lugares, transitando de um destino para outro, sem necessariamente retornar. Exemplos:

> O Caminho de Santiago (Espanha)
> A Trilha dos Incas (Peru)
> A Rota da Seda (China)
> A Rota do Vinho (França)
> Estrada Real (Brasil)
> O Triângulo Dourado (Tailândia, Laos, Burma)

Essas três categorias servem como referência para a realização do planejamento turístico, uma vez que os responsáveis por ele deverão decidir qual é o posicionamento mais interessante para o destino.

---

42   Alcaniz, 1999.

É evidente que cada um desses posicionamentos tem vantagens e desvantagens. As cidades que fazem parte de uma rota turística podem administrar melhor o impacto social do turismo na comunidade. Já outros destinos, como os "quartéis-generais", nem sempre conseguem o retorno econômico esperado – os turistas estão pensando em realizar seus maiores gastos em outro lugar e apenas utilizam o destino para planejar seu próximo passo.

Essas questões devem ser levadas em consideração no planejamento de um destino turístico, a fim de garantir sua sustentabilidade e competitividade.

III. Planejamento: um processo necessário

O planejamento é um dos principais instrumentos que o Estado tem para estimular o desenvolvimento da atividade turística. O objetivo do planejamento de destinos turísticos é transformar recursos em produtos turísticos e produtos em ofertas competitivas.

Planejar é reduzir o número possível de alternativas àquelas que melhor se ajustem aos fins propostos e aos meios disponíveis.

Figura 6.1 – O processo integral do turismo

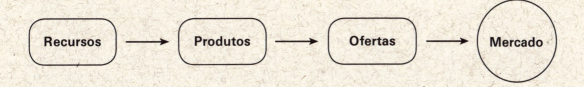

Os recursos se baseiam no conjunto de atrativos do território, isto é, a paisagem, a cultura, o clima e o estilo de vida das pessoas que ali habitam. Nesse sentido, as pessoas e as riquezas materiais e imateriais do território são os três elementos essenciais para o desenvolvimento de um destino turístico.

Os produtos turísticos têm como principal característica sua acessibilidade. Quando um recurso, com uma proposta formal de acessibilidade, está à disposição do público, temos um produto. Quer dizer: "Todo patrimônio natural, histórico ou urbano que não seja acessível não é um produto turístico."[43]

Quando o produto se vende fora da localidade, converte-se em oferta, o que resulta na comercialização de um produto a um mercado. O mercado, formado pelas pessoas com capacidade de consumo da oferta turística, justifica e sustenta economicamente o desenvolvimento da atividade turística, gerando dinâmicas que contribuem com a geração de trabalho e renda.

Tradicionalmente, os planos eram desenvolvidos por equipes técnicas e consultores, a portas fechadas, que ofereciam soluções teóricas pouco ajustadas às necessidades locais. A experiência demonstra que essa abordagem não atende a complexidade do mercado.

A solução encontrada para que o planejamento continue sendo um instrumento útil para a gestão de destinos turísticos foi a democratização de seu processo de formulação, isto é, foi torná-lo participativo. A participação nos processos de planejamento é recente; teve início nas grandes multinacionais, que precisavam desenvolver soluções criativas e viáveis para enfrentar os desafios da competição global.

---

43   Chias, 2005, p. 25.

A metodologia participativa foi ganhando espaço e está totalmente arraigada no planejamento de destinos turísticos. Sem o envolvimento e o comprometimento real de todos os atores locais, é difícil levar adiante iniciativas de desenvolvimento turístico.

Figura 6.2 – Parceria para o desenvolvimento turístico

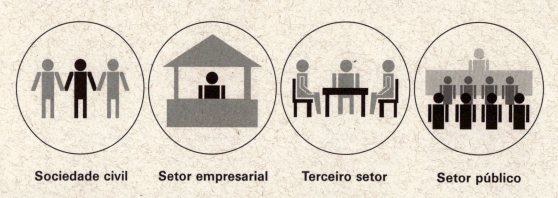

Sociedade civil   Setor empresarial   Terceiro setor   Setor público

FONTE: MERCOTUR.

Quando trabalhar em um plano de marketing turístico, convide as operadoras e as agências de viagem que comercializam o destino. Além de oferecer valiosas informações sobre o mercado, a participação delas pode garantir a futura comercialização da nova oferta.

1. Características gerais

A seguir, apresentamos as características gerais do planejamento de destinos turísticos:

> Territorialidade

É necessário atuar sobre áreas geográficas bem definidas. O objetivo é desenvolver clusters/polos turísticos que possam se integrar a outros clusters, da mesma região ou de diferentes regiões administrativas.

> Racionalidade

O planejamento se baseia na ideia de selecionar alternativas entre uma variedade de possibilidades, que devem ser analisadas com base em sua viabilidade e em suas vantagens. O princípio da racionalidade implica, evidentemente, aproveitar o máximo dos meios disponíveis (econômicos, humanos, tempo).

> Unidade

O objetivo é impedir a perda não só de recursos econômicos, mas também de eficácia, derivada de ações duplicadas, desarticuladas ou inconsistentes. Por essa razão, o planejamento turístico deve procurar relevância e consistência com outros planos, em particular com o Plano de Ordenamento Territorial e Plano Diretor.

> Previsão

Planejar é definir compromissos futuros mediante estratégias e ações negociadas. As ações do plano devem estar orçadas e previstas no planejamento financeiro dos municípios.

> Flexibilidade

Criar estruturas e instrumentos de negociação e diálogo sistemático para que o plano seja um instrumento vivo de ação e não um trilho estático. Nesse caso, a Instância de Governança de Turismo desempenha um papel essencial.

> Descentralização

Fornecer os instrumentos necessários para que as instâncias mais próximas ao público-alvo possam liderar os processos de planejamento turístico, com o objetivo de definir ações viáveis criativas e integradas à realidade local.

> Continuidade

O planejamento pode estar articulado por objetivos de curto, médio e longo prazos. Esses prazos podem coincidir ou não com períodos de governo. Esperamos, com as estratégias e os objetivos apontados no plano de desenvolvimento turístico, que sejam levados adiante pela administração responsável, seja esta a que liderou o processo ou não. O país já perdeu muito tempo, por causa do ego de muitos políticos incapazes de distinguir a diferença entre política como um trabalho público e política como uma orientação partidária de interesses imediatistas.

> Participação

Conscientizar e engajar a sociedade civil e o setor privado nos processos de planejamento e gestão do destino turístico, com a intenção de dar força política às ações definidas e de desenhar juntos o futuro da comunidade.

2. Fatores críticos para o sucesso

A experiência nacional e internacional acumulada em matéria de planejamento revela-nos uma série de ações que facilitam ou dificultam o sucesso do processo de planejamento. Aqui apresentamos alguns desses fatores que considero críticos:

> Dependendo da participação do destino turístico no mercado, o plano poderá ser de desenvolvimento ou de marketing. Caso a participação do destino no mercado seja nula ou pouco expressiva, recomendamos a elaboração de um plano de desenvolvimento. Quando existe uma demanda e uma oferta real, é mais conveniente partir para a elaboração do plano de marketing. Nesse sentido, concordo com a abordagem de Chias.[44]

> Os operadores, atores locais e empresários do setor devem dividir a liderança com o setor público. Essa postura se justifica pela necessidade de continuidade, implementação e, sobretudo, comercialização da oferta local.

> É necessário que as estruturas complementares sejam planejadas desde a administração pública, com o envolvimento direto da comunidade, do terceiro setor e da iniciativa privada.

> O plano deverá ser resultado de estudos especializados e do consenso entre os principais agentes que, direta e indiretamente, contribuem e são influenciados pelo crescimento dessa atividade.[45]

3. Objetivos e metas do planejamento

No que diz respeito ao nível nacional e estadual, há maior preocupação com objetivos gerais de ordem socioeconômica. Já no nível regional e municipal, é dada maior atenção ao produto turístico, ao desenho físico do território e aos problemas concretos que podem afetar as empresas, os turistas e a população local.

Normalmente, a escala nacional tem poucas ações de intervenção direta no produto turístico. Ela age mais como orientadora, reguladora, facilitadora e, sobretudo, como órgão de promoção e marketing internacional.

Exemplo:

Plano Nacional de Turismo 2003–2007

> Criar condições para gerar 1,2 milhão de novos empregos e ocupações.

> Aumentar para nove milhões o número de turistas estrangeiros no Brasil.

> Gerar US$ 8 bilhões em divisas.

> Ampliar a oferta turística brasileira, desenvolvendo no mínimo três produtos de qualidade em cada estado da Federação e no Distrito Federal.

> Aumentar para 65 milhões a chegada de passageiros nos voos domésticos.

Você sabia que o Plano Nacional de Turismo, desenvolvido pelo novo Ministério do Turismo, foi o resultado da construção coletiva e da participação de 36 organizações representativas do comércio, do Estado, da indústria e da sociedade civil?

---

44 Chias, 2005.
45 Ver Capítulo 2.

O planejamento turístico na escala regional e municipal normalmente aponta objetivos específicos. Busca atrair mais turistas, melhorar a qualidade da oferta, ampliar a capacidade de criação de empregos, além de estimular, com base em ações concretas, a distribuição e o aumento da renda *per capita* na região.

É importante ressaltar que, quanto aos objetivos, os planos de turismo poderão ter uma perspectiva mais desenvolvimentista, como foi o caso do PNMT, ou mais mercadológica, como é o caso do atual PRT.

4. Relevância do planejamento

O planejamento exerce múltiplas funções, o que o torna relevante sob o ponto de vista da gestão de destinos turísticos. Entre elas, destacamos:

> é o principal instrumento da política de turismo;
> orienta e define políticas de crédito e incentivo;
> dá segurança a investidores, empresários e população, revelando um verdadeiro interesse do município pelo turismo;
> facilita a integração dos esforços públicos aos privados;
> direciona o destino pelos caminhos da sustentabilidade e da competitividade turística; e
> melhora a eficácia comercial do destino turístico.

Uma vez mais, vale a pena mencionar que existe uma grande diferença entre políticas de desenvolvimento e políticas de marketing de destinos turísticos.

As políticas de desenvolvimento definem as estruturas necessárias para que a indústria do turismo se organize. Por outro lado, as políticas de marketing trabalham principalmente com estratégias para disponibilizar uma oferta ao mercado e com a formação da imagem do destino turístico.

A experiência mostra que os municípios gastam grandes somas de dinheiro promovendo campanhas de publicidade, muitas vezes minimizando as políticas de desenvolvimento, que exigem maiores esforços de gestão e de coordenação.

Há enfoques econômicos, territoriais ou de marketing para elaborar um planejamento de destinos turísticos. Porém, são tantos os enfoques para sua realização que se formou um acordo geral sobre a metodologia a ser aplicada. Então, para elaborar qualquer plano, programa ou projeto de desenvolvimento turístico, há uma série de recomendações, das quais destacamos algumas da OMT:

> o planejamento turístico deve ser executado tendo como referência e buscando sinergia com todos os demais setores da economia nacional do país, do estado ou do município em desenvolvimento;
> o planejamento turístico, semelhante aos demais setores econômicos, caracteriza-se pela complexidade de critérios, interesses e estudos parciais que devem servir de base técnica, como os estudos econômicos, de comercialização, investimentos, rentabilidade e efeitos multiplicadores;
> o planejamento turístico deve estar alinhado aos objetivos de outros planos, por exemplo, o plano de ordenamento do território;
> o planejamento turístico deve fundamentar-se em análises e pesquisas de desenvolvimento social, econômico e ambiental, de modo que o turismo propicie processos de desenvolvimento sustentável; e
> mesmo que o planejamento turístico tenha objetivos de curto prazo, deve ser subsidiado por estudos técnicos com perspectivas de médio e longo prazos.

Essas recomendações reforçam a ideia que apresentamos anteriormente. Quando uma localidade não tem oferta, não atende a uma demanda real de turistas e não possui estudos

Você consegue perceber outras vantagens do planejamento turístico? Quais?

Você sabia que Recife é uma das poucas capitais do país que possui um plano diretor de turismo? O plano foi elaborado pela Secretaria Municipal de Turismo e Esportes, com participação de integrantes do setor turístico e da sociedade civil. Durante o planejamento, foram identificados três grandes objetivos: ampliar quantitativamente os fluxos de visitantes para Recife; elevar qualitativamente a composição desses fluxos; e aumentar a permanência média na cidade.

FONTE: SECRETARIA MUNICIPAL DE TURISMO E ESPORTES DE RECIFE.

técnicos, deve-se trabalhar num plano de desenvolvimento. Já quando a localidade tem um histórico de turismo, é recomendável impulsionar o setor com um plano de marketing.

Vejamos, a seguir, as principais características e diferenças entre os planos de desenvolvimento turístico e o de marketing turístico. Trata-se de um dos temas que mais confunde os consultores e gestores públicos.

5. Plano de desenvolvimento versus plano de marketing

PLANO DE DESENVOLVIMENTO TURÍSTICO

O objetivo do plano de desenvolvimento turístico é transformar recursos em produtos turísticos. Para tanto, é necessário reconhecer quais são os recursos potenciais, analisá-los e planejar uma série de ações locais que preparem o ambiente microeconômico para o desenvolvimento do setor turístico.

Figura 6.3 – Processo de desenvolvimento turístico

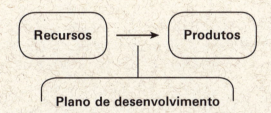

Entre as iniciativas mais evidentes do plano de desenvolvimento, podemos destacar:
> inventários detalhados de base quantitativa e qualitativa de recursos turísticos (tangíveis e intangíveis);
> planejamento de investimentos em infraestruturas básicas, saúde, saneamento, ordenamento territorial, sinalização, acessibilidade aos recursos, legislação específica para o setor;
> programas dirigidos à população local, sensibilizando-a e qualificando-a para sua inclusão no mercado de serviços turísticos;
> programas dirigidos a empresários locais, visando melhorar suas competências gerenciais e a qualidade na prestação de serviços.

O plano de desenvolvimento turístico é um instrumento útil para induzir o desenvolvimento de novos destinos turísticos e apoiar o reposicionamento de destinos turísticos maduros.

PLANO DE MARKETING TURÍSTICO

O objetivo do plano de marketing turístico é disponibilizar, para o mercado, ofertas específicas com base em uma estratégia de marketing mix. O plano de marketing deve obedecer a alguns princípios que são necessários ter em mente:

1º O plano de marketing deve propor ações que potencializem o produto turístico atual.

2º O plano de marketing deve elaborar a carteira de produtos tendo como referência uma estratégia formal de imagem e posicionamento do destino turístico.

3º O plano de marketing deverá contemplar, na estratégia de comercialização e promoção, a necessidade de priorizar segmentos específicos do mercado.

Figura 6.4 – Processo de marketing turístico

Entre as iniciativas com maior destaque do plano de marketing, temos:
> desenvolvimento da marca, da imagem e do slogan do destino turístico;
> inventários de produtos turísticos de base qualitativa;
> estudos do mercado doméstico e internacional;
> estratégias de posicionamento e precificação;
> estratégias de comunicação e de distribuição da oferta turística; e
> campanhas de promoção dirigidas ao mercado doméstico e internacional.

Com base nessa análise, podemos construir a Figura 6.5, que ilustra claramente a relação entre o plano de desenvolvimento e o plano de marketing, além de facilitar a compreensão sobre o que deveria ser o plano estratégico de turismo: nada mais do que a soma de ambos.

Figura 6.5 – Processo de desenvolvimento e marketing turístico

FONTE: CHIAS, 2005.

6. Metodologia para o planejamento de destinos turísticos

O planejamento de destinos turísticos pode obedecer a diferentes metodologias. A eficácia da aplicação de cada uma depende do objetivo do plano e das características próprias do território que se pretende desenvolver.

Sabemos que existem destinos que precisam ser reposicionados no mercado, destinos novos e destinos que apresentam condições ambientais ou sociais mais sensíveis que outros. Esses fatores específicos do destino turístico determinarão a ênfase que terá o plano.

O planejamento turístico de uma região indígena deverá contar com uma metodologia que enfatize a análise antropológica e sociológica. Por outro lado, quando o planejamento turístico se refere a uma região metropolitana mais organizada territorialmente, a metodologia poderá concentrar-se em propostas de marketing turístico, pois a cultura do turismo faz parte do imaginário coletivo dessa sociedade.

Como é possível ver, a metodologia não é um instrumento estático e precisa adaptar-se às condições do destino que se pretende desenvolver.

A seguir vamos analisar brevemente uma metodologia baseada em quatro fases:

Figura 6.6 – Metodologia para desenvolvimento de destinos turísticos

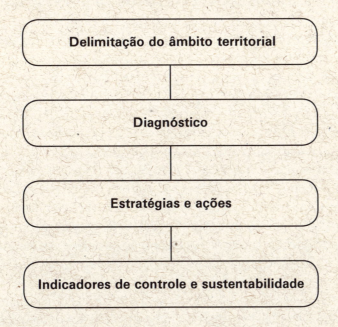

DELIMITAÇÃO DO ÂMBITO TERRITORIAL

A delimitação do âmbito territorial pode obedecer a dois critérios: o geopolítico e o funcional. A seleção de quaisquer desses dois critérios apresenta uma série de vantagens e desvantagens, que devem ser levadas em consideração, tais como:

> interesses que induzem o desenvolvimento turístico do território;
> informações sobre o território escolhido;
> recursos econômicos disponíveis; e
> recursos humanos qualificados no território em desenvolvimento.

DIAGNÓSTICO

O objetivo do diagnóstico é conhecer a realidade do território e do sistema turístico. Essa fase pode incluir análises econômicas, sociais, da demanda, estudos técnicos e até mesmo pesquisas com a população local.

Lembre-se de que esse não é um exercício acadêmico, mas um esforço que deve ser orientado por um objetivo bem estabelecido. Caso esteja trabalhando em um plano de marketing, o objetivo pode ser identificar a oferta potencial para o desenvolvimento de roteiros turísticos, por exemplo. O diagnóstico deve apoiar esse processo.

Evite cair no erro de contratar pessoas sem experiência para realizar a coleta de dados. Se o desenvolvimento do turismo fosse tema para principiantes, o Brasil, com todas as suas riquezas, já seria líder mundial em turismo, concorda?

O processo de diagnóstico pode se dividir em seis fases:

1ª coleta documental;
2ª análise *in situ*;

3ª estudos técnicos vinculados à sustentabilidade;

4ª estudos da demanda real e potencial;

5ª análise estratégica – SWOT; e

6ª análise participativa.

A coleta documental refere-se às informações levantadas por organizações públicas ou privadas. Os dados pesquisados podem revelar a situação turística e socioeconômica do território.

A análise *in situ* avalia qualitativamente os recursos e os produtos turísticos. De acordo com Bernier,[46] esse trabalho deve ser realizado por uma equipe técnica multidisciplinar bem qualificada, que trabalhe em parceria com técnicos locais.

Os estudos técnicos vinculados à sustentabilidade foram destacados no Capítulo 2, entre eles os estudos de sustentabilidade social, ambiental e de capacidade de suporte das infraestruturas.

Os investimentos em pesquisa da demanda real terão prioridade sobre a pesquisa da demanda potencial. A demanda real, formada pelos turistas que visitam o território, oferece informações importantes, como o nível de satisfação, o motivo da visita e os principais atrativos do destino. Com o objetivo de integrar todos os dados levantados e transformá-los em informação útil, recomendamos a metodologia de análise estratégica, mais conhecida como análise SWOT. Ela consiste na determinação das forças e fraquezas do destino turístico e na identificação das oportunidades e ameaças do entorno competitivo.[47]

Por último, a análise participativa tem dupla importância: uma técnica e outra política. Aqui se apresentam, para os representantes públicos, privados, da sociedade civil e do terceiro setor, os dados previamente organizados pela análise SWOT. O objetivo desse processo é, com base no debate, validar e corrigir as análises realizadas na fase anterior. Essa última fase tem ainda importância política, pois é nela que se criam as condições políticas e sociais necessárias para que a sociedade se apodere do plano e o execute.

ESTRATÉGIAS E AÇÕES

As estratégias podem ser classificadas em duas categorias: gerais e segmentadas.

> Estratégias gerais: podem ser aplicadas a todos os mercados, como o desenvolvimento de material impresso, CD com banco de imagens, uso do destino e da marca Brasil, e manual para desenvolver sites.

> Estratégias segmentadas: conjunto de ações voltadas para públicos e mercados específicos. A estratégia de promoção do Brasil para o mercado europeu pode ser diferente das estratégias de promoção para o Oriente ou para a América do Norte, por exemplo.

As estratégias devem estar definidas no plano de turismo e acompanhadas de uma série de programas, ações, calendários, orçamentos e indicadores de controle e sustentabilidade. Esses instrumentos devem guiar e garantir sua eficaz implementação. As estratégias deverão variar segundo o objetivo do plano. Se estivermos trabalhando num plano de marketing, as estratégias poderão vincular-se ao desenvolvimento da marca, do slogan, da estratégia de posicionamento diferenciado e do desenvolvimento de novos roteiros turísticos.

INDICADORES DE CONTROLE E SUSTENTABILIDADE

Qualquer plano, não importa sua escala, requer um sistema de informação para controlar a execução e avaliar as metas definidas.

---

46   Bernier, 2005.

47   Para conhecer em detalhes a análise SWOT, veja o Capítulo 12.

Os sistemas de indicadores de controle são amplamente utilizados na administração de empresas privadas. Já a inclusão de variáveis de sustentabilidade é uma prática recente, que resulta da necessidade de administrar processos de desenvolvimento sustentável.

A utilização de indicadores evidencia a responsabilidade do setor público em apresentar resultados. A gestão de destinos turísticos, como qualquer outra atividade estratégica, precisa demonstrar resultados concretos.

Existem trabalhos de planejamento que resultaram de anos de esforço e de investimentos importantes, mas simplesmente não saíram do papel. Não se trata de uma realidade única dos países em desenvolvimento, embora seja, nesses casos, mais comum.

A principal maneira de diminuir esse tipo de entrave é controlar os resultados. Os planos de turismo, sejam de desenvolvimento ou de marketing, devem ter indicadores de desempenho que permitam acompanhar sua implementação.

As características mais significativas dos indicadores de controle e sustentabilidade, segundo Vera e Ivars,[48] são:

1ª: Cada indicador deve medir um aspecto específico da sustentabilidade; pode ser o território, a oferta, a demanda e até mesmo aspectos vinculados à população local.

2ª: Os indicadores devem ser medidos estatisticamente e levantados em séries temporais, para permitir sua comparação.

3ª: Devem ser de simples interpretação e apontar tendências ou variações significativas sobre o processo de desenvolvimento.

4ª: Não existem indicadores de controle e sustentabilidade que sejam universais. Devem ser ajustados à realidade e às necessidades de informação de cada plano de turismo.

7. Aspectos territoriais vinculados ao planejamento de destinos turísticos

Apesar dos conceitos e das teorias apresentadas, o desenvolvimento turístico geralmente não é resultado do consenso dos habitantes, nem de um plano turístico bem concebido, com análises das potencialidades e oportunidades para os locais. A realidade demonstra que a principal característica do desenvolvimento turístico ainda é a espontaneidade.

O turismo tem se desenvolvido de forma espontânea. Por esse motivo, ele sofre críticas sobre suas verdadeiras contribuições socioeconômicas para as localidades que adotam essa atividade.

A experiência mostra que a espontaneidade é a característica territorial da maioria dos casos de desenvolvimento turístico em razão de não se considerarem os seguintes fatores:

> carência de análises da demanda, do produto e dos recursos necessários para atender os turistas;

> carência de análises sobre a potencialidade turística de alguns territórios e sobre as formas de turismo mais convenientes para territórios específicos;

> falta de coordenação e integração entre as políticas de urbanismo, cultura, meio ambiente e as de desenvolvimento turístico;

> falta de critérios técnicos para orientar as políticas de desenvolvimento, tais como a capacidade de suporte ambiental, territorial e estrutural; e

> interesses políticos imediatistas.

A consequência dessas circunstâncias tem sido a perda de competitividade de alguns destinos turísticos. Há problemas de massificação da atividade; perda de qualidade ambiental, paisagística e estética; e transformações aceleradas dos valores intangíveis, como a cultura e a identidade local.

---

48   Vera e Ivars, 2000.

Os gestores devem ter consciência ainda de que a destruição ou a alteração radical do território pode afetar diretamente a satisfação do turista e a viabilidade dos investimentos que poderiam ser empregados num destino turístico.

Com base nessas análises, percebemos que a atividade turística pode ter importantes influências na transformação acelerada do território, uma vez que o turismo o utiliza de maneira intensiva e muitas vezes até exaustiva, para garantir seu crescimento.

As relações mais marcantes entre o turismo e o território são:

1ª – O turismo utiliza o território como recurso e confere funcionalidade mercantil à identidade, à cultura e ao próprio espaço público.

2ª – O turismo especializa um território em atividades turísticas: cria estilos de vida, imagens, estimula atividades comerciais e gera expectativas na população.

3ª – O turismo substitui outras indústrias e economias: modifica funções tradicionais e provoca transformações na economia e na cultura local; pode gerar exclusão e propiciar deslocamentos da população local para outras regiões.

O turismo não só pode contribuir para o desenvolvimento socioeconômico de uma localidade, mas também pode transformar esse território de forma acelerada e desordenada.

8. Impactos territoriais do turismo

Por ser uma atividade intimamente relacionada à movimentação de pessoas, o turismo demanda estruturas públicas e serviços que transformem significativamente o espaço territorial.

Os principais problemas relacionados a essas transformações são:

> Problemas de água: em muitos destinos turísticos, a água é um bem muito apreciado e escasso. Ameaçada pela exploração intensiva em decorrência da contaminação dos lençóis freáticos, a água pode gerar conflitos de utilização entre os usos público e para fins turísticos. Esse conflito é comum em regiões áridas e em regiões com campos de golfe.

> Gestão de resíduos: muitos destinos turísticos possuem um meio natural frágil; grande densidade populacional sazonal e numerosas atividades econômicas, que levam à produção massificada de resíduos e lixo, os quais podem superar a capacidade de coleta dos serviços públicos, deteriorando a qualidade do território.

> Conflito energético: os destinos turísticos são grandes consumidores de energia, sobretudo pela concentração demográfica e pelas atividades econômicas vinculadas ao setor. Quando não existem políticas para descentralizar as fontes de energia e apoiar o desenvolvimento de energias alternativas e limpas, esse problema tende a aumentar.

> Trânsito: a congestão urbana, resultado da saturação das estruturas e dos serviços de transporte público, é um problema comum nos destinos turísticos, principalmente nas altas temporadas. A alternativa mais eficaz é priorizar os sistemas de transporte público.

> Transformação urbana e paisagística: o desenvolvimento turístico muitas vezes leva ao desenvolvimento da construção civil e, em alguns casos, da especulação imobiliária. Isso pode gerar transformações na paisagem e no território, ao modificar símbolos da identidade e da memória urbana e social. Por isso a importância dos Planos Urbanísticos e do Plano Diretor.

IV. Conclusões

O planejamento de destinos turísticos é um dos temas mais nobres da gestão do turismo. O gestor tem um papel essencial na liderança dos processos de planejamento e uma responsabilidade única em facilitar sua execução.

É preciso ter cuidado para não confundir essa política de desenvolvimento com uma política partidária ou pessoal. Os planos de turismo devem resultar do consenso social, da aplicação de instrumentos técnicos e devem ser elaborados preferencialmente por profissionais bem capacitados.

Não se esqueça de que o resultado de um plano de turismo pode influenciar a vida de milhares de pessoas. Por essa razão, o planejamento é uma das fases mais interessantes, desafiantes e complexas da gestão de destinos turísticos.

Nos próximos capítulos, você encontrará informações que vão complementar esses conhecimentos. Cada vez mais, conhecerá instrumentos técnicos para aplicar com eficácia essa e outras metodologias de planejamento.

Sucesso!

Exercícios

Utilizando como referência os conhecimentos apresentados neste capítulo, responda:

1. Na sua opinião, qual é o melhor posicionamento funcional de um destino turístico?

2. Defina: recursos, produtos e ofertas.

3. Qual a importância da territorialidade, da descentralização e da continuidade no planejamento de destinos turísticos?

4. Em quais circunstâncias deve se realizar um plano de desenvolvimento?

5. Em quais circunstâncias é mais conveniente optar pelo plano de marketing turístico?

6. Quais as iniciativas mais evidentes de um plano de desenvolvimento?

7. Quais as iniciativas mais evidentes de um plano de marketing turístico?

8. Na sua opinião, qual é a importância dos indicadores de controle e sustentabilidade?

9. Na sua opinião, quais os impactos territoriais mais marcantes da atividade turística? Como poderiam ser minimizados?

Leituras recomendadas

ALCANIZ, Enrique *et alii*. *Marketing de destinos turísticos*. Barcelona: Esic, 1999.

BERNIER, Enrique Torres. "Actualización de las megatendencias del mercado turístico". Apuntes del Programa de Doctorado en Gestión y Desarrollo Turístico Sostenible. Málaga: UMA, 2005.

CHIAS, Josep. *El negocio de la felicidad*. Madri: Pearson, 2005.

INSKEEP, Edward. *Tourism planning: an integrated and sustainable approach*. Nova York: John Wiley & Sons, 1991.

IVARS, Josep *et alii*. "Planificación y gestión del desarrollo turístico sostenible: propuesta para la creación de un sistema de indicadores. Documento de Trabajo Numero 1". Alicante: Universidad de Alicante, 2001.

MARCHENA, Manuel. "El desarrollo sostenible del turismo: papel del municipio". Seminario sobre desarrollo sostenible del turismo. Havana: OMT, 1996.

ESTUDO DE CASO 1
PLANO CORES DO BRASIL: PROFISSIONALISMO NO MARKETING TURÍSTICO NACIONAL

O Plano Cores do Brasil, formulado em 2005, pretendia ser a referência das atuações do Ministério do Turismo. O plano estabelece, em um âmbito temporal, as bases e estratégias para as suas ações.

Como aponta o Ministério do Turismo, em sua formulação foi necessário considerar um duplo trabalho para que esse esforço de gestão pública fosse eficaz. A lógica utilizada propôs diferenciar o planejamento para o desenvolvimento turístico do planejamento para o marketing turístico.

Nesse caso em particular, o Plano Cores do Brasil tomou como base os produtos existentes e concentrou suas estratégias na dinamização e no posicionamento dessa oferta real. O plano definiu dois tipos de objetivo: operacionais e mercadológicos.

Os objetivos específicos do plano são:

> Analisar a situação do produto turístico do Brasil para o mercado interno, sua promoção e seus competidores.

> Definir a estratégia de marketing turístico mais adequada para atingir os objetivos e as metas propostas.

> Desenhar um plano operacional de marketing preciso e factível, com seus programas, suas ações, seus calendários e orçamentos, que guie e garanta sua implementação eficaz.

> Definir o Brasil como oferta turística – o que queremos ser no mercado turístico nacional, quais valores ou argumentos devemos potencializar, qual deve ser nossa marca turística e que posicionamento competitivo deveremos atingir.

> Determinar quais devem ser as prioridades de segmentos, produtos por mercado, a serem considerados na realização dos programas e das ações de marketing e desenvolvimento de novos roteiros e produtos.

> Avaliar os roteiros propostos pelos estados dentro do Programa de Regionalização do Turismo, para estabelecer prioridades de investimentos do Ministério do Turismo, em conjunto com os parceiros do programa, em curto, médio e longo prazos.

O estudo do comportamento do consumidor foi uma das tarefas mais importantes do Plano Cores do Brasil. Para a elaboração do plano, foi realizada uma pesquisa a fim de conhecer o comportamento do turista atual que viaja pelo Brasil: sua reação frente aos atrativos visitados, as imagens que ocupam a memória viva dos turistas, os hábitos de viagem e os desejos de consumo de produtos turísticos.

Paralelamente ao estudo do turista atual no Brasil, foi desenvolvida uma pesquisa com agências de viagens, nos principais mercados emissores, para avaliar o nível de conhecimento e motivação desses profissionais em relação à comercialização dos produtos turísticos do Brasil em geral.

Como podemos ver, a primeira fase do Plano Cores do Brasil aponta uma série de ações que devem ser levadas adiante num próximo momento e, talvez, num próximo governo.

Acompanhemos de perto a execução dessas propostas e cobremos, deste ou dos próximos governos, a continuidade política e técnica das propostas aqui apresentadas. O Brasil precisa que os objetivos da política de turismo, quando desenvolvidos em bases técnicas profissionais, como é esse caso, sejam levados adiante em nome do interesse da sociedade brasileira.

O Plano Cores do Brasil é um marco importante na história da gestão pública do turismo e sua implementação eficaz pode ampliar radicalmente a demanda nacional de turismo.

Não podemos esquecer que o principal mercado para qualquer destino turístico é quase sempre o mercado doméstico. Só ele pode combater a sazonalidade e contribuir para a distribuição da renda e da cultura no país. Mesmo que o turista doméstico não traga divisas, diminui muito os riscos financeiros do pequeno empresário que aposta nessa atividade.

FONTE: ADAPTADO DO MINISTÉRIO DO TURISMO.

ESTUDO DE CASO 2
OS NOVOS CIRCUITOS PORTUGUESES DO VINHO

A iniciativa para a criação dos Circuitos do Vinho em Portugal ocorreu em 1991, no Programa Dyonisos. As regiões portuguesas incluídas na época formam o Alentejo e a região norte.

Em Portugal, o turismo de litoral teve maior importância durante as últimas décadas, relegando, para segundo plano, o interior do país, rico em História, tradições, patrimônio arquitetônico, gastronomia e artesanatos.

Atualmente, seguindo o exemplo do que vem sendo realizado em outros países da União Europeia, surgem movimentos e iniciativas que têm como objetivo recuperar e valorizar os recursos endógenos de cada região vinícola, associando o vinho a outros interesses de caráter regional, com base na organização dos Circuitos do Vinho.

O agroturismo associado ao cultivo da uva e ao vinho (enoturismo) constitui, até datas muito recentes, um potencial pouco explorado. Mesmo assim, já foi possível perceber seu caráter estratégico, pois tem dinamizado a economia das localidades em que foi desenvolvido e contribuído para a criação e a manutenção de novos postos de trabalho, sobretudo nos setores de hotelaria, gastronomia e artesanatos. Esse tipo de produto turístico tem sido percebido como importante dinamizador do desenvolvimento econômico e social com capacidade de valorizar o patrimônio natural e cultural, estabelecendo condições favoráveis para o desenvolvimento sustentável.

Um Circuito do Vinho se compõe de um conjunto de locais organizados em rede, em uma região determinada, devidamente sinalizada e tematizada. Alguns exemplos importantes são:

> Circuito do Vinho Verde (região noroeste).
> Circuito do Vinho do Porto (região noroeste).
> Circuito da Vinha e do Vinho Ribatejo (norte de Lisboa).
> Circuito do Vinho Dão (região central).
> Circuito do Vinho do Alentejo (região sul).

Até 1999, quando foi finalizado esse estudo, foram identificados cinco novos projetos de circuitos do vinho que devem ser apresentados ao Instituto da Vinha e do Vinho, organismo que certifica e aprova esses projetos para a liberação de incentivos e financiamentos.

Essa experiência demonstra como a atividade vinícola portuguesa tem se transformado em um importante instrumento turístico com capacidade de valorizar a gastronomia, a paisagem, a arquitetura, a história e o artesanato das comunidades locais. Tudo isso faz dos circuitos do vinho um exemplo da força do turismo como indutor de processos de desenvolvimento sustentável.

FONTE: ADAPTADO DE MARIA LUISA GASPAR, MESTRE EM MUSEOLOGIA E PATRIMÔNIO – UBA.

ESTUDO DE CASO 3
METODOLOGIA DE AVALIAÇÃO DO PRODUTO TURÍSTICO DO BRASIL

Para a avaliação do produto turístico do Brasil, partiu-se de uma lista de 134 regiões turísticas disponibilizadas pelo PRT, do Ministério do Turismo.

Selecionados com os parceiros estaduais, 116 roteiros do Brasil foram visitados por uma equipe. Ela considerou não só a potencialidade para o mercado nacional, mas o valor real dos roteiros. Além disso, durante o processo de trabalho, as definições preliminares foram sendo ajustadas em conjunto com os técnicos do Ministério do Turismo, para o posterior estabelecimento de conclusões estratégicas.

Nesse processo, realizado em várias etapas e envolvendo diferentes segmentos, especialistas, operadores e consultores, foi utilizada a avaliação *in situ*, com a seguinte metodologia.

VALOR POTENCIAL

Na primeira fase de valoração de produtos, os roteiros foram avaliados separadamente, considerando os critérios de singularidade, valor intrínseco e identidade regional. Foram concedidas notas para cada roteiro, para cada um dos três critérios adotados, considerando a opinião dos profissionais e dos interlocutores estaduais envolvidos com a visita técnica.

Posteriormente, foram aplicados pesos de ponderação diferenciados a cada critério, para obter o valor da potencialidade dos Roteiros Turísticos do Brasil para o mercado nacional. Estabelecer o valor potencial, porém, não é suficiente para definir a oferta turística do Brasil. Por isso, foram considerados também aspectos relativos à acessibilidade e capacidade de recepção de turistas de cada roteiro, excluindo-se os considerados inacessíveis, por não permitirem a visitação.

VALOR REAL

Para estabelecer o valor real, foram definidas notas para os critérios de concentração de oferta e notoriedade de cada roteiro.

Para definir a notoriedade, foram considerados os dados das pesquisas realizadas com os turistas no Brasil e com o *trade* nacional, bem como a oferta desses produtos no catálogo dos operadores nacionais. O objetivo foi conhecer qual o uso de cada produto que o turista nacional faz atualmente e como é a presença ou percepção desse produto no setor profissional.

Em seguida, com a conclusão desse processo, foi estabelecido um ranking dos Roteiros do Brasil, considerando os resultados obtidos de acordo com o valor potencial e o valor real, determinando, dessa forma, uma hierarquia de atratividade.

Como é possível constatar, a avaliação do produto turístico Brasil foi realizada utilizando uma metodologia bem diferente daquela que conhecemos no processo de inventariado do Programa Nacional de Municipalização do Turismo.

As diferenças entre esta e a metodologia anterior se justificam por motivos técnicos, principalmente vinculados à diferença de objetivos. Nesse caso em particular, propõe-se uma metodologia de inventariado e avaliação de natureza qualitativa com questionários abertos e entrevistas e análises realizadas com base em grupos de discussão focados.

A avaliação, nesse caso, está totalmente amarrada ao desenvolvimento de uma oferta turística integrada. A integração se propõe pela organização de macroprodutos ou de roteiros turísticos.

Para classificar, ponderar e hierarquizar os produtos turísticos avaliados, aqui se propõe outra metodologia inovadora, isto é, a participação de especialistas, operadores e consultores.

Uma vez mais podemos ver que, quando se trata de um plano de desenvolvimento turístico, os instrumentos, metodologias e objetivos são bem diferentes daqueles necessários para um plano de marketing turístico, como ilustra esse caso.

FONTE: ADAPTADO DO MINISTÉRIO DO TURISMO.

ESTUDO DE CASO 4

TURISMO RURAL NA ESPANHA: REPOSICIONAMENTO DO DESTINO TURÍSTICO COM BASE NA ESTRATÉGIA DE DIVERSIFICAÇÃO

O modelo turístico espanhol esteve baseado principalmente na oferta de sol e praia, o que levou ao desenvolvimento intensivo das regiões costeiras e ao surgimento de importantes destinos turísticos, como Costa do Sol, Costa Blanca e Costa Brava. Na década de 1990, com a aprovação do Plano de Competitividade do Turismo Espanhol, iniciou-se um importante trabalho de apoio ao desenvolvimento do turismo rural.

O turismo rural ganhou importância para o Estado à medida que se percebeu sua capacidade para:

> diminuir a migração da população rural às cidades;
> diversificar a economia rural;
> gerar micro e pequenas empresas;

> aumentar o número de empregos no interior; e

> aumentar a qualidade de vida do trabalhador rural.

Desde então, o governo espanhol vem trabalhando no desenvolvimento do turismo rural, apoiando a formação de uma oferta integrada ao meio ambiente e às atividades econômicas e de entretenimento, lazer e estilo de vida do meio rural. Da mesma forma, está trabalhando na organização de redes integradas de gestão e sistemas centralizados de reservas, com o objetivo de melhorar a promoção dos novos destinos turísticos nos mercados nacional e internacional.

A seguir, são descritas brevemente as experiências realizadas nas comunidades autônomas de Astúrias, Navarra e Andaluzia.

EXPERIÊNCIAS NO PRINCIPADO DE ASTÚRIAS

O plano de desenvolvimento do turismo rural de Astúrias teve dois objetivos:

1º: A criação e ampliação da rede de alojamentos rurais; e

2º: O desenvolvimento de Centros de Turismo Rural.

Atualmente, já estão organizados os Centros de Turismo Rural de Toramundi, Mestas, Besues-Alles, Pajares e Llanuces.

Esses centros possuem escritórios de informação, hotéis novos e tradicionais, alojamentos familiares, restaurantes em edifícios antigos – previamente restaurados, seguindo os padrões arquitetônicos da região – e instalações de lazer. Impulsionaram-se paralelamente as atividades esportivas, de saúde, *trekking*, parapente e ciclismo.

EXPERIÊNCIAS EM NAVARRA

As obras realizadas em Navarra são um dos mais representativos exemplos do desenvolvimento do turismo rural na Espanha. Os projetos de desenvolvimento combinaram ações de apoio à qualidade da gestão pública, ao financiamento privado e à revitalização da infraestrutura urbana.

O desenvolvimento do turismo rural tem viabilizado economicamente a reabilitação das casas de campo, sua utilização como alojamentos turísticos, e tem contribuído diretamente para a revitalização econômica do município.

Foi desenvolvida uma rede de alojamentos rurais que conta com 134 casas e 734 leitos. A oferta de alojamentos se dispersa em torno das regiões de Valle del Roncal, Calle de Aezkoa, Roncesvalles, Baztán y Aralar.

EXPERIÊNCIAS NA ANDALUZIA

O turismo rural na Andaluzia trata de oferecer um produto integrado. Os programas de desenvolvimento ofereceram como resultado a criação de 1.566 leitos em alojamentos rurais e 5.686 em espaços para acampamento. Para alcançar esses números, foram realizadas as seguintes ações:

1ª: Estudos de planejamento e coordenação do desenvolvimento do turismo;

2ª: Reabilitação dos prédios para utilização turística;

3ª: Definição de zonas estratégicas e estruturas especializadas para o desenvolvimento de acampamentos turísticos;

4ª: Criação de povoados turísticos;

5ª: Criação de hotéis-pousadas;

6ª: Organização de escritórios de apoio ao turismo rural.

Para quem deseja conhecer mais detalhes sobre esses projetos, recomendamos os projetos turísticos da região de Huelva, Alpujarra e Doñana.

FONTE: FEDERICO VIGNATI.

*A motivação suprema de políticas de combate à
pobreza deve ser o desenvolvimento.
Pobreza é sempre pobreza de desenvolvimento.*
Augusto de Franco

7

OBJETIVOS
DO CAPÍTULO

Identificar os novos
paradigmas que regem
a competitividade dos
destinos turísticos no
século XXI.

Apresentar as forças
que influenciam na
competitividade de um
destino turístico.

Reconhecer a importância
das estruturas de apoio
ao turismo.

A competitividade dos destinos turísticos

Nas últimas décadas, o turismo tem demonstrado claramente sua capacidade de gerar riqueza e prosperidade. Foi percebido como verdadeira fonte geradora de empregos e bem-estar social. Porém, há casos em que o turismo produz pouca riqueza, escassa prosperidade e um elevado custo social, ambiental e público.

Alguns destinos turísticos alcançaram o desenvolvimento e a prosperidade no passado, mas se defrontam com uma queda de demanda e, consequentemente, de seus ingressos. Outros, que ainda se encontram em fases iniciais de desenvolvimento, percebem dificuldades quanto ao seu posicionamento no mercado, colocando em risco o retorno dos investimentos e sua própria competitividade.

Mesmo com todas as diferenças que podemos identificar entre os destinos, sejam eles novos ou maduros, todos revelam algo em comum: precisam ser competitivos.

I. A nova lógica da competitividade

Podemos entender, então, que a competitividade relaciona-se diretamente à capacidade de gerar e sustentar ganhos econômicos. Parece evidente que, segundo a lógica da competitividade atual, sem capital não haveria como se garantirem desenvolvimento, prosperidade social e conservação de recursos. Porém, é necessário perceber que a competitividade, por si só, não é garantia de desenvolvimento sustentável, mas apenas um dos objetivos da política de desenvolvimento.

Normalmente, pensa-se que a competitividade do destino turístico vincula-se unicamente a vantagens com respeito a fatores macroeconômicos, custos, taxa de câmbio, incentivos e abundância de recursos.

Ouvimos constantemente frases parecidas com estas:

> Minha cidade tem o terceiro melhor clima do mundo.

> A cachoeira da minha cidade é a mais bonita do Brasil.

> A comida da região serrana é a mais gostosa do estado.

Esse tipo de afirmação sustenta-se na crença de que vantagens comparativas são suficientes para promover o desenvolvimento turístico. Contudo, lamentavelmente, não é bem assim.

Vantagens comparativas são essenciais para competir no mercado de turismo, sobretudo quando o intuito é diferenciar a oferta no mercado internacional. Porém, essas vantagens não

*Competitividade do
destino turístico é a
capacidade que um
destino turístico tem para
concorrer com outros
destinos do mundo,
gerando um nível de
renda superior à média e
mantendo essa situação
em longo prazo, com o
mínimo custo social e
ambiental possível.*

Vantagens comparativas são valores tangíveis e intangíveis que definem a identidade de um território e o diferenciam da concorrência.

Vantagens competitivas são condições macro e microeconômicas que induzem o mercado ao consumo da oferta turística de um território, em detrimento de seus concorrentes.

são os únicos fatores determinantes da competitividade. Ultrapassamos a fase em que vantagens comparativas pareciam suficientes para alcançar a competitividade. O atual desafio é transformar as diferenças territoriais em vantagens competitivas.

Nesse sentido, não basta que os municípios e as regiões turísticas se concentrem em promover vantagens comparativas. É necessário, principalmente, mudar sua mentalidade e exercer certo controle sobre as cinco forças competitivas que influem em seu desenvolvimento, apostando na inovação.

II. As cinco forças competitivas

Segundo Michael Porter,[49] a relação de poder entre uma indústria e as cinco forças competitivas determina sua capacidade de rentabilidade e atratividade. Essa análise também pode ser aplicada a destinos turísticos.

A missão dos gestores é posicionar o destino turístico estrategicamente, para defender-se das forças competitivas e, de preferência, aproveitá-las a seu favor.

Figura 7.1 – Poder de atratividade do destino

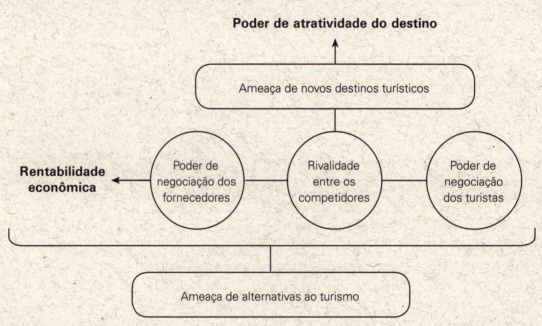

FONTE: PORTER (1979 E 1991), ADAPTADO POR VIGNATI.

A ameaça de entrada de novos destinos turísticos no mercado determina seu poder de atratividade, considerando-se que divide o mercado com a concorrência. A possibilidade de alternativas ao turismo, como experiências virtuais e lazer em casa, também incide sobre o poder de atratividade do destino turístico, na medida em que as pessoas podem escolher entre turismo ou outras formas de lazer.

O nível de rivalidade dos competidores – entre destinos turísticos – determinará o nível de participação no mercado e a rentabilidade econômica do destino turístico.

---

49   Porter, 1991.

A globalização transformou radicalmente o desenvolvimento do turismo, tornando-o uma das mais concorridas atividades da economia mundial. Pense em quantos concorrentes nacionais e internacionais há para destinos do tipo sol e praia. São muitos, não?

Nas décadas de 1970 e 1980, os ativos físicos eram considerados o centro de toda estratégia de desenvolvimento: eles dirigiam a oferta a grandes públicos, competiam por preços e procuravam economias de escala.

A lógica do desenvolvimento nos leva a agregar os ativos intangíveis, como a identidade, o capital social e humano, a imagem e a qualidade, articulados de maneira que desenvolvam uma oferta sustentável diferenciada e, de preferência, personalizada.

Nesse sentido, a base da competitividade de um destino turístico se ampliou, tornando-se mais complexa.

III. Estruturas que sustentam um destino turístico competitivo

Atualmente, os destinos turísticos mais competitivos são resultado de uma ampla cooperação e articulação de estruturas privadas, sociais, públicas e territoriais, orientadas a melhorar sua rentabilidade, atratividade e sustentabilidade.

A seguir, veremos como cada uma dessas estruturas pode contribuir para a competitividade do destino turístico.

Quadro 7.2 – Quatro estruturas de apoio ao turismo

Estrutura empresarial	Estrutura social	Estrutura pública	Estrutura territorial
Capacidade de gestão do capital humano.	Capacitação de trabalhadores no destino turístico.	Legislação específica.	Qualidade ambiental e biodiversidade.
Tamanho.	Conscientização sobre benefícios e impactos do turismo.	Crédito.	Variedade paisagística, geográfica e natural.
Diversidade.		Serviços públicos de qualidade.	Acessibilidade.
Rentabilidade.	Participação nos processos de planejamento, desenvolvimento e controle.	Políticas consistentes e continuadas.	Gestão territorial e ambiental sustentável.
Crescimento.		Responsabilidade pelo marketing do destino.	Lógica ética e estética da utilização do território.
Grau de integração em rede.			
Interatividade local.	Receptividade social ao turismo.		Identidade.
Flexibilidade de produtos e processos.	Engajamento da sociedade com empreendedores.		
Densidade da cooperação interempresarial.			
Qualidade.			

O desenvolvimento dessas estruturas e sua articulação turística não são um trabalho que se realiza da noite para o dia. Para priorizar e orientar o desenvolvimento dessas estruturas, o gestor tem, pelo menos, dois importantes instrumentos. O primeiro e mais evidente é o planejamento do destino turístico; o segundo, que será apresentado no Capítulo 9, é o conceito de clusters turísticos.

IV. Conclusões

A competitividade não resulta apenas das vantagens comparativas que impulsionaram, por muitos anos, o desenvolvimento dos destinos turísticos. As forças do mercado, como a rivalidade entre destinos, as alternativas ao turismo, o poder de negociação dos fornecedores e dos turistas e a rivalidade entre os competidores exercem uma influência direta na capacidade de atração e na rentabilidade dos destinos turísticos.

As estratégias que se sustentam em estruturas básicas de organização e marketing parecem não ter muito espaço para manter uma posição competitiva no mercado atual, principalmente quando o objetivo é penetrar no mercado internacional.

A nova lógica da competitividade turística exige que as estruturas que amparam o desenvolvimento socioeconômico estejam cada vez mais integradas, trabalhando em cooperação, além de se complementar.

O objetivo desse esforço é criar uma situação que potencialize a capacidade de negociação, inovação, aprendizado. Em última instância, uma situação que amplie a rentabilidade do destino turístico.

Exercícios

1. Explique como o alto índice de rivalidade dos empresários pode prejudicar a competitividade de um destino turístico.

2. Explique por que as vantagens comparativas são insuficientes para promover a competitividade de seu município turístico.

3. Explique por que a falta de estrutura social pode prejudicar a competitividade do destino turístico.

4. Na sua opinião, quais as duas estruturas mais importantes? Por quê?

5. Na sua opinião, a competitividade e a sustentabilidade se complementam? Faça uma reflexão sobre esse tema, em 15 linhas.

Leituras recomendadas

PORTER, Michael. *Estratégia competitiva: técnicas para análise de indústrias e da concorrência*. 7.ed. Rio de Janeiro: Campus, 1991.

_____. "How competitive forces shape strategy". *Harvard Business Review*. pp. 137-145, março/abril de 1979.

PRAHALAD, C. K.; HAMEL, G. "Competing in the new economy: managing out of bounds". *Strategic Management Journal*, pp. 237-242, 1996.

_____. "The core competence of the corporation". *Harvard Business Review*, pp. 79-91, maio/junho de 1990.

ESTUDO DE CASO 1
CONSERVAÇÃO DA VIDA MARINHA NAS FILIPINAS

As Filipinas são um arquipélago composto de sete mil ilhas, com 44 mil quilômetros quadrados de costa e duas mil espécies de peixes. Nos últimos anos, a pesca destrutiva, realizada normalmente com dinamite, tem destruído recifes de corais e reduzido o número de peixes.

Bantay Dagat (equivalente a Guardiões dos Mares, em português) é o nome do programa nacional iniciado em 1998 para melhorar o cumprimento das leis de pesca, conservar a vida marinha e elevar o nível de vida das comunidades de pescadores. Os Conselhos Provinciais, compostos por autoridades locais, empresários, grupos da sociedade civil e religiosa organizada, têm empreendido uma diversidade de projetos:

> organização de 115 associações de pescadores para vigiar as atividades de pesca junto às comunidades costeiras;

> programas de educação e conscientização ambiental sobre a vida marinha e sua conservação;

> criação de recifes artificiais em 16 municípios, mediante o uso de pneus de automóveis;

> reflorestamento dos manguezais em oito municípios; e

> programas de introdução de novas atividades econômicas, como cultivo de algas, criação de mexilhões e construção de corais em alto-mar.

O êxito do programa é atribuído à cooperação da administração do Estado. Ele cria facilidades para o setor privado, é provedor de equipamentos e ajuda a população local, é a força de trabalho e serve como guardiã. O processo de cooperação foi facilitado pela estrutura de planejamento turístico das Filipinas, nos âmbitos nacional, regional, provincial e municipal.

FONTE: ADAPTADO DE DANIEL G. CORPUS, ASIAN INSTITUTE OF TOURISM (FILIPINAS).

ESTUDO DE CASO 2
COSTA DO SOL – ESPANHA: MORRER DE SUCESSO OU MUDAR O MODELO?

Encontramo-nos frente a uma nova situação de crise na Costa do Sol, baseada não na decadência de produtos, destinos ou empresas, como aconteceu no passado, mas nos efeitos do turismo residencial que se sustenta na intensiva transformação do território. É por isso que o problema transcende o âmbito turístico para incidir no conjunto da sociedade que reside na Costa do Sol, seja a população endógena, os residentes turísticos temporais, permanentes, nacionais, estrangeiros, turistas ou mesmo excursionistas.

O que está acontecendo na Costa do Sol é que o território está perdendo sua funcionalidade global, como suporte para a residência, de recursos e atrativos turísticos, de atividades empresariais múltiplas, de necessidade de mobilidade intra e extrazona turística e de estruturas e serviços públicos. Não existe um problema turístico, mas um problema territorial que supera, portanto, a atividade turística, mas que está começando a se deixar sentir nela.

O território está deixando de "funcionar", e sua funcionalidade definitivamente nos remete a um conceito da moda, mas sumamente interessante para abordar a solução dos problemas detectados: a sustentabilidade.

Vejamos algumas cifras que permitem avaliar a importância econômica do turismo na Costa do Sol. Seu litoral tem aproximadamente duzentos quilômetros de extensão, com uma população de 1,25 milhão de pessoas; conta com oitenta mil leitos hoteleiros, dos quais a terça parte é de quatro e cinco estrelas. Oferece, também, quarenta campos de golfe e 12 portos esportivos. O volume de turistas registrados em 2004 cresceu para 8,5 milhões, dos quais 3,5 milhões se hospedam em hotéis, gerando 15 milhões de pernoites hoteleiros; o gasto médio diário em 2004 foi de € 35,00. Existem cerca de um milhão de leitos em residências turísticas privadas, e o território qualificado para urbanização permite a construção de mais de 1,5 milhão de leitos residenciais. A tendência de crescimento do imobiliário turístico é explosiva e se fundamenta basicamente em duas razões: o fortíssimo barateamento dos voos pelas companhias aéreas de baixo custo – cujo preço entre qualquer capital europeia e Málaga pode ser até menor do que o do táxi que leva do aeroporto à Costa do Sol –; e a colocação de excedentes financeiros, tanto legais como ilegais, procedentes da "lavagem de dinheiro", interessados em uma rápida geração de benefícios, principalmente resultado do encarecimento da vida na Espanha, derivado da convergência de seus preços com o restante da Europa.

Como disse, o território da Costa do Sol está deixando de ser sustentável em sua tripla dimensão: social, econômica e ambiental. E essa perda de sustentabilidade está acontecendo porque o equilíbrio entre essas três dimensões está se rompendo. Essa ruptura está relacionada, sobretudo, à dimensão ambiental, que é, sem dúvida, um elemento limitador do desenvolvimento.

Até agora não se desejou admitir esse caráter altamente condicionador do território. Tanto as administrações como o setor privado percebem o território apenas como um suporte de inesgotável capacidade de crescimento residencial e turístico, mas os desequilíbrios detectados e a tendência de sua acentuação não fazem mais que agravar as perspectivas futuras da região, vislumbrando-se, para o futuro, uma crescente dissociação de interesses entre o fator ambiental estritamente turístico e o fator residencial. Dito de outra maneira: o crescimento exponencial da capacidade de hospedagem residencial na Costa do Sol pode estar estrangulando seu atrativo turístico; e com certeza o fará, se a dinâmica atual persistir.

Esse problema nos leva ao seguinte questionamento: existe incompatibilidade entre desenvolvimento urbano-turístico e a atividade turística *stricto sensu*? Certamente não; porém, caso não se coloque um freio na atual tendência urbanística, creio que se originará, inevitavelmente, um forte confronto de interesses pelo ritmo de deterioração territorial e ambiental da Costa do Sol.

Admitamos que não há incompatibilidade nesses movimentos. Mas existiria complementaridade? Pelo menos até pouco tempo atrás, havia.

Esses questionamentos me levam a abordar outra questão-chave da sustentabilidade, que, até o presente, ninguém tratou na Costa do Sol: a sustentabilidade social. O que a população endógena e os residentes turísticos pensam do rumo que a Costa do Sol está tomando? A população local está se beneficiando do desenvolvimento turístico e residencial da Costa do Sol, mas também está percebendo os custos que esse desenvolvimento gera.

Aparentemente, não há opções políticas que sugiram uma reflexão profunda sobre esses temas, nem uma alternativa para a "corrente geral" de urbanização que segue todos os municípios, sem distinções políticas, e muito menos é conhecida a opinião da população residente.

Por outro lado, encontramos o terceiro elemento: a sustentabilidade econômica, que está ameaçada pelos fortes desequilíbrios que se percebem na qualidade do território e se traduzem em custos descontrolados. Esses desequilíbrios não estarão ameaçando a rentabilidade das empresas que operam na Costa do Sol? O habitual congestionamento e os eventuais colapsos nas rodovias, cada vez mais demorados e em segmentos mais amplos do território, as falhas no fornecimento elétrico, a ameaça de insuficiência de água potável, entre outros problemas, não estariam na base da crescente insatisfação dos turistas e da deterioração que estão experimentando os múltiplos serviços que fazem funcionar a Costa do Sol?

FONTE: DR. RAFAEL ESTEVE SECALL, CATEDRÁTICO DA FACULDADE DE CIÊNCIAS ECONÔMICAS DA UNIVERSIDADE DE MÁLAGA.

*O prêmio mais alto possível para qualquer trabalho
humano não é o que se recebe por ele,
mas o que a pessoa se torna por meio dele.*
Brock Bell

8 OBJETIVOS DO CAPÍTULO

Fundamentar a importância do trabalho cooperativo que leva ao desenvolvimento turístico.

Analisar como a cooperação público--privada pode contribuir para o desenvolvimento de destinos turísticos.

Apresentar estratégias de cooperação que podem melhorar a competitividade de um destino turístico.

Analisar como o Terceiro Setor pode contribuir para a dinamização da cooperação público-privada.

O papel da cooperação no desenvolvimento de destinos turísticos

Nos últimos cem anos, a cultura da competição tem se arraigado no inconsciente coletivo da sociedade moderna. Ela influencia a formação de uma sociedade regida, cada vez mais, pela força e pela lógica competitiva das organizações. Essa cultura é vantajosa na medida em que cria um senso de urgência para a necessidade de desenvolvimento e inovação. Dessa maneira, atingem-se objetivos organizacionais e profissionais, que, até certo ponto, são saudáveis para impulsionar o aprendizado contínuo e o avanço da civilização contemporânea.

Por outro lado, parece necessário refletir sobre o impacto de indivíduos altamente competitivos numa sociedade imperfeita, que precisa encarar e sanear suas deficiências. Nesse contexto, alguns questionamentos críticos precisam ser levantados:

> Como flui a comunicação num ambiente de competição?
> Qual o nível de eficácia diante de novos processos que implicam inovação?
> Como uma sociedade altamente competitiva pode enfrentar problemas coletivos de ordem social e ambiental?
> Será que a cultura da competição é a melhor fórmula para o progresso dos países em vias de desenvolvimento?

Por meio dessas reflexões entende-se por que a cultura da cooperação volta a ganhar importância em nossa sociedade. Compreendemos, ainda, por que a cooperação é uma prática essencial para promover o desenvolvimento turístico sustentável, principalmente em países como o Brasil.

I. Por que trabalhar em cooperação?

Segundo Grunblatt,[50] em um processo de cooperação, os resultados dos participantes geram um reforço positivo mútuo, ao passo que, em um processo competitivo, as respostas produzem um reforço negativo mútuo.

Assim, uma diferença essencial entre a cooperação e a competição está na maneira como os objetivos dos participantes estão relacionados. Numa situação cooperativa, o sucesso de uns desencadeia o sucesso dos outros, ao invés de seu fracasso, como aconteceria na competição.

Cooperação é um acordo em que organizações, grupos e indivíduos trabalham em conjunto na realização de uma tarefa específica para atingir um objetivo de interesse comum.

---

50 Grunblatt, 1974.

Para Grunblatt,[51] uma situação de cooperação pode ser coordenada quando os objetivos dos participantes estão muito bem relacionados. Dessa maneira, cada um poderá atingir seus objetivos caso os outros, com quem está se relacionando, atinjam os seus.

Poucas são as situações que correspondem a momentos puramente competitivos. Portanto, é evidente que, dependendo das circunstâncias, as pessoas envolvidas em processos de desenvolvimento socioeconômico podem ocupar posições diferentes, isto é, de competição e de cooperação. Por exemplo, um jogador de futebol pode cooperar com seu time e ser competitivo em relação a se destacar do restante como "estrela" do time.

Essas características tornaram a cooperação uma das facetas mais importantes e progressistas do sistema capitalista atual, a despeito de uma longa tradição de considerá-la um elemento pernicioso ao desenvolvimento.[52]

As organizações públicas e privadas vêm se organizando de modo que aumentem sua flexibilidade e possibilitem a cooperação no campo produtivo, na pesquisa científica e tecnológica, e na própria gestão do espaço e dos problemas públicos. Inúmeros programas de cooperação público-privada têm se desenvolvido nos últimos anos, sobretudo os vinculados ao fortalecimento da base social e à proteção do meio ambiente.

As organizações públicas, privadas e a sociedade civil, quando compreendidas como sistemas integrados, podem articular entre si inúmeras ações que servirão de base para melhorar sua eficácia operacional e aperfeiçoar processos de desenvolvimento e organização socioeconômica.

Nesse caso em particular, é possível destacar o fortalecimento recente do terceiro setor como estrutura que facilita a cooperação público-privada.

O maior exemplo da eficácia da competição talvez seja a sociedade americana. Ninguém pode discordar de que ela é altamente competitiva e, por isso, é também a mais desenvolvida do planeta. Mas também é o maior exemplo de uma sociedade que pratica, há séculos, a cooperação.

Essa visão arraigou-se, formal ou informalmente, na mentalidade do cidadão americano. Foi necessária para que as pessoas percebessem o compromisso de construir, juntas, uma nação, que, nesse caso em particular, é a maior economia do planeta.

E nós, estamos prontos para aceitar plenamente a cultura da competição?

A resposta é sim, para alguns setores de nossa economia altamente organizados. É o caso da extração de minério, petróleo e alguns segmentos das exportações, tais como alimentos e mídia. E não, para uma quantidade ainda maior de atividades, nas quais não atingimos ainda o nível de organização necessário para pensar na competição plena.

O ambiente cooperativo é essencial para dinamizar processos de organização e desenvolvimento local. Já o ambiente de competição é mais eficaz para situações em que os níveis de organização estão mais avançados.

Os setores da nossa economia em fase intermediária de desenvolvimento precisam de um nível de cooperação intensivo entre o setor público, o privado e a sociedade civil. Esse é o caso particular do turismo.

O Brasil tem quinhentos anos desde sua colonização e quase dois séculos de independência, o que representa apenas sete gerações humanas.

Se for possível comparar a idade do Brasil com a de uma pessoa, quantos anos teria nosso país?

Acertou quem pensa que seria ainda um jovem adolescente.

---

51   Ibidem.
52   Ibidem.

A questão é: quanto se pode exigir de um jovem?

Na verdade, pouco. O Brasil de hoje exige cuidado e doação. Exige que os brasileiros se articulem entre si e com seus vizinhos sul-americanos para organizar um país e um bloco socioeconômico sustentável.

O Brasil precisará, um dia, de uma sociedade com cultura altamente competitiva (caso isso seja conveniente), porém ainda estamos longe de necessitar dessa cultura social; temos inúmeros problemas públicos que exigem nossa cooperação para sua solução imediata.

O melhor exemplo é o problema da fome. No Brasil, assim como em outros países ricos em recursos naturais, esse problema é consequência da aceitação "cega" do modelo de desenvolvimento atual, que é excludente por conceito.[53] Foi possível perceber o apelo consciente do governo à cooperação de todos os cidadãos do país para superar, juntos, esse grande problema comum. A forma de articular essa grande proposta de cooperação foi o Programa Fome Zero.[54]

Nessa etapa de desenvolvimento, nosso país requer pessoas que percebam objetivos em comum e trabalhem em conjunto para alcançá-los. Nunca houve nem haverá desenvolvimento socioeconômico se não houver altos níveis de cooperação entre as pessoas que integram uma comunidade.

Devemos conscientizar-nos do fato de que existe uma relação positiva e direta entre a velocidade de nosso desenvolvimento e a capacidade de as pessoas trabalharem em cooperação.

Quanto maior a cooperação entre as pessoas, maior o fluxo de informação, maior seu processamento, maiores a eficiência e a eficácia das ações e melhores serão os resultados obtidos. O contrário ocorre quando prevalece o senso de competição entre as partes.

Você já foi convidado a trabalhar com alguém em quem você não confia, ou que sempre quer provar que é melhor do que você?

Como foi a experiência?

Um sucesso? Atingiram rapidamente os objetivos? A comunicação fluía facilmente?

Lamentavelmente, nem sempre podemos trabalhar com pessoas totalmente compatíveis conosco. Por essa razão, nem sempre o espírito cooperativo flui como gostaríamos. Porém, a discussão não é essa. O que importa é que, se as pessoas não superarem a perspectiva da competição intensiva, todos os processos de desenvolvimento socioeconômico em que estejam envolvidas serão, por natureza, lentos.

Analisemos o caso da reforma tributária: o mérito do governo atual não foi a proposta da reforma tributária. Como dizem os críticos, ela já havia sido apresentada pelo governo anterior. O mérito real está na criação do senso de cooperação necessário entre os representantes públicos (deputados e senadores) para que essa proposta fosse aprovada.

Cada vez mais, ouvimos falar da necessidade de um pacto social. Pacto que pede a reintegração da sociedade na resolução dos problemas sociais.

Se não acreditarmos na cooperação, corremos sério risco de perder muito tempo não só para superar nossos problemas básicos, mas, consequentemente, para acelerar o processo de desenvolvimento sustentável. É um preço muito alto para um país como o Brasil, que tem uma taxa de desemprego média de 11%, além da taxa de mortalidade infantil (29 a cada mil) superior à média dos países desenvolvidos.

O custo social do atual modelo de desenvolvimento é alto. Devemos redefinir nossa mentalidade de trabalho, profissionalizar-nos e trabalhar em cooperação. Essa é a essência para que qualquer processo de desenvolvimento seja sustentável e bem-sucedido.

Considerando que nenhum setor da sociedade pode, isoladamente, impor aos demais sua lógica, admite-se que, para desenvolver o turismo, o primeiro setor, constituído pelo Estado, o segundo setor, constituído pelo mercado, e o terceiro setor, constituído pela sociedade civil, devem também trabalhar em cooperação intensiva.

---

53 Utilizo o termo "cega" não para criticar a nossa falta de visão, porém para ilustrar que, por nossa falta de experiência acumulada, aceitamos uma teoria e uma prática às cegas.

54 Para saber mais sobre esse programa, consulte www.fomezero.gov.br.

A cooperação, portanto, representa um vértice estratégico do processo de organização e desenvolvimento turístico sustentável.

Sem cooperação não há desenvolvimento.

II. Princípios para o desenvolvimento do trabalho cooperativo

Os princípios que devem reger o trabalho cooperativo e que contribuem para seu desenvolvimento são:

1º: Benefício mútuo

Todos os participantes devem considerar as oportunidades de benefício mútuo obtidas por meio da cooperação. Devem, sobretudo, perceber que o trabalho isolado dificilmente poderá gerar o resultado de um trabalho cooperativo. Não podemos reduzir o resultado a objetivos específicos; é preciso incluir, ainda, o fortalecimento da cultura cooperativa, o prazer do exercício cívico e da construção de relações de confiança.

2º: Transparência

A transparência é a base da confiança. Se a confiança é resultado do tempo de trabalho conjunto, a transparência é a base. Não é necessário que cada participante saiba tudo sobre os outros, porém todos devem ser honestos quanto aos interesses e objetivos que perseguem em comum.

É preciso que todos os envolvidos sejam transparentes no que diz respeito ao trabalho que estão realizando em conjunto. Essa atitude irá garantir a sustentabilidade da relação.

3º: Equidade

Quem tem equidade reconhece a igualdade de direitos, respeitando-os. Todos os envolvidos devem ser representativos, possuir conhecimentos e competências que garantam que as relações sejam estabelecidas na base do interesse público e do conhecimento, e não apenas pelo poder que um grupo pode exercer sobre outros em função de política ou de recursos financeiros.

III. A cooperação é necessária para o desenvolvimento do turismo?

A resposta é: sim.

Uma experiência turística pode implicar a interação de 10 a 15 sistemas produtivos oferecidos por 20 a 40 agentes privados, públicos e da sociedade civil, concentrados num único destino turístico.

A capacidade de cooperação intersetorial é um fator decisivo no desenvolvimento de um destino turístico, uma vez que sua natureza multissetorial exige altos níveis de coordenação e organização.

Como já mencionado em capítulos anteriores, a experiência turística é resultado da combinação de numerosos fatores que mantêm relação entre si e com o turista, como o transporte ao destino, hospedagem e experiências de lazer e consumo.

Dessa forma, é possível afirmar que o poder de atratividade do destino turístico será maior se a oferta for resultado do trabalho cooperativo dos diversos sistemas produtivos que atuam no destino, procedentes do setor público, do privado e da sociedade civil.

Nesse sentido, é simples perceber que o turista terá uma experiência de qualidade, se os atores locais, que atuam no destino turístico, trabalharem de forma coordenada para oferecer ao visitante uma experiência de alto valor agregado pelo menor esforço possível, como será explicado em seguida.

IV. Modelo de relação entre valor e esforço percebido

Vejamos a seguir o modelo valor/esforço proposto pelo professor Luís M. Huete para explicar a relação entre valor e esforço percebido pelo turista.

Figura 8.1 – Modelo valor/esforço

$$\frac{Valor}{Esforço} = \frac{\text{Serviços turísticos oferecidos} + \text{sensações}}{\text{Preço} + \text{outros fatores negativos}}$$

FONTE: OMT, 2000.

Esse modelo mostra uma fórmula de quatro variáveis, diferente da tradicional equação "qualidade/preço", de apenas duas. Nesse caso, foram incluídos aspectos intangíveis, que constituem fatores essenciais da qualidade do destino turístico. Com base nesse modelo, é possível observar, sobretudo no campo dos sentimentos e das sensações, que existe muito espaço para a cooperação.

Na parte superior do modelo, estão as variáveis que agregam valor: serviços turísticos oferecidos e sensações.

Serviços turísticos oferecidos – são constituídos por todas as infraestruturas que atendem às necessidades do turista, sejam públicas ou privadas:
> infraestrutura hoteleira;
> agências de turismo receptivo;
> empresas de transporte; e
> empresas públicas de serviços de saúde, segurança e saneamento.

Sensações – estímulos que o destino turístico desperta no turista:
> entusiasmo;
> alegria;
> qualidade percebida;
> desejo de descobrir;
> desejo de voltar no futuro; e
> desejo de falar para outros.

Na parte inferior do modelo estão as variáveis associadas ao esforço que o turista deve realizar para desfrutar do destino turístico.

Preço – custo pago pelo turista para desfrutar dos serviços turísticos e ter sensações que o destino tem a oferecer:
> valor pago pelos serviços;
> forma de pagamento;
> taxa de câmbio;

> crédito e taxa de juros; e

> sistemas internacionais de crédito e débito.

Outros fatores negativos – variáveis tangíveis e intangíveis que indiretamente afetam a relação do turista com o destino turístico:

> falta de segurança;

> falta de higiene;

> insustentabilidade;

> epidemias;

> insatisfação; e

> dificuldade de acesso.

Por exemplo, o parque temático Terra Encantada, no Rio de Janeiro, é um projeto de R$ 220 milhões.[55] Gerou muitas expectativas na população local, mas não obteve sucesso. Entre outras razões, a quebra das expectativas deve-se à insatisfação do visitante na relação valor e esforço da experiência de entretenimento.

No momento da abertura do parque, o preço cobrado pelo ingresso (esforço) não era compatível com as infraestruturas oferecidas (valor), que ainda não estavam integralmente em funcionamento para a satisfação dos clientes. Sem nunca ser um verdadeiro sucesso, o projeto entrou em declínio.

A cooperação no destino turístico contribui para tornar a relação valor/esforço mais vantajosa para o turista.

Exemplos de cooperação para aumentar as sensações positivas:[56]

> mais atividades públicas para desfrutar a atmosfera e a qualidade do ambiente;

> mais museus abertos e espetáculos em recintos históricos e culturais; e

> melhores infraestruturas e serviços de informações.

Exemplos de cooperação para minimizar inconvenientes:

> redução de insatisfação física, regularizando a quantidade dos fluxos turísticos no cluster;

> melhorar a segurança pública, criando ambientes turísticos específicos; e

> melhorar infraestruturas comerciais e logísticas para o turista.

Apresentamos alguns conceitos e análises necessários para mostrar a relevância da cooperação intersetorial no desenvolvimento de destinos turísticos. Seu poder, contudo, vai além: mediante a cooperação, é possível influir nas cinco forças que incidem no ambiente competitivo de um destino turístico, como veremos a seguir.

V. Estratégias de cooperação para melhorar a competitividade do destino turístico

Como vimos no Capítulo 7, a competitividade dos destinos turísticos não está associada unicamente às vantagens comparativas, mas também à capacidade de gestão do destino turístico em relação às cinco forças competitivas do mercado. São elas:[57]

> ameaça de novos destinos turísticos;

> ameaça de alternativas ao turismo;

> poder de negociação dos fornecedores;

---

55 O BNDES financiou R$ 65 milhões; o restante foi custeado por grupos empresariais privados.

56 OMT, 2000.

57 As forças competitivas do mercado foram originalmente postuladas por Michael Porter, professor da Harvard Business School, em 1981. Para saber mais, consulte as leituras recomendadas.

> poder de negociação dos clientes; e
> rivalidade entre os competidores.

Figura 8.2 – Modelo das cinco forças competitivas do destino turístico

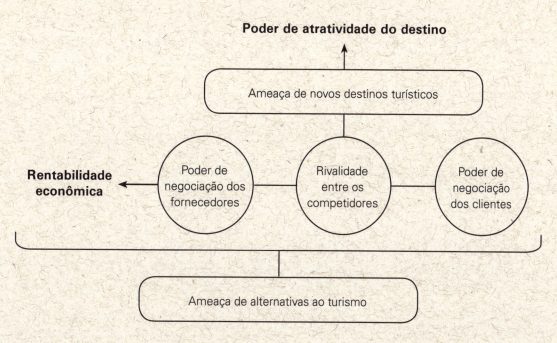

FONTE: PORTER, 1980. ADAPTADO POR VIGNATI, 2006.

Utilizando esse modelo como referência, é possível desenvolver estratégias baseadas na cooperação, que fortaleçam a posição do destino turístico no mercado.

Conheça, a seguir, seis estratégias de cooperação para melhorar a competitividade do destino turístico.

Estratégia 1: cooperar para reduzir a ameaça de novos destinos turísticos

A cada ano, a quantidade de destinos turísticos aumenta à medida que os municípios percebem-nos como fonte econômica prioritária. Todos os novos destinos tornam-se, em maior ou menor medida, a concorrência. Sua ameaça varia de acordo com o profissionalismo de seus gestores, particularmente, com a capacidade de desenvolver novos produtos turísticos e comercializá-los nos mesmos segmentos da demanda em que atua seu destino turístico.

O gestor de destinos turísticos deve trabalhar em cooperação com a iniciativa privada e a comunidade na formulação de políticas de incentivo e marketing para o setor. Desse modo, o destino pode transmitir uma imagem atrativa para investimentos, turistas e também para a comunidade.

A OMT sugere três ações para reduzir a ameaça de novos destinos turísticos: criar economias de escala; diferenciar o destino fortalecendo a marca corporativa; e formar alianças com operadores turísticos e distribuidores.

CRIAR ECONOMIAS DE ESCALA

É possível criar economias de escala com base nos investimentos, bem como por meio de infraestruturas públicas (aeroportos, redes integradas de transportes etc.) e privadas (hotelaria, parques temáticos, centros comerciais, aviões de grande porte, grandes cruzeiros e trens).

Exemplos:

> O Programa de Desenvolvimento do Turismo (Prodetur) fez investimentos de US$ 1,47 bilhão, no Nordeste do Brasil, em infraestrutura turística e saneamento básico, com o objetivo de facilitar o acesso à região e melhorar a qualidade dos serviços públicos de seus principais destinos turísticos.

> Os governos da Alemanha, da França, da Inglaterra e da Espanha participaram de um consórcio com a empresa Airbus para construir o maior avião de passageiros da história, o Superjumbo A380, que transporta até 555 passageiros. Espera-se, com esse avião, reduzir custos operacionais, descongestionar o tráfego aéreo e trazer mais conforto aos passageiros.

DIFERENCIAR O DESTINO FORTALECENDO A MARCA CORPORATIVA

A maioria dos destinos turísticos tem sua própria marca. É o caso da Costa do Descobrimento na Bahia; do Caminho de Santiago na Espanha; e da Costa Azul no sul da França. A marca corporativa constitui uma forma de aproximar as empresas que atuam no mesmo destino, criando uma identidade. Representa, ainda, um instrumento essencial para a comercialização e a diferenciação do destino turístico no mercado.

Alguns exemplos de marca corporativa de destinos turísticos são:

> Phuket: "Pérola do sul";
> Tailândia: "Tailândia surpreendente";
> Rio de Janeiro: "Cidade maravilhosa";
> Peru: "Terra dos incas";
> Salvador: "Capital da alegria";
> Las Vegas: "24 horas de diversão";
> Granada: "Caminhos de mar e céu";
> Marbella: "Um estilo de vida";
> Espanha: "Diversidade sob o sol";
> Equador: "A vida em estado puro";
> Costa Rica: "Pare de sonhar e venha conhecê-la";
> Foz do Iguaçu: "Você nunca viu nada igual";
> Andaluzia: "Só existe uma";
> Brasil: "Sensacional";
> Grécia: "A escolha autêntica";
> Índia: "Uma experiência inesquecível"; e
> Cancun: "A palavra mágica do caribe mexicano."

FORMAR ALIANÇAS COM OPERADORES TURÍSTICOS E DISTRIBUIDORES

Em geral, os destinos turísticos são dependentes de canais intermediários de distribuição. Um bom relacionamento com grandes operadores turísticos é uma política de descentralização da comercialização do destino.

Cancun, por exemplo, teve muitas dificuldades em aumentar sua participação no mercado europeu por causa da relação estreita entre as grandes operadoras turísticas inglesas e destinos como Bermudas e Costa Rica.

Estratégia 2: Cooperar para reduzir a ameaça das alternativas ao turismo

À medida que o destino turístico torna-se mais atrativo, maior variedade de produtos turísticos temáticos podem surgir. Por essa razão, a cooperação entre empresas privadas e o próprio setor público é fundamental para desenvolver, cada vez mais, produtos turísticos que penetrem na mente do consumidor e concorram com alternativas ao turismo.

Praticamente todas as atividades de lazer e entretenimento concorrem com o turismo. Vale a pena mencionar, por exemplo:

> TV por assinatura;

> turismo virtual; e

> spas locais.

Estratégia 3: Cooperar para melhorar a capacidade de negociação com fornecedores

Para atender às necessidades dos turistas, os destinos turísticos precisam de produtos e serviços de ampla quantidade de fornecedores: energia elétrica, gás, água, alimentos, sistemas de transportes, telecomunicações etc.

Se não houver nenhum marketing de relacionamento nem políticas de regulamentação dos fornecedores, esses podem baixar a qualidade dos produtos, aumentar os preços ou modificar suas políticas de distribuição, afetando diretamente a competitividade das pequenas, médias e até das grandes empresas que operam no destino turístico.

Por essa razão, é preciso cooperar para, se possível, superar a força de negociação dos fornecedores.

Para melhorar a capacidade de negociação com os fornecedores, recomenda-se:

FORMAR ASSOCIAÇÕES

A experiência mostra que as associações podem aumentar o poder de barganha das organizações do destino turístico. Trata-se de um meio para obter força política e vantagens, como poder econômico, economias de escala e facilidades de pagamento. Na Costa do Sol, na Espanha, existem pelo menos 12 associações empresariais que negociam em grupo com seus fornecedores, contribuindo, assim, com a competitividade de todos os associados.

Exemplos:

> Formar uma cooperativa para compra de mercadorias dos restaurantes que operam num mesmo cluster de turismo.

> Diante de empresas de marketing, o cluster tem um poder de negociação superior. É menos vantajoso quando cada empresa busca promover-se isoladamente.

> Formar uma associação para negociar créditos com os bancos e o Estado.

CRIAR RELAÇÕES COM FORNECEDORES

Devemos desenvolver relações que tornem os fornecedores parceiros. Dessa maneira, eles podem apoiar o turismo, pois eles também dependem da competitividade do destino turístico para seu próprio sucesso.

Exemplos:

> Promover o apoio das empresas de telecomunicações no desenvolvimento de infraestruturas que irão prover serviços de telefonia.

> Promover o apoio de operadores de turismo que logo poderão comercializar o destino turístico com preços diferenciados.

> Promover o apoio das empresas de transporte aéreo que poderão beneficiar-se do desenvolvimento de novos destinos turísticos.

EVITAR A DEPENDÊNCIA EM UM ÚNICO FORNECEDOR

Trabalhar com uma quantidade reduzida de fornecedores pode promover a formação de alianças estratégicas. Porém, também pode criar dependência e gerar desvantagens comerciais nas negociações. Esse é um tema delicado, que sempre pode trazer benefícios quando as negociações com os fornecedores sejam as mais horizontais possíveis.

Estratégia 4: Cooperar para melhorar a capacidade de negociação com os clientes

As agências de viagens, os operadores turísticos e intermediários em geral estão continuamente pressionando os destinos turísticos e as empresas, em particular, a reduzir as margens de lucro, exigindo simultaneamente melhor qualidade.

Para melhorar a capacidade de negociação com os clientes, sugere-se:

INTERNET

Atualmente, o turismo é o segundo item de maior procura na internet, depois do erotismo. A rede mundial de computadores é a maior ferramenta de comunicação de todos os tempos e também a mais barata. A relação custo/benefício nos investimentos realizados em marketing, na internet, tem retorno muito superior aos destinados a sistemas impressos e estáticos de comunicação. A internet é um impulsionador de pequenos negócios, que encontram nesse espaço a possibilidade de projetar imagens profissionais e negociar diretamente com seus clientes em escala global. Uma estratégia para empresas de turismo é criar portais temáticos que ofereçam serviços especializados de um mesmo destino turístico. É importante deixar claro que a internet representa a maior oportunidade para promover um destino turístico nos âmbitos local e global. Esse é um fato e, quanto antes se tomar uma iniciativa nessa área, melhor para o destino turístico e para suas empresas.

Como exemplo, portais de destinos turísticos que ilustram essa constatação:

Quadro 8.3 – Portais de destinos turísticos

Destinos turísticos internacionais	Destinos turísticos nacionais
www.barcelona.com	www.bahia.com.br
www.sevilla.com	www.buziosonline.com.br
www.cancun.com	www.noronha.com.br
www.cuscoonline.com	www.pantanalms.tur.br
www.hawaii.com	www.brasilviagem.com
www.sydney.com.au	www.portonet.com.br
ww.cartagenacaribe,com	www.pernambuco.com
www.chinasite.com	www.parquelencois.com.br
www.jamaicatravel.com	www.floripatrip.com.br
www.galapagos.com	www.ceara.com.br
www.bariloche.com	www.ilhagrande.org

FIDELIZAR

Fidelizar o turista a um destino em particular requer uma política mais sofisticada que a utilizada pelas empresas privadas para tornar seus clientes fiéis a um produto. Como é evidente, o turista, como qualquer outro consumidor, consome experiências. Os destinos turísticos que conseguem fidelizar seus clientes normalmente são os que têm capacidade muito desenvolvida de inovação, isto é, estão lançando, continuamente, novidades ao mercado. Contudo, também existem atributos da demanda que favorecem a fidelização, como acontece com o turismo residencial. Nesse caso, as pessoas compram uma residência em um destino porque se sentem atraídas por ele e decidem adquirir uma casa de férias.

TEMATIZAR

A tematização é uma das facetas mais criativas e importantes no processo de marketing e publicidade turística. Na última década, foi possível perceber que a tematização ganhou importância nas seguintes áreas:

> destinos turísticos;
> circuitos e rotas turísticos;
> eventos;
> centros comerciais; e
> parques de entretenimento e lazer.

A tematização é um instrumento que o gestor de destinos turísticos deve utilizar para:

> promover a inclusão e o engajamento da população nos processos de desenvolvimento;
> criar uma identidade turística;
> posicionar e diferenciar o destino turístico nos mercados nacional e internacional;
> promover o desenvolvimento turístico sustentável; e
> valorizar recursos socioculturais endógenos ao destino turístico.

A tematização do destino turístico requer a participação do setor empresarial e da sociedade civil para criar identificação e valorizar as características tangíveis ou intangíveis que revelam, com maior eficácia, a cultura, os valores, os recursos, e a forma de ser, pensar e agir das pessoas que habitam determinado destino turístico.

Na medida em que os destinos turísticos estão diante de uma série de valores relevantes, é necessário que os grupos de interesse entrem em acordo para definir uma identidade suficientemente ampla, porém particular o suficiente para revelar as características únicas do destino turístico que se deseja tematizar.

Vale mencionar que a cultura não é algo estático e, portanto, esse esforço de mercantilizar os valores socioculturais deve ser feito em comum acordo com a comunidade local. De outra forma, corremos o risco de excluir grupos que não se identificam com essas imagens ou que não a compartilham, o que pode desgastar a sustentabilidade social do destino turístico.

Destinos turísticos

> Terra dos Incas – Peru;
> Costa do Descobrimento – Brasil;
> Costa das Baleias – Brasil;
> Costa do Golfe – Espanha;
> Vale das Rosas – Marrocos; e
> Costa do Surfe – Austrália.

Circuitos e rotas turísticos

> Estrada Real – Brasil;
> Rota da Seda – China;
> Rota do Vinho – Espanha/França;
> Cidade de Arte Europeia – Espanha/França/Itália; e
> Caminho de Santiago – Espanha/França.

Eventos

> A Semana de Velázquez – Museu Reina Sofia, em Madri;
> Mês do Egito – Museu do Louvre, em Paris;
> Mês de Picasso – Museu de Picasso, em Málaga;
> Festa Literária Internacional de Paraty (Flip) – Paraty;
> Festa da Uva – Caxias do Sul;
> Festa do Peão Boiadeiro – Barretos;
> Festival de Cinema do Rio – Rio de Janeiro; e
> Oktober Fest – Santa Catarina.

Parques de entretenimento e lazer

> New York City Center – Brasil;
> Piratas Mall – Brasil;
> Ali Baba Shopping Center – EUA;
> Parque da Mônica – Brasil;
> Simba Safári – Brasil;
> Beto Carrero World – Brasil;
> Wet'n Wild – EUA;
> Macuco Safári – Brasil; e
> Disneylândia – EUA.

Estratégia 5: Cooperar para reduzir o grau de rivalidade das empresas no mesmo destino turístico

A cultura da cooperação deve ser introduzida no coração da administração pública e privada das empresas que operam no destino turístico.

Quando o tema é desenvolvimento do turismo, o momento de cooperação entre as empresas antecede o momento de competição. Este se consolida, de fato, quando o turista já foi atraído ao destino.

É preciso inserir essa prática a fim de diminuir a vaidade e a rivalidade das empresas que enfrentam problemáticas comuns e são altamente dependentes umas das outras quando se trata de promover a imagem de seu destino turístico.

Estratégia 6: Cooperar para melhorar a eficácia da política e da gestão de destinos turísticos

Mesmo que a política e a gestão de destinos turísticos sejam responsabilidades do governo federal, estadual ou municipal, a cooperação com o setor privado e a sociedade civil pode ser de extrema importância.

Em todo o mundo, percebem-se, cada vez mais, exemplos de organizações que visam aproximar a sociedade civil e o setor empresarial do dia a dia da gestão pública do turismo. O objetivo dessas organizações normalmente é contribuir para a qualidade e a eficácia dos gestores, desenvolvendo empresas mistas, consórcios, associações e organizações sem fins lucrativos – também conhecidas como organizações do terceiro setor.

É uma tendência cada vez mais evidente a criação, pelo setor empresarial em parceria com o governo municipal, de uma empresa sem fins lucrativos que tenha pelo menos estes objetivos:

> democratizar o debate sobre as futuras políticas e estratégias para o desenvolvimento turístico do município; e

> observar, de forma sistemática, a evolução da demanda turística com base na realização de pesquisas.

Dentro do âmbito de observatório do turismo, também existem exemplos da participação das universidades, como o reconhecido Observatório do Turismo da Universidade Federal do Paraná (UFP). Iniciativas como essas devem ser ampliadas à medida que essa tendência ganhe mais evidência no Brasil.

Você deve estar verdadeiramente impressionado com a importância da cooperação no desenvolvimento de destinos turísticos.

É interessante perceber que, diferentemente de outras indústrias, no setor turístico a cooperação intersetorial é essencial. Por essa razão, peço-lhe que reflita sobre o que determina a cooperação entre as pessoas e como você pode desenvolver seu espírito cooperativo.

VI. O terceiro setor como facilitador da cooperação

Até recentemente, a ordem sociopolítica tinha se organizado pelos interesses de apenas dois setores: o público e o do mercado. De um lado, o Estado e as organizações responsáveis pela gestão pública; do outro, as organizações privadas orientadas para satisfazer as necessidades do mercado com base, sobretudo, em atividades da indústria e dos serviços.

A relação entre ambos é inseparável, uma vez que o setor público cria as condições e as infraestruturas político-legais necessárias ao desenvolvimento de qualquer atividade privada. Esse fato ganha ainda mais importância em ambientes de mudanças, como as que vivenciamos hoje, em um mundo cada vez mais globalizado.

Ao lado desses dois setores já consolidados, começa a fortalecer-se outro, liderado pela sociedade civil, porém sem finalidade lucrativa. Ele é conhecido como terceiro setor. Podemos afirmar que, hoje, a sociedade se desenvolve ao "compasso" das ações desenvolvidas por esses três setores.

O terceiro setor é constituído por organizações da sociedade civil sem fins lucrativos, associações civis e fundações de direito privado, todas organizações de interesse público. Não é privado nem público, no sentido clássico da palavra. Guarda, contudo, uma relação intrínseca com ambos, na medida em que atua no serviço público, com base em estruturas organizacionais, e nos sistemas de gestão de natureza "privada". Não há, entretanto, a perseguição de lucros finais. Por isso, sua notável importância.

Segundo o autor do livro *Fundações e entidades de interesse social*, José Eduardo Sabo Paes, podemos conceituar o terceiro setor como: um conjunto de organismos, organizações ou instituições sem fins lucrativos dotados de autonomia e administração próprias. Sua função e seu objetivo principal são atuar voluntariamente junto à sociedade civil, visando ao seu aperfeiçoamento.

Com base nesse marco referencial, percebe-se que as organizações do terceiro setor representam uma nova estrutura socioeconômica. Ela surge, de forma organizada, como resposta da sociedade civil às necessidades de combater imperfeições no sistema capitalista.

Peter Drucker[58] afirmou: "Estou convencido de que é por meio do setor social que uma sociedade moderna consegue gerar cidadania responsável e produtiva, dando aos indivíduos e, principalmente, às pessoas de conhecimento o marco de atuação de onde podem fazer a diferença na sociedade e refazer a comunidade."

---

58   Peter Drucker é um dos mais importantes pensadores da administração contemporânea, autor de inúmeras publicações e livros clássicos de Administração, como *Sociedade pós-capitalista*.

1. A importância do terceiro setor para o Estado

À medida que o Estado não consegue atender a ampla gama de necessidades físicas e estruturais da sociedade, seja por problemas de eficiência, necessária para acompanhar o ritmo do desenvolvimento, seja por falta de capacidade operacional de suas estruturas e de seu corpo de profissionais, "alguém" precisa atender a essas carências.

Os vazios na estrutura pública enfraquecem a base necessária para promover o desenvolvimento de qualquer atividade econômica, incluindo o turismo. Assim, o trabalho de "apoio ao Estado" realizado pelo terceiro setor é necessário e de caráter estratégico para dinamizar o desenvolvimento socioeconômico do país.

2. A importância do terceiro setor para a iniciativa privada

As empresas privadas estão concentradas na gestão de seus negócios. Não há tempo, estruturas, nem equipes com a possibilidade de pensar e atender a algumas das carências da estrutura social dos mercados consumidores, nem de suas próprias comunidades. Dessa forma, o trabalho de apoio realizado pelo terceiro setor pode fortalecer o ambiente competitivo em que se desenvolvem as empresas, tornando-o mais próspero e, portanto, melhor para o desenvolvimento do sistema capitalista, que, afinal, só se sustenta em grupos sociais nos quais há capital circulante.

Nesse sentido, a cooperação entre as empresas privadas e as do terceiro setor é uma tendência que vem se consolidando rapidamente.

Há uma série de exemplos que ilustram o interesse das empresas privadas por desenvolver suas próprias organizações do terceiro setor, assim como de realizar parcerias com elas.

Exemplos:

> McDonald's – Fundação Ronald McDonald;
> Rede Globo – Fundação Roberto Marinho;
> Banco Itaú – Instituto Itaú Social;
> Souza Cruz – Instituto Souza Cruz;
> Bradesco – Fundação Bradesco;
> Rio de Janeiro Convention and Visitor Bureau – *Trade* de Turismo do Estado de Rio de Janeiro; e
> Agência Rio – Associação Comercial do Rio de Janeiro.

São apenas algumas evidências que sinalizam o interesse do setor empresarial pelo trabalho que realizam as organizações do terceiro setor. O setor empresarial mostra-se cada vez mais interessado nas parcerias com o terceiro setor, principalmente financiando projetos de interesse público que possam beneficiar a comunidade e os mercados consumidores.

3. A importância do terceiro setor para a sociedade civil

As organizações ocupam uma posição de poder sem precedentes na História. A capacidade de organização é uma variável essencial para influenciar a política e o desenvolvimento do país.

Mais do que nunca, precisamos de organização para que nossos interesses sejam representados e possam, consequentemente, influir no desenvolvimento social e econômico. À medida que as grandes organizações se fortalecem e ganham espaço na política e na economia nacional por sua força econômica e política, a sociedade civil precisa ampliar sua representatividade e agir de forma similar às grandes instituições privadas. Dessa maneira, ela pode recuperar e fazer ouvir seus interesses. O sistema capitalista está longe de ser perfeito: sua lógica economicista simplória (menor custo/maior lucro possível) não atende necessariamente aos interesses públicos. A sociedade civil precisa organizar-se e aperfeiçoar o sistema capitalista, mesmo que seja em escala local. São as empresas que devem se ajustar aos interesses sociais e não a sociedade, à lógica econômica.

Com base nessas análises, observamos que a cooperação entre o setor público, o privado e a sociedade civil é essencial para dinamizar o desenvolvimento de qualquer atividade econômica, incluindo o turismo. Nesse sentido, podemos desenvolver uma nova figura sobre a postura esperada dos três setores no que se refere ao desenvolvimento turístico.

Figura 8.4 – Cooperação para o desenvolvimento turístico sustentável

VII. Estruturas que facilitam a cooperação

Algumas organizações são criadas para facilitar a cooperação entre setor público, privado e sociedade civil. Os países com indústrias turísticas mais avançadas apresentam um grande número dessas organizações, que apresentaremos brevemente.

> Conselho de Secretários Municipais do Turismo: busca promover uma visão compartilhada entre secretários de turismo de um mesmo estado, troca de conhecimentos técnicos e maior coesão e consistência quanto à definição de políticas setoriais de turismo.

> Conselho Promotor do Turismo: composto de representantes de organizações públicas e privadas de âmbito local. Sua missão é adotar profundidade, coerência e perspectiva às políticas de promoção da imagem e da marca (por exemplo, Bahia) como destino turístico diferenciado dos demais estados e municípios brasileiros.

> Observatório do Turismo: proposto inicialmente pelo governo espanhol em 1998 (Real Decreto nº 1.116/1998), é um órgão colegiado de caráter consultivo. Sua responsabilidade central é produzir informações, estudos e relatórios de apoio ao processo decisório dos setores público e privado.

> Fórum Regional de Turismo: organização público-privada que promove não só o intercâmbio de experiências e difusão de boas práticas administrativas em turismo, mas também o debate sobre a estruturação político-legal do setor no marco regional. Baseando-se no fórum, é possível compreender melhor as vantagens, os desequilíbrios, as potencialidades e os riscos da região quanto à sua capacidade de reação diante de investimentos no setor de turismo. Os planos de dinamização setorial (microclusters), avaliação de políticas de turismo e programas de promoção constituem boa parte das funções que poderiam vir a assumir esse tipo de estrutura cooperativa.

> Conselho de Cooperação Inter-regional: instrumento de cooperação entre o governo federal, os estados e os municípios. Seu objetivo específico é apoiar iniciativas de desenvolvimento turístico no âmbito inter-regional.

> Conselho Nacional de Turismo: instrumento de cooperação vinculado à Confederação Nacional do Comércio (CNC). Busca analisar e solucionar problemáticas que influem no desenvolvimento do turismo nacional.

VIII. Conclusões

A sociedade prega a competição. Dificilmente fala-se da importância da cooperação. Porém, é exatamente nessa prática que se encontra a tecnologia intangível do desenvolvimento de destinos turísticos.

A tecnologia do turismo vincula-se à capacidade de cooperação entre os prestadores de serviços públicos e privados, com o objetivo de oferecer uma experiência integrada, sustentável e de qualidade ao turista.

Ao contrário de outras indústrias, que nos tornam altamente dependentes de tecnologia industrial ou de informática, no turismo já possuímos a tecnologia básica, que é representada por nossa base de recursos socioculturais e ambientais.

Não há receita mágica para articular programas e projetos de cooperação, mas sua articulação dependerá de circunstâncias e interesses particulares que devem ser considerados e integrados às propostas. Mesmo não havendo uma fórmula mágica, é possível revelar alguns fatores que contribuem para seu sucesso:

> Necessidade de uma estrutura equilibrada e explícita dentro da organização, com funções e responsabilidades bem definidas para todos os sócios.

> Direção e visão compartilhada pelos setores público, privado e pela sociedade civil.

> Boa comunicação entre os sócios e os diferentes grupos de interesse.

Com base em um estudo realizado pela OMT, em 2000, foi identificado que a cooperação entre os setores público, privado e a sociedade civil vem concentrando-se em cinco grandes áreas:

> melhoria dos atrativos turísticos;

> melhoria da eficácia do marketing do destino turístico;

> melhoria da produtividade do destino turístico;

> melhoria da gestão geral do destino turístico; e

> planejamento e organização de destinos turísticos.

Exercícios

1. De acordo com os fundamentos da cooperação, como um destino turístico poderia melhorar seu poder de negociação com operadores turísticos?

2. De acordo com as cinco forças competitivas de Porter, como a cooperação pode melhorar a posição competitiva de um destino turístico?

3. Pesquise dois exemplos de projetos financiados com capital público-privado em seu município.

4. Escreva um texto de 15 linhas que justifique a importância da cooperação entre empresas privadas de um mesmo destino turístico.

5. Explique por que a cooperação entre as empresas privadas pode evitar a entrada de novos competidores.

6. Identifique dois destinos turísticos que tenham uma marca tematizada de acordo com sua identidade cultural.

7. Pesquise na internet dois sites de destinos turísticos brasileiros e dois de destinos turísticos da América do Sul.

8. Na sua opinião, quais os principais entraves à cooperação entre setor público, setor privado e sociedade civil em seu município? O que você faria para superar esses entraves?

Leituras recomendadas

BRANDENBURGER, Adam; NALEBUFF, Barry. *Co-opetition*. Nova York: Doubleday, pp. 70-82, 1997.

DEMO, Pedro. *Participação é conquista: noções de política social participativa*. São Paulo: Cortez, 1988.

DRUCKER, Peter. *Sociedade pós-capitalista*. 6.ed. São Paulo: Pioneira, 1997.

GRUNBLATT, Maria. *A influência da cooperação e da competição na produção de respostas criativas*. Rio de Janeiro: Editora PUC-Rio, 1974.

HERRANZ, Javier B. "Descentralización y cooperación inter-administrativa en el turismo español: proceso, instrumento y propuestas de futuro". *Estudios Turísticos*. Madri: Turespaña, n. 137, pp. 67-86, 1998.

OMT. *Cooperación entre los sectores público y privado*. Madri: OMT, 2000.

PORTER, Michael. "How competitive forces shape strategy". *Harvard Business Review*. pp. 137-145, março/abril de 1979.

VIGNATI, Federico. *A cooperação e o desenvolvimento do turismo na cidade de Rio de Janeiro*. Rio de Janeiro: Editora PUC-Rio, 2001.

ESTUDO DE CASO 1
A PARCERIA PÚBLICO-PRIVADA POR MEIO DO INSTITUTO ESTRADA REAL

O Instituto Estrada Real vem resgatar a história da Estrada Real, composta pelos vários caminhos que, durante o século XVIII, escoavam ouro e diamantes, retirados do trecho hoje compreendido entre Diamantina e Ouro Preto. Durante longo tempo, foram instituídas como as únicas vias autorizadas de acesso à região das reservas auríferas e diamantíferas da capitania das Minas Gerais. Os caminhos reais adquiriam, já a partir de sua abertura, natureza oficial, e a circulação de pessoas, mercadorias, ouro e diamante era obrigatoriamente feita por eles.

A Estrada Real, que transportou ouro, diamante e pedras preciosas de Minas Gerais para o restante do mundo, guarda riquezas que começam a ser redescobertas, já que, três séculos depois, as preciosidades não vêm do subsolo, mas do tesouro que a natureza conservou para os dias atuais e que mostra a memória de uma época que precisa e merece ser resgatada.

O Instituto Estrada Real é uma sociedade civil sem fins lucrativos, criada em 1999 por iniciativa da Federação das Indústrias do Estado de Minas Gerais (FIEMG), com o papel de induzir o desenvolvimento socioeconômico na região da Estrada Real, trabalhando como um instrumento de cooperação entre o poder público, a iniciativa privada e as comunidades. Esse trabalho se realiza por meio da captação de recursos para o desenvolvimento dos municípios, tendo o turismo como uma das principais alternativas para o crescimento da economia local.

Algumas das ações mais importantes do Instituto Estrada Real hoje são:

PROGRAMA DE DESENVOLVIMENTO NA ESTRADA REAL

Objetivos:

> Resgatar e desenvolver o potencial turístico da Estrada Real e de suas variantes.

> Promover a articulação e a convergência das ações dos vários municípios e entidades públicas e privadas, que já atuam de forma isolada na região da Estrada Real.

Área de abrangência:

O programa de desenvolvimento da Estrada Real tem como área de abrangência 177 municípios, envolvendo três estados (162 municípios no Estado de Minas Gerais, oito no Rio de Janeiro e sete em São Paulo).

Possui, ao longo de seu percurso, três Patrimônios da Humanidade: Ouro Preto, Diamantina e o Santuário do Senhor Bom Jesus de Matosinhos-Congonhas; ao todo são 1.400 quilômetros de extensão.

Como ação de priorização, foi definido o eixo principal, composto de 68 cidades, e os demais caminhos foram considerados variantes. A definição do eixo principal se deu por meio de registros evidenciados na História, que comprovavam que esses eram os caminhos utilizados pela coroa portuguesa.

PROJETO DE DEMARCAÇÃO E SINALIZAÇÃO

Trata-se da demarcação de todo o trecho principal, de 1.400 quilômetros de extensão. O trabalho é feito por um especialista – Cláudio Leão –, juntamente com técnicos do Departamento de Estradas de Rodagem (DER) e representantes do município.

A proposta é que seja colocado um marco a cada quilômetro ou entroncamento de estradas para orientar o turista no eixo principal. Trata-se de uma estrutura de cimento, na cor terra, com o mapa da Estrada Real em baixo-relevo e uma placa com a identificação da localização geográfica – longitude, latitude e altitude –, além de identificação histórica do local, indicação em quilômetros do ponto em que se encontra em relação ao anterior e ao próximo, telefone de contato da Polícia Militar mais próxima e um número de identificação do marco.

Há também uma preocupação em sinalizar as estradas, pois sabe-se que grande parte dos turistas que visitam a Estrada Real o faz utilizando-se das rodovias como forma de acessibilidade e deslocamento.

PROGRAMA DE QUALIFICAÇÃO NA ESTRADA REAL

Uma das iniciativas do Instituto Estrada Real é contribuir para que o destino seja competitivo. Com essa finalidade, foi desenvolvido o Programa de Qualificação, com projetos para os diferentes públicos.

Princípios norteadores:

> criar uma cultura de hospitalidade;

> incentivar a educação continuada, buscando novos conhecimentos; e

> buscar o reconhecimento do mercado por meio de um efetivo sistema de capacitação e certificação profissional, que resulte em vantagens competitivas para os empresários e trabalhadores que a ele aderirem.

> Projeto agente público

Tem como objetivo discutir questões relativas à estrutura e ao funcionamento do poder público, fornecendo elementos para reflexão do exercício de sua função, e capacitar o agente público para o atendimento das micro e pequenas empresas, prestando orientação sobre créditos para investimentos fixos e capital de giro.

> Projeto de qualificação do setor privado

Visa qualificar e aperfeiçoar os empreendedores, gestores e profissionais nas diversas atividades que envolvam os elos da cadeia produtiva do turismo, articulando-a.

> ### Projeto de mobilização das comunidades

Seu propósito é sensibilizar a comunidade e envolver as escolas de ensino fundamental no resgate da história e costumes locais, desenvolvendo a autoestima e fixando a cultura da hospitalidade.

ORGANISMO DE CERTIFICAÇÃO – INSTITUTO ESTRADA REAL

O Organismo de Certificação – Instituto Estrada Real, por intermédio dos procedimentos de auditoria ou avaliação, irá reconhecer os empreendimentos e as competências técnicas dos profissionais, tendo atuação prioritária na área de abrangência da Estrada Real. Trata-se de um processo de adesão voluntária, no qual a marca Estrada Real será referência de qualidade.

Inicialmente, irá atuar com o Sistema de Certificação de Pessoas e, posteriormente, desenvolverá os critérios para certificação no Sistema de Gestão para os Meios de Hospedagem.

A grande certificação será coroada quando o destino Estrada Real for considerado Patrimônio Cultural e Natural da Humanidade pela Unesco, processo que se encontra em andamento.

FONTE: RITHA DE CÁSSIA JÁCOME BUCZYNSKI, CONSULTORA DO PROGRAMA ESTRADA REAL, RESPONSÁVEL PELO PROJETO DE CERTIFICAÇÃO E QUALIFICAÇÃO; E LUCIANA TEIXEIRA SILVA, EQUIPE TÉCNICA DO INSTITUTO ESTRADA REAL NOS PROJETOS DE CERTIFICAÇÃO E QUALIFICAÇÃO.

ESTUDO DE CASO 2
A COOPERAÇÃO COMO ESTRATÉGIA DE SOBREVIVÊNCIA EM UM AMBIENTE GLOBALIZADO

Estamos assistindo a um processo de globalização em todos os níveis: cultural, social, tecnológico, econômico etc. Concretamente, a globalização econômica está intensificando a já existente tendência ao crescimento e à internacionalização de empresas, favorecendo as companhias e nações mais desenvolvidas. Nesse contexto, a criação de acordos de cooperação entre empresas e organizações do setor público converte-se em uma importante via para a sobrevivência dos países e das empresas mais fracas.

Conscientes dessa necessidade, a Comunidade Europeia está pensando no desenvolvimento de uma política que favoreça a cooperação empresarial entre os Estados-membros. Assim, em 1985, o Livro Branco da Comissão Europeia enfatizou a importância da cooperação como meio para melhorar a competitividade europeia, estabelecendo uma série de medidas encaminhadas para eliminar seus obstáculos fiscais, legais e administrativos. Essa conscientização nas instituições europeias provocou uma série de ações e medidas de apoio, as quais se podem agrupar em três partes: programas europeus de investigação e desenvolvimento, disposições legais como incidência direta sobre a cooperação interempresarial e apoio às relações entre empresas, principalmente as pequenas e médias, em escala transnacional.

Na Espanha, a maior parte desses programas comunitários é coordenada pela Direção Geral das Pequenas e Médias Empresas; além disso, existe, em âmbito nacional, uma série de canais de incentivo à cooperação, como instituições oficiais (Instituto Espanhol de Comércio Exterior – Icex –, Companhia Espanhola de Financiamento ao Desenvolvimento [Cofides], câmaras de comércio, federações e associações empresariais), centros de transferência de tecnologia de universidades e centros de empresas e inovação. Ao mesmo tempo, os governos estaduais (comunidades autônomas) têm desenvolvido uma série de programas e instrumentos que complementam essas práticas.

Finalmente, devemos destacar o trabalho de uma série de organizações internacionais que desenvolvem programas específicos dirigidos à melhoria das condições de vida dos povos mais pobres, como o Banco Interamericano de Desenvolvimento (BID), que oferece financiamento para a pequena e média empresa na América Latina e no Caribe, com a finalidade de contribuir para o desenvolvimento sustentável; o Banco Centro-americano de Integração Econômica (BCIE), que financia projetos que tenham pelo menos 51% do capital pertencente a cidadãos dos países-membros; o Banco Mundial, que oferece financiamento a projetos cujos objetivos prioritários sejam a redução da pobreza e a melhoria da qualidade de vida dos países-membros em vias de desenvolvimento.

O começo do novo século, portanto, caracteriza-se principalmente pela consolidação do que muitos autores denominam a era da globalização, fenômeno que está favorecendo os países e grupos empresariais mais fortes, em detrimento dos mais fracos. Independentemente das questões éticas que se levantam contra essa situação, por parte de algumas organizações, devemos compreender que essa tendência dificilmente será reversível. Por tudo isso, a criação de redes de empresas com base em acordo de cooperação constitui uma importante via para a sobrevivência das pequenas e médias empresas frente aos grandes grupos, o que deve ser apoiado pelas políticas públicas dos países que devem facilitar e promover esse tipo de acordos que até mesmo favoreçam a cooperação público-privada. De fato, na Espanha, no setor turístico, existem hotéis criados com capital público, porém explorados pela iniciativa privada, com base em contratos de gestão, principalmente em zonas do interior, potencializando, desse modo, o desenvolvimento das regiões mais pobres.

FONTE: DRA. INMACULADA MARTÍN ROJO, CATEDRÁTICA DA ORGANIZACIÓN DE EMPRESAS DE
LA ESCUELA UNIVERSITARIA DE TURISMO DE LA UNIVERSIDAD DE MÁLAGA.

ESTUDO DE CASO 3
COOPERATIVISMO E O ROTEIRO DOS IMIGRANTES

O Estado do Paraná formou-se com base na economia oriunda de exploração de recursos naturais como a erva-mate e a madeira, seguida, mais tarde, pelo Ciclo do Café. No início, o ouro era o objetivo dos exploradores portugueses, que adentraram pelo litoral em meados do século XVII, fundando a cidade de Paranaguá em 1648. Na contínua busca mineradora pela Serra do Mar, Curitiba nasceu em 1693. Tropeiros povoaram os Campos Gerais no Caminho do Viamão. Bandeirantes e paulistas em expedições criaram com os índios, em 1768, alguns povoados nos Campos de Guarapuava. No norte velho, a ocupação se dá em 1860 com paulistas e mineiros no cultivo do café. A fundação da Colônia Militar, em 1888, impulsionou o povoamento do oeste, até então habitado pelos índios caingangues.

Contudo, sem dúvida alguma, o desenvolvimento de várias regiões do estado se deve, principalmente, às correntes imigratórias, em especial alemães, holandeses, ucranianos, poloneses, italianos e japoneses, que fundaram diversas colônias no interior.

O cooperativismo no Paraná tem suas raízes nos esforços das comunidades de imigrantes europeus que procuraram organizar suas estruturas sociais, de compra e venda em comum, além de suprir suas necessidades de educação, religião e lazer, por meio de associações e sociedades cooperativistas. Um dos primeiros movimentos marcados pela cooperação surgiu em 1829, com a chegada do primeiro grupo de 248 imigrantes alemães que fundaram a Colônia Rio Negro, hoje município. Diversos movimentos embasados no espírito da cooperação surgiram, então, entre alguns dos mais de cem grupos de imigrantes aqui chegados. Entre as experiências mais importantes realizadas no terreno cooperativo destaca-se a da Colônia Cecília, em 1890, no município de Palmeira. No ano de 1911, chegaram a Carambeí 450 holandeses, que fundaram o que hoje é uma das mais prósperas colônias de imigrantes. Mais tarde, em 1925, eles fundaram a Sociedade Cooperativa Holandesa de Laticínios Batavo, considerada uma cooperativa exemplar e a mais antiga ainda em atuação no estado. Esses movimentos dos imigrantes deram significativo impulso ao cooperativismo estadual com as experiências bem-sucedidas das cooperativas de colonização europeia como Witmarsum, de Palmeira; Agrária, de Entre Rios; Camp, de Prudentópolis; Batavo, de Carambeí; Castrolanda, de Castro; e Capal, de Arapoti – hoje exemplos de comunidades rurais urbanizadas, economicamente prósperas e socialmente integradas.

O turismo cresce 20% ao ano no Brasil e emprega uma em cada nove pessoas economicamente ativas. Com base nessas informações, o Serviço Nacional de Aprendizagem do Cooperativismo (Sescoop) passou a olhar o turismo como forma de possibilitar o aumento de renda do agricultor, de diminuir o êxodo para as cidades, agregar valor à propriedade e aproveitar a mão de obra dos membros da própria família, viabilizando, assim, a pequena propriedade rural. O Paraná pode ser considerado o mais cosmopolita dos estados do Brasil. Lá estão arraigadas 28 etnias diferentes, que trouxeram sua cultura, seus costumes e suas tradições. Com esse roteiro, pretende-se criar um "caminho turístico", uma opção a mais para consolidar um polo turístico regional com a intenção de gerar um desenvolvimento social, cultural e econômico. Diante disso, o Sindicato e Organização das Cooperativas do Estado do Paraná (Ocepar) e o Sescoop/PR desenvolveram, em 2002, o projeto Circuito das Cooperativas de Colonização Europeia e, para tanto, treinaram técnicos e empreendedores rurais por meio do Programa de Turismo Rural Cooperativo em convênio com o Ministério do Esporte e do Turismo/Embratur/Organização das Cooperativas Brasileiras (OCB). Esse projeto foi elaborado com o objetivo de buscar e preservar as características históricas e culturais das colônias em que há forte predominância de pelo menos uma etnia, orientando esses destinos para o desenvolvimento de uma nova situação turística no Estado do Paraná, complementando outras iniciativas regionais já existentes.

O Roteiro dos Imigrantes inicialmente abrange seis municípios que tiveram seu desenvolvimento fortemente influenciado pela implantação de cooperativas de colonização europeia: Witmarsum em Palmeira e Agrária em Guarapuava, ambas com predominância germânica; a Camp em Prudentópolis, com influência ucraniana; e as três colônias holandesas: Batavo em Carambeí, Castrolanda em Castro e Capal em Arapoti.

A formação da Colônia Witmarsum, em julho de 1951, resultou de um movimento colonizador espontâneo realizado por imigrantes menonitas – membros de uma organização religiosa protestante surgida no século XVI na Europa, fundamentada na fé e no trabalho – que anteriormente se haviam estabelecido em Santa Catarina. Nela encontram-se grupos que visam manter a tradição cultural. No local existe um Museu Histórico, e a região possui uma beleza cênica e está distante apenas sessenta quilômetros da capital paranaense.

Entre os rios Jordão e Pinhão, a Colônia Entre Rios foi construída por imigrantes alemães suábios que habitavam as margens do Rio Danúbio na Alemanha, Áustria e ex-Iugoslávia. A colônia é formada pelas aldeias de Samambaia, Jordãozinho, Vitória, Cachoeira e Socorro. Seus imigrantes mantêm a tradição germânica na gastronomia e na arquitetura. A comunidade preserva seus costumes por meio de diversas manifestações como danças folclóricas, banda de música, coral e grupos de música instrumental, além de ser um dos principais produtores de malte do país.

Prudentópolis constitui-se no maior contingente de imigração ucraniana, alcançando 80% da população. As tradições desse povo mostram-se muito fortes, como nas comemorações da Páscoa ou no estilo arquitetônico das inúmeras igrejas. Os ucranianos são rurícolas por natureza e muito religiosos. Prudentópolis é conhecida internacionalmente pelos atrativos naturais e pela beleza de seus saltos e suas cachoeiras – localiza-se no município a maior queda d'água do Paraná, a cachoeira de São Francisco, com aproximadamente duzentos metros.

Em 1911, chegaram a Carambeí, então pertencente ao município de Castro, as primeiras famílias de imigrantes holandeses motivadas por um plano de colonização. Em 1925, a Sociedade Cooperativa Holandesa de Laticínios iniciou suas atividades, e a marca Batavo – nome de uma tribo do início da Era Cristã, que habitava o delta do Reno, região de origem dos pioneiros – surgiu em 1928. A história dos imigrantes pode ser conhecida na Casa da Memória do Parque Histórico de Carambeí.

Em uma área original de cinco mil hectares nasceram a colônia e a Cooperativa Agropecuária Castrolanda, singela união do nome do município de Castro ao país de origem. Com a chegada das famílias holandesas, veio também toda uma infraestrutura: gado leiteiro, tratores, implementos e equipamentos para uma indústria de laticínios. Os holandeses de Castrolanda preservam seus costumes e suas tradições por meio da arquitetura, de grupo folclórico, do artesanato e da gastronomia.

Um marco da presença dos imigrantes naquela colônia é a réplica perfeita de um moinho de vento, onde atualmente se localiza o Memorial da Imigração Holandesa. A colônia mais recente do grupo ABC (Arapoti/Batavo/Castrolanda) é a de Arapoti, que, com empenho, vem alcançando os mesmos níveis de desenvolvimento das colônias irmãs.

Arapoti apresenta um excelente desenvolvimento na agricultura e na pecuária leiteira, com uma produtividade acima da média estadual, que colabora decididamente para a solidificação do turismo técnico-científico na região.

O intuito dessa proposta é consolidar um roteiro turístico diferenciado, organizando-o com o enfoque voltado ao turismo em áreas naturais e suas diversas modalidades: turismo rural, agroturismo, ecoturismo, turismo cultural etc. Consolidando-se o eixo turístico principal, estabelece-se um fluxo constante que permite o crescimento econômico da região, em termos de serviços e empregos gerados, além de novas oportunidades de negócios e investimentos. O fruto dessa proposta é a primeira Cooperativa de Turismo Rural, a Cooptur.

FONTE: PROFESSOR EDUARDO MIELKE – UNICENP.

ESTUDO DE CASO 4
BRASIL, MEU NEGÓCIO É TURISMO

Diante da dimensão que o turismo tomou no cenário da economia mundial, bem como no contexto das políticas públicas brasileiras, notadamente com a criação do Ministério do Turismo (MTur), em 2003, o "Brasil, meu negócio é turismo – BMNT" foi implantado visando contribuir para a formação e qualificação dos profissionais que trabalham direta ou indiretamente nesse setor.

O projeto, de cunho prioritariamente educacional, contemplou a utilização de uma metodologia baseada na mobilização de grupos e na elaboração de trabalhos que estimulassem o melhor aproveitamento do potencial turístico das localidades envolvidas — três por estado, indicadas pelas Secretarias Estaduais de Turismo.

A "mola propulsora" desse processo de formação foi a convicção de que o trabalho realizado em conjunto tem uma grande força transformadora para melhorar o "mundo em que vivemos" e contribui efetiva e democraticamente para seu desenvolvimento. O objetivo — que foi atingido integralmente — foi o de capacitar trinta orientadores de aprendizagem por estado e Distrito Federal, um total de 810 no Brasil. Posteriormente, em duas aplicações sucessivas, esses orientadores capacitaram novecentos agentes locais nas três localidades de cada estado, formando 24.300 pessoas em todo o país.

Em julho de 2005 realizamos a primeira aplicação-piloto do projeto, na cidade de Ouro Preto (MG), e, no mês de junho de 2006, nos estados do Tocantins e do Amazonas, concluímos a fase de capacitação, com a formação dos 810 orientadores de aprendizagem em todo o território nacional.

PARCEIROS

Ao MTur, contratante do BMNT, coube o estabelecimento das diretrizes, a supervisão de todas as etapas do trabalho e a indicação dos municípios que participariam da formação (com o apoio das Secretarias Estaduais de Turismo).

À Fundação Roberto Marinho (FRM) coube a criação da metodologia do curso, a elaboração e a distribuição do material didático, a formação dos orientadores de aprendizagem e o acompanhamento e avaliação, a distância, das reaplicações.

À Fundação Interuniversitária de Estudos e Pesquisas sobre o Trabalho (Unitrabalho), contratada pelo MTur, coube a seleção tanto dos orientadores de aprendizagem quanto dos agentes locais, bem como a logística das reaplicações.

A FORMAÇÃO

A perspectiva e o cunho educacional do projeto nos levaram a realizar um trabalho de formação em um processo de convivência profissional que não dissociou a pessoa de sua ação profissional, nem de suas crenças ou seus valores.

Atuar em qualquer segmento do turismo promove a convivência permanente com a dimensão histórica, cultural e socioambiental de uma região. Essa convivência tem como produto a exposição do profissional ao novo, ao inusitado, com o desafio de transformar para fazer a "diferença" no dia a dia e no mercado turístico. Desse modo, o espaço de formação propicia condições para que esses desafios sejam vividos e enfrentados, buscando saídas e soluções compartilhadas pelos participantes, tendo seu grupo de formação como referência, suporte e aliado.

Mais do que a realização de uma "tarefa" profissional, o BMNT foi, para a equipe da FRM, uma construção diária, não só da metodologia educacional do processo, mas da construção de uma identidade de grupo, de amizades, de um sentimento de pertencimento ao que chamamos "povo brasileiro". E, acima de tudo, um aprendizado indescritível sobre a cultura, as belezas, as tristezas, ou seja, sobre o que é o verdadeiro Brasil.

FONTE: FUNDAÇÃO ROBERTO MARINHO.

MÓDULO II

Marketing de destinos turísticos

As pessoas se esquecerão do que você disse,
esquecerão o que você fez, mas nunca se esquecerão
de como você as tratou.
William Shakespeare

9 OBJETIVOS DO CAPÍTULO

Definir clusters e relacioná-los à atividade de desenvolvimento turístico.

Apresentar a relação entre a formação de clusters e o desenvolvimento de destinos turísticos.

Conhecer as vantagens e as dificuldades de organizar clusters de turismo.

Identificar exemplos de clusters e microclusters de turismo.

Ampliar o debate sobre a necessidade de apoiar a formação de clusters turísticos.

Clusters turísticos

Clusters, polos e arranjos produtivos locais são agrupamentos de empresas, localizadas em um mesmo território, que apresentam uma oferta especializada e mantêm vínculos de cooperação, articulação e aprendizagem entre si e com outros atores locais, tais como governo, associações de classe, instituições de crédito, ensino e pesquisa.

Os clusters se caracterizam pelo agrupamento de um número significativo de empresas que atuam em torno de uma atividade produtiva central. É possível reconhecer processos de desenvolvimento de clusters de diversas atividades, como os de tecnologia, produção industrial, cultura, gastronomia, turismo e negócios.

O modelo de desenvolvimento socioeconômico de clusters fundamenta-se no aproveitamento das vantagens que a prática da cooperação pode trazer aos agentes locais (empresas, setor público e sociedade civil) de determinado território. Pela aglomeração e cooperação intersetorial, é possível desenvolver as vantagens competitivas necessárias para criar produtos e serviços diferenciados de qualidade e a preços competitivos. Essa é a ideia primordial que justifica os clusters.

Na formação de um cluster, o território ocupa uma posição central. No entanto, o conceito de território (físico), quando visto de uma perspectiva integrada ou sistêmica, agrega valores intangíveis, como identidade, capital social, capacidade de governança e teias de relações sociais que se estabelecem em determinado espaço. A ideia de território não se resume à sua dimensão física ou tangível. Cada cluster se conceberá, portanto, com base em recursos e estratégias próprias para seu desenvolvimento.

A experiência internacional nos mostra que a organização do cluster constituiu um dos elementos organizacionais mais elementares da produção da oferta turística.

Alguns dos benefícios mais evidentes do desenvolvimento de clusters turísticos são:

> Melhorar a eficácia do setor público na identificação das necessidades de investimentos em infraestruturas e na formulação de políticas públicas de apoio ao setor.

> Melhorar o acesso ao crédito para os pequenos e médios empresários do setor.

> Fomentar a geração de emprego, melhorar o entorno urbano, posicionar e reposicionar o mercado imobiliário e, consequentemente, ampliar a atividade econômica e sociocultural no entorno dos clusters.

> Sinalizar o caminho para novos empreendimentos turísticos e novos arranjos produtivos vinculados direta e indiretamente ao setor.

> Melhorar o diálogo entre os setores público, privado e sociedade civil, e ampliar o número de parcerias público-privadas.

> Contribuir com o processo de qualificação turística, estimulando a inovação, a qualidade e a diversificação da oferta local.

Novos destinos turísticos disputam, a cada ano, uma posição num mercado que não cresce na mesma proporção. Apesar de a indústria turística ser uma das atividades econômicas com maior crescimento na última década (média de 5% ao ano nos últimos dez anos), o turismo tornou-se altamente competitivo.

Diante desse cenário, destinos maduros como Rio de Janeiro, Cancun, Buenos Aires precisam estimular o desenvolvimento de novas ofertas e a reinvenção da oferta turística tradicional. Caso contrário, correm o risco de perder espaço nos cenários turísticos nacional e internacional.

I. Clusters turísticos *versus* destinos turísticos

Nesta obra, faço especial referência à diferenciação entre um cluster turístico e um destino turístico propriamente dito. Essa diferenciação é intencional. Desejo enfatizar o fato de que, sob uma perspectiva técnica, os gestores estão diante do desafio de organizar e administrar clusters turísticos, para logo comercializá-los como destinos turísticos.

Desse ponto de vista, um único destino turístico poderia constituir-se de uma série de clusters com ofertas turísticas complementares. O cluster, portanto, corresponde à estrutura organizacional que sustenta as operações de um destino turístico; já o destino turístico corresponde à imagem percebida e consumida pelo turista. Dessa maneira, especialistas em gestão de destinos turísticos organizam clusters para, posteriormente, comercializar destinos turísticos.

Essa diferenciação será marcada ao longo deste e dos próximos capítulos, nos quais utilizamos ambos os termos, porém sempre diferenciando o fato de que o destino turístico é uma imagem percebida e consumida pelo turista, enquanto o cluster é a estrutura organizacional por trás dessa imagem.

II. A competitividade dentro da estrutura do cluster turístico

Segundo Porter,[59] as condições que determinam a competitividade de um destino turístico se encontram em um âmbito territorial determinado, constituído por empresas públicas e privadas que se relacionam entre si, para prestar serviços ao turista de forma direta e indireta.

Quando estão em estágio avançado de organização, os clusters turísticos são normalmente integrados por um conjunto de empresas turísticas de lazer, hospedagem, transportes, gastronomia, agências de viagens, empresas auxiliares que fornecem capital, matérias-primas, recursos humanos, comércio em geral, organizações do terceiro setor e empresas públicas, todas concentradas num território capaz de promover sinergia, inovação e ampliar a competitividade econômica das empresas locais.

Como veremos a seguir, existem pelo menos cinco variedades de organização de clusters turísticos. Essas variedades ou modelos resultam de fatores tais como o ciclo de vida do cluster, a natureza da liderança e da gestão, e até mesmo o interesse e o preparo dos atores locais.

---

59 Porter, 1998.

III. Variedades de clusters

1. Clusters formais ou informais

Os clusters podem ser percebidos como estruturas orgânicas que resultam de uma iniciativa pensada e legalmente constituída, como é o caso dos clusters formais, ou ainda resultado de uma dinâmica de auto-organização informal, na qual se percebe a formação do cluster à medida que este vai se organizando.

2. Liderança pelo setor público ou privado

A estruturação de clusters turísticos pode ser liderada tanto pelo setor público como pelo privado. A liderança não influi no desenvolvimento do cluster, sempre e quando o setor público e o privado trabalham em cooperação.

3. Estruturação horizontal

É constituída por empresas de um mesmo ramo de atividade que decidem associar-se para ganhar economias de escala e compartilhar investimentos em pesquisa, tecnologia, produção e marketing. Dessa maneira, amplia-se a competitividade das empresas que participam. Normalmente corresponde ao período inicial de formação de um cluster sistêmico.

4. Estruturação cruzada

Tem as mesmas características da estruturação horizontal, mas agrega outros grupos da cadeia produtiva, como fornecedores e bancos. Corresponde a um período de ampliação e crescimento do cluster.

5. Estruturação sistêmica

Constituída por um grupo heterogêneo de empresas públicas, privadas e da sociedade civil que se complementam entre si. Em cada grupo agregam-se valores, conhecimentos e experiências para promover o desenvolvimento sustentável e competitivo das atividades do cluster. Esse momento corresponde a um período de expansão do cluster, que normalmente resulta da experiência positiva das empresas que dele participam.

IV. Evolução dos clusters turísticos

Os clusters são estruturas orgânicas que se desenvolvem ao longo do tempo. Não é necessário partir para a organização de um cluster de estruturação sistêmica. O importante é que os atores locais compartilhem a ideia de formar um cluster turístico e que este vá ampliando seus associados no decorrer do tempo. Um cluster não é uma estrutura fechada; pelo contrário, seu desenvolvimento exige flexibilidade e participação contínua de novas empresas e organizações que agreguem valor à estrutura e à oferta turística do cluster e do destino turístico em particular. Façamos essa referência para que os gestores não se frustrem diante da impotência de mobilizar todos os setores. Trata-se de uma situação desejável, porém nem sempre possível. A política de desenvolvimento do cluster deve priorizar as organizações mais sensíveis a participar dessa iniciativa, para que outras empresas sejam imediatamente incorporadas.

Por essa razão, é importante lembrar que os clusters turísticos, da mesma forma que os produtos e os destinos, passam também por um ciclo de evolução.

Os clusters turísticos se desenvolvem no tempo; não são um fenômeno que aparece de uma hora para outra. A evolução dos clusters de turismo é ainda um tema em fase de investigação científica. É possível associar sua evolução à sua forma de estruturação, à quantidade de empresas agregadas ou, ainda, a variáveis econômicas, como a renda das empresas que participam.

Para Gollub,[60] os clusters evoluem no tempo e estão em contínuo processo de transformação e aperfeiçoamento. Segundo ele, o cluster pode ser classificado em termos de seu estágio no ciclo de vida, em três categorias:

> Cluster inicial: momento que antecede a formação do cluster formal; normalmente ocorre quando se produz a formação de aglomerados produtivos de empresas que atuam num mesmo território.

> Cluster emergente: resultado da formalização das organizações que integram esse sistema produtivo. Normalmente, se dá quando os ingressos econômicos produzidos são maiores do que a média nacional, e o território começa a ganhar importância como polo de atração de investimentos e de capital humano. Nesse estágio, percebe-se o fortalecimento da cooperação horizontal e intersetorial.

> Cluster em expansão: nesse momento, a estruturação do cluster é formal e sistêmica; agora uma série de empresas de distintos setores coopera entre si para atrair capital e demanda turística para o território. Nesse estágio, o cluster projeta uma imagem nacional e internacional de qualidade e inovação. O território em que o cluster opera é percebido como região importante para inovações tecnológicas e de capital humano.

Nessas análises, não se coloca o período de decadência dos clusters, pois a pesquisa sobre esse tema é realmente nova. Ainda não há exemplos e análises científicas sobre as características de um cluster em processo de decadência. Por enquanto, utilizemos essas três referências para analisar e planejar o desenvolvimento de um cluster turístico.

A seguir, a Figura 9.1 ilustra a estruturação de um cluster sistêmico.

Figura 9.1 – Organizações que compõem um cluster turístico sistêmico

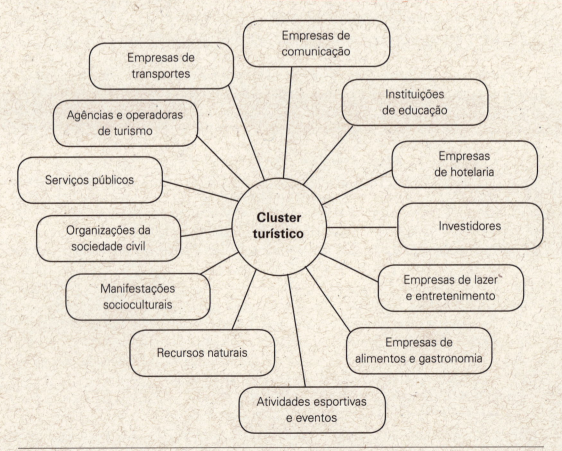

[60] Gollub, 2005.

Uma importante ferramenta para a análise da competitividade de um cluster turístico é o modelo Mercotur, no qual se incluem todos os fatores que condicionam a possível vantagem competitiva da atividade turística em determinado território e, portanto, sugere ações estratégicas encaminhadas para manter e/ou melhorar a competitividade do cluster turístico.

O modelo Mercotur agrupa todos os determinantes que condicionam a competitividade em cinco grandes áreas:[61]

1º – mercado;

2º – território;

3º – estruturas públicas;

4º – estruturas privadas; e

5º – estruturas sociais.

De maneira geral, um destino turístico terá maior potencial de desenvolvimento na medida em que os fatores que condicionam o cluster estejam em processo contínuo de crescimento, aperfeiçoamento e inovação. Os gestores devem trabalhar com o objetivo de que o cluster estimule o desenvolvimento local com base no incentivo para processos horizontais e verticais de cooperação, inovação e empreendedorismo.

Dessa forma, as comunidades que tiverem níveis avançados de estruturação social, empresarial e pública serão as que melhor enfrentarão os desafios do desenvolvimento de um cluster turístico. Elas ainda poderão administrar, com maior eficácia e democracia, os efeitos positivos e negativos que o desenvolvimento do turismo pode vir a desencadear na comunidade.

São exemplos dos efeitos negativos do turismo:

> O caso levantado por Inskeep,[62] referente à ilha de Bali, na Indonésia, aponta que 85% da população rural, dos principais residentes e representantes da cultura balinesa migraram para outras ilhas depois da explosão do desenvolvimento turístico na região. Hoje, a maioria das pessoas que se sustentam e comercializam a identidade, o estilo de vida, a religião e os recursos naturais da ilha de Bali é de imigrantes de outras regiões. Em outras palavras, o povo de Bali se perdeu na história do desenvolvimento turístico da Indonésia.

> O caso da insustentabilidade social apontado pela Unesco,[63] referente à cidade de Veneza, na Itália, sinaliza que 90% da população nativa migrou para outras cidades da região do Vêneto. Atualmente, a população local é formada principalmente por imigrantes (comerciantes) de outras cidades da Itália e da Europa que estabeleceram negócios sustentados hoje, principalmente, pela atividade turística.

Com base nessas análises, podemos concluir que o cluster turístico pode aperfeiçoar a orientação dos investimentos em infraestruturas, melhorar as condições para o monitoramento da qualidade dos serviços turísticos, assim como incentivar a cooperação e a inovação entre as empresas que o integram.

V. Benefícios do desenvolvimento de clusters turísticos

Os esforços de trabalhar na organização de clusters turísticos se justificam na medida em que os efeitos multiplicadores do turismo são ampliados no território, quando a estrutura

A vantagem competitiva faz o mercado desejar e comprar seus produtos e serviços, em detrimento de seus concorrentes.

As vantagens comparativas são qualidades únicas que dificilmente podem ser igualadas pela concorrência.

---

61 No Capítulo 10, apresentarei e analisarei o modelo Mercotur.
62 Inskeep, 1991.
63 Unesco, 1998.

está de acordo com esse sistema produtivo. O cluster turístico permite, ainda, enfrentar problemas vinculados à competitividade e à inovação empresarial. Como visto anteriormente, em um cluster existem empresas de diversos setores engajadas nos processos de desenvolvimento que competem e cooperam entre si, formando uma dinâmica saudável para a inovação e o aumento contínuo da qualidade da oferta turística local, valores apreciados pelo mercado.

Fazendo um paralelo com as investigações realizadas por Porter[64] para nosso objeto de estudo, podemos ainda identificar oito importantes vantagens competitivas que o cluster turístico pode desenvolver.

1. Fortalecer a imagem do destino turístico

O cluster deve organizar-se de modo que a imagem do destino turístico seja cada vez mais atrativa, que desperte, em diferentes segmentos do mercado de turismo, a motivação necessária para empreender uma viagem. Como mencionado em capítulos anteriores, a melhor forma de conseguir esse objetivo é agregar os valores tangíveis e intangíveis, exclusivos do território e da população local, à imagem, à oferta e à publicidade turística. Se esses valores são exclusivos ou altamente diferenciados em nível global, será possível fortalecer a imagem do destino turístico.

Um único destino turístico pode ter mais de um cluster. A complementaridade entre cada uma das imagens e das ofertas dos clusters que integram o destino fortalece seu poder de atração na mente do consumidor.

2. Promover maior tempo de permanência do turista

Segundo Russo[65] e Rosenfield,[66] quando o cluster turístico está organizado com a participação da sociedade civil e dos empresários locais, promove-se um senso de oportunidade na população que incentiva o turismo local. Ela participa diretamente da organização de uma nova oferta de produtos e serviços dirigidos ao mercado turístico.

Nas cidades em que se desenvolvem clusters e microclusters de turismo, a oferta cresce e se diversifica. Esse fenômeno leva o turista a repensar seu tempo de permanência no destino, ampliando-o. O turista é surpreendido por uma série de oportunidades de consumo de cultura, lazer e comércio que o incentivam a permanecer mais tempo no destino.[67]

Vale a pena ressaltar que o cluster deve ser pensado de forma democrática; não haverá desenvolvimento sustentável sem uma população engajada e participativa na oferta de serviços e na gestão turística.

O desenvolvimento turístico, mesmo consciente de suas possíveis externalidades negativas, deve ser transmitido como grande oportunidade de desenvolvimento, em que a população local é o protagonista mais importante.

Vale a pena mencionar o exemplo de Salvador, na Bahia, em que se percebe uma ampla consciência, por parte do soteropolitano, de seu papel no desenvolvimento turístico do cluster da Bahia. Alguns lemas populares vêm ganhando força e ilustram como o turismo pode fortalecer a inclusão social e a autoestima de uma população: "Relaxa, você está na Bahia", "Eu sou baiano", "Eu sou soteropolitano, eu sou baiano, eu sou de Salvador".

Da mesma forma, a conectividade entre a oferta dos principais destinos turísticos do país, como Rio de Janeiro, Amazonas, Natal, Salvador e São Paulo, também pode promover uma imagem mais atrativa do destino Brasil, ampliando o período de permanência no destino.

A cidade do Rio de Janeiro é a principal porta de entrada do turismo internacional de lazer. A oferta turística, porém, ainda se concentra nos mesmos atrativos dos últimos cinquenta anos: Pão de Açúcar, Corcovado e Copacabana.
Se outros destinos turísticos do estado, como Costa Verde, Costa do Sol ou Região Serrana, pudessem articular-se e desenvolver verdadeiros clusters de turismo, seria possível diversificar a oferta tradicional da cidade do Rio e ampliar o tempo de permanência do turista no estado. Como sugestão, aplique essa ideia a outros destinos.

---

64   Porter, 1995 e 1998.
65   Russo, 1998.
66   Rosenfield, 1995.
67   Inskeep, 1991.

3. Incentivar o turista a gastar mais

O cluster turístico é uma estrutura produtiva que, da mesma forma que os centros comerciais, pretende levar à concentração da oferta e da demanda. Essa característica tende a incentivar o turista a maiores gastos. Veja os seguintes exemplos:

> Um exemplo conhecido que ilustra o fenômeno da concentração da oferta e da demanda são os shoppings. Essas estruturas integram, numa única área, empresas e consumidores potenciais, criando uma situação favorável tanto para os comerciantes quanto para os consumidores.

> Outro exemplo é o dos *zouqs* no Marrocos, principalmente nas cidades de Marrakech e Fez. Eles estão localizados nas partes antigas das cidades denominadas Medinas. Nos *zouqs* concentram-se produtores, comerciantes e consumidores de artesanato. O *zouq* de Marrakech é o pilar comercial da cidade. À primeira vista, parece uma mistura desorganizada de ruas e casas mal aproveitadas, mas depois de um tempo percebe-se que obedecem a uma ordem muito funcional. No *zouq* é possível encontrar artesãos que trabalham com couro, metais, tecidos, prata e madeiras, todos distribuídos em áreas específicas em que exibem sua oferta aos milhares de turistas. Lá também uma pessoa que tem competências comerciais mais desenvolvidas que o artesão se encarrega de iniciar a velha tradição marroquina das vendas e principalmente da negociação dos preços. Esses *zouqs* obedecem à estrutura de microclusters turísticos – eles são, em si, uma grande atração turística da cidade.

O cluster, portanto, deve obedecer ao critério de concentração territorial da oferta e dos consumidores. Quando não é possível essa aproximação, recomendamos que se pense na organização de microclusters. Sem concentração geográfica da oferta, perdem-se alguns dos benefícios, incluindo a oportunidade de incentivar o turista a gastar mais.

A agrupação de negócios de um mesmo ramo de atividade é uma prática antiga. Na cidade medieval de Siena, na Itália, você pode passear pelo bairro antigo e encontrar ruas que datam do ano 1100 e que possuem o nome dos serviços que lá se encontravam. Por exemplo, Rua dos Alfaiates e Rua dos Vidreiros. Seriam microclusters?

4. Aumentar a satisfação do turista

Existem pelo menos três razões que justificam a organização de clusters para aumentar a satisfação do turista:

> facilidade no controle da qualidade dos serviços oferecidos por empresas públicas e privadas;

> melhoria na logística do turista, facilitando seu acesso à oferta de serviços de consumo, lazer e cultura; e

> promoção da inovação e da diversificação da oferta, transformando o destino numa estrutura orgânica com capacidade de aprendizado e de auto-superação.

Tendo ainda como referência o modelo valor/esforço, percebemos que a estrutura do cluster pode diminuir os esforços realizados pelo turista, aumentando sua satisfação. Esse fato deve-se principalmente à concentração da oferta, que, por sua vez, melhora a capacidade de controlar a qualidade dos serviços turísticos.

$$\frac{Valor}{Esforço} = \frac{Serviços\ turísticos\ oferecidos + sensações}{Preço + outros\ fatores\ negativos}$$

FONTE: OMT, 2002.

5. Fortalecer o poder de negociação com fornecedores

Com base no cluster, é possível fortalecer o poder de negociação com os fornecedores, principalmente na aquisição de equipamentos, matérias-primas e outros serviços complementares, como segurança.

Normalmente, as pequenas e médias empresas, quando negociam por si só com grandes fornecedores, dificilmente conseguem o poder de negociação que a associação por clusters pode lhes oferecer.

O cluster turístico pode contribuir com a negociação de preços e formas de pagamentos mais estáveis e competitivas para os empresários de um destino turístico. Esse é um fator essencial para ampliar a competitividade econômica do setor empresarial local.

6. Fortalecer o poder de negociação com os clientes

Da mesma forma que pode fortalecer as negociações entre empresários e fornecedores, o cluster de turismo pode promover melhores negociações com clientes intermediários e finais. Nesse caso específico, entendemos como clientes intermediários os operadores de turismo e as agências de viagens; como clientes finais, os turistas.

O cluster de turismo pode evitar problemas como os que vivenciam os destinos do Caribe: eles recebem grandes quantidades de turistas ingleses e alemães, mas que chegam com seus pacotes turísticos pré-pagos nos países de origem. De fato, os destinos do Caribe carregam a maior parte do impacto negativo do turismo, ao mesmo tempo em que perdem uma importante proporção dos ingressos retidos na fonte pela operadora.

Se considerarmos o grande poder de negociação que os operadores de turismo vêm ganhando em escala mundial, perceberemos a importância da organização e da negociação com base no cluster, em vez da negociação independente.

Um cluster turístico desenvolvido atrai a demanda de forma direta, enquanto pequenas empresas de turismo não conseguem fazê-lo. Para ampliar a participação do destino turístico no mercado, recomenda-se a criação de um site do destino, no qual os serviços das empresas que integram o cluster turístico local sejam apresentados.

7. Diminuir a vulnerabilidade diante de destinos turísticos concorrentes

O cluster turístico não é fruto do acaso, nem resulta de leis ou imposições verticais, mas é resultado exclusivo da motivação e do espírito cooperativo dos agentes públicos, privados e da sociedade civil que atuam no setor. Por esse motivo, o cluster de turismo é uma estrutura produtiva e organizacional avançada e de difícil imitação: ele pode diminuir a vulnerabilidade de um destino turístico diante da concorrência.

8. Promover a cooperação

O cluster turístico deve propiciar a cooperação de todos os agentes envolvidos. A cooperação intersetorial é uma prática estratégica para o desenvolvimento do turismo e para a organização dos clusters, em particular. O Conselho Empresarial da OMT[68] e outros importantes pesquisadores do setor, como Esteve[69] e Bernier,[70] afirmam que é preciso um ambiente cooperativo para promover o desenvolvimento turístico.

Existem estruturas legais como organizações do terceiro setor, associações empresariais e sociedade civil, bem como empresas mistas, constituídas com a finalidade de institucionalizar a cooperação intersetorial em um território ou cluster turístico.

Os operadores de turismo são atacadistas altamente competitivos, que operam uma grande variedade de destinos. Para fazer parte de seus programas de comercialização, os destinos negociam arduamente. São até mesmo convidados a fun trips, business trips e a eventos organizados exclusivamente para cativá-los. A melhor maneira de diminuir seu poder de barganha é negociar diretamente com o mercado consumidor nos sites que informem e comercializem a oferta turística do destino.

---

68   Conselho Empresarial da OMT, 2001.
69   Esteve, 2005.
70   Bernier, 2005.

VI. Desafios presentes na organização de clusters turísticos

A experiência e os conhecimentos expostos neste capítulo nos levam a crer que os clusters formam a base das políticas de desenvolvimento e marketing turístico contemporâneo.

Segundo estudos realizados por Porter[71] e Rosenfield,[72] essas estruturas, que basicamente promovem a concentração da oferta e da demanda num território, promoveriam o clima organizacional necessário para desenvolver produtos e serviços inovadores que permitam ampliar a competitividade de um destino turístico.

Vimos também, ao longo deste capítulo, que os clusters turísticos são um sistema produtivo altamente eficaz, mas que sua organização exige vontade política, coordenação, visão compartilhada e, sobretudo, liderança, seja pública ou privada.

Agora vamos analisar outros desafios presentes na organização de clusters turísticos.

1º desafio: desenvolver a mentalidade de aprendizagem e inovação contínua

As organizações que integram o cluster devem desenvolver uma mentalidade de aprendizado contínuo que as leve à inovação tecnológica. É de grande importância institucionalizar a cooperação e a transferência de conhecimento acumulado com base na cooperação de universidades, organizações civis e do terceiro setor, criadas especificamente para essa finalidade.

Para se estabelecer um ambiente propício à aprendizagem contínua, recomenda-se:
> Criar um observatório do turismo que analise de maneira sistemática as variáveis socioeconômicas e políticas relativas ao cluster turístico.
> Criar sistemas de informação que permitam compartilhar informações relativas à demanda e à oferta.
> Aperfeiçoar continuamente os produtos, serviços e processos.
> Fixar padrões cada vez mais elevados de qualidade e certificá-la.
> Esforçar-se para transformar o *know-how* adquirido em vantagens competitivas.
> Engajar a comunidade acadêmica e a sociedade em geral nos processos de planejamento e gestão do cluster turístico.

Para criar um ambiente propício à inovação contínua, recomenda-se:
> Estudar a concorrência e os novos nichos do mercado.
> Promover concursos e prêmios para qualidade, criatividade empresarial e responsabilidade social corporativa.
> Sistematizar processos e estruturas que permitam compartilhar, de forma sistemática, o *know-how* adquirido.
> Organizar conselhos de gestão com capacidade de liderança e de assumir riscos.
> Envolver a comunidade acadêmica e a sociedade em geral com propostas inovadoras para apoiar o desenvolvimento e o marketing do cluster turístico.

2º desafio: melhorar a eficácia e a eficiência operacional dos serviços turísticos

Para melhorar a eficácia e a eficiência operacional, os agentes públicos, privados e da sociedade civil que integram o cluster devem promover atividades de natureza econômica, política e comercial conjuntas, com base em associações, cooperativas, empresas mistas e com apoio do terceiro setor.

---

71   Porter, 1998.
72   Rosenfield, 2002.

Por exemplo:

> Empresas do mesmo setor podem centralizar o processo de compras. Dessa maneira, promovem-se melhores negociações junto aos fornecedores e obtém-se eficiência financeira.

> Empresas do mesmo ramo podem associar-se entre si e fortalecer seu poder de negociação com o setor público. Dessa forma, obtém-se eficácia política.

> A associação de produtores artesanais pode melhorar suas condições de crédito com o sistema bancário, ampliando a oferta e investindo no lançamento de novos produtos.

3º desafio: desenvolver uma posição estratégica diferenciada

Esse desafio exige que sejam identificados valores endógenos à comunidade. Em virtude de sua exclusividade, esses valores podem ser agregados à oferta turística e contribuir para a diferenciação do destino turístico no mercado.

Para tanto, a elaboração de um plano de desenvolvimento participativo é um instrumento útil, pois permite identificar, analisar e avaliar os recursos locais que podem ser agregados à oferta. A participação popular permite ainda que se respeitem as particularidades da cultura, com a intenção de não cair no erro da mercantilização e exploração cultural de uma comunidade.[73]

A estratégia de marketing turístico precisa ser elaborada com participação da comunidade e dos empresários, de preferência com base na definição de uma missão e na formulação de determinada marca e um slogan temático para o destino turístico.

Cada vez mais, torna-se evidente que a tematização da oferta turística está ganhando força entre especialistas de marketing turístico, como aponta a estratégia de posicionamento de marketing de Ries e Trout.[74] A tematização, quando bem desenvolvida, cria uma imagem diferenciada na mente do consumidor. Ainda promove a valorização da cultura, melhora a autoestima e incentiva a participação da população local no sistema produtivo.

A estratégia de diferenciação parte do princípio de que cada comunidade ou região turística possui valores socioculturais e naturais únicos. São vantagens comparativas que devem ser inicialmente conhecidas, valorizadas e comercializadas de forma tal que venham a melhorar a qualidade de vida da população local e a promover o desenvolvimento econômico local sustentável.

Recomenda-se que o gestor realize ações concretas, tais como:

> Desenvolver uma legislação e política econômica que intensifique a formação de clusters turísticos.

> Estudar o mercado e definir segmentos prioritários da demanda.

> Desenvolver uma marca e um slogan turístico diferenciado e sustentável.

> Criar incentivos tributários e financeiros para o desenvolvimento de produtos turísticos integrados ao posicionamento estratégico do cluster e à linha temática adotada.

4º desafio: estar alinhado à política setorial, estadual e federal

Com esse alinhamento, assegura-se o cumprimento da lei, ganha-se sinergia entre os objetivos do governo federal, estadual e municipal. E também ampliam-se as possibilidades de incentivos tributários, financeiros e de cooperação público-privada.

VII. Conclusões

A concentração territorial de empresas de uma mesma indústria, seja em um bairro, cidade, região ou zona fronteiriça entre cidades, estados ou países, é uma prática antiga que atualmente está se recuperando e se reinventando.

---

73   Hall, 2003.
74   Ries e Trout, 1982.

O esforço pela aglomeração empresarial e pela formação de sistemas produtivos especializados é uma prática que vem ganhando importância em todas as indústrias. Além do mais, está sendo reforçado, atualmente, pela política econômica dos estados.

O recente interesse pela pesquisa e pelo desenvolvimento de clusters é apenas um dos aspectos da maior transformação na política econômica. Esta vem revendo a importância do entorno microeconômico como condicionante essencial para a prosperidade e o crescimento. Em décadas passadas, o debate sobre desenvolvimento era dominado pelos fundamentos da macroeconomia; atualmente, percebe-se que essas condições não são suficientes para dinamizar o crescimento, sobretudo nas regiões mais pobres do planeta. Nesse contexto, o desenvolvimento de clusters industriais e clusters turísticos, em particular, surge como uma das mais novas abordagens para entender a política econômica do desenvolvimento turístico.

Alguns teóricos afirmam que o conceito de cluster ainda é muito vago, o que pode trazer problemas no momento de formular políticas econômicas. Neste capítulo, o intuito foi definir e apresentar as características mais marcantes de um cluster de desenvolvimento turístico, isto é, um cluster turístico, como o denominaremos de agora em diante.

As experiências mostram que há clusters automotivos, no setor financeiro, em turismo, cerâmicas, moda, couros, tecnologia, mídia e muitos mais. Existe uma tendência real para as indústrias desenvolverem-se com base nessa nova orientação estratégica e organizacional. Após inúmeras análises e reflexões, concordemos que, no turismo, essa tendência parece inevitável.

Para finalizar, vejamos algumas das principais características de um cluster turístico e algumas reflexões que ilustram por que devemos organizá-los.

Principais características:

> Atraem serviços e capital humano especializado para a região.

> São abertos a novos membros.

> Desenvolvem-se com base em valores compartilhados e encorajam confiança e reciprocidade entre seus membros.

> São compostos por empresas que competem e cooperam entre si. É preciso realizar um balanço contínuo que revise o equilíbrio dessa prática.

> Permitem que as pequenas e as médias empresas ganhem força de negociação e economias de escala.

> Intensificam a inovação e contribuem com a redução de custos operacionais.

Por que devemos organizar clusters turísticos:

> O governo federal não tem condições de criar uma estratégia única para todos os destinos turísticos brasileiros, considerando a diversidade sociocultural e ambiental do país.

> As empresas e a sociedade civil devem superar a imagem de um Estado paternalista. Precisam organizar-se, se planejar e ser agentes ativos na construção do futuro da comunidade. Essa é a única forma de atingir níveis de desenvolvimento sustentável.

> As vantagens competitivas e a competitividade do destino turístico dificilmente serão sustentadas pela presença de recursos naturais ou apenas de valores socioculturais diferenciados. A cooperação e as estratégias integradas das empresas que atuam num mesmo cluster turístico dão a ele maiores possibilidades de manter uma posição competitiva no mercado.

Exercícios

1. Na sua opinião, quais as principais vantagens da organização de clusters turísticos?
2. Qual é o papel do Estado na formação dos clusters turísticos?
3. Qual é o papel da sociedade civil no desenvolvimento de clusters turísticos?
4. Por que os clusters estão vinculados a espaços territoriais delimitados?

5. Localize e descreva a oferta de um cluster turístico no Rio de Janeiro e de outro na Bahia.

6. Os clusters turísticos precisam ser formados em regiões com vínculos socioculturais que levem as pessoas locais a participarem dos processos de planejamento, gestão e da própria oferta de serviços turísticos. Você concorda ou discorda dessa afirmação? Por quê? Responda em no mínimo sete linhas.

7. Explique como os clusters turísticos podem:

> melhorar a negociação com fornecedores;

> promover inovações; e

> fortalecer a imagem.

Leituras recomendadas

BERNIER, Enrique Torres. "Actualización de las megatendencias del mercado turístico". Apuntes del Programa de Doctorado en Gestión y Desarrollo Turístico Sostenible. Málaga: UMA, 2005.

ESTEVE, Rafael. "El turismo como inductor de procesos de desarrollo socioeconómico." Apuntes del Programa de Doctorado en Gestión y Desarrollo Turístico Sostenible. Málaga: UMA, 2005.

GOLLUB, James *et alii. Using cluster-based economic strategy to minimize tourism leakages.* São Francisco: GEDP, 2005.

HALL, Stuart. *Da diáspora: identidades e mediações culturais.* Belo Horizonte: UFMG, 2003.

INSKEEP, Edward. *Tourism Planning: an integrated and sustainable approach.* Nova York: John Wiley & Sons, 1991.

JARAMILLO, Raúl. *El concepto de cluster turístico como "entorno productivo" y el caso de la definición de los clusters turísticos en Colombia.* Sevilha: UNIA, 1998.

KETEL, Christian. *The development of the cluster concept: present experiences and further developments.* NWR Conference on clusters, Duisburg, 2003.

PORTER, Michael. "Cluster and the new economics of competition". *Harvard Business Review.* Nov-dez de 1998.

RIES, Al; TROUT, Jack. *Positioning: the battle for your mind.* Nova York: Warner Books, 1982.

ROSENFIELD, S. *Creating smart systems: a guide to cluster strategies in less favored regions.* Bruxelas: Comissão Europeia, 2002.

_____. *Overachievers: business clusters that work, regional technology strategies.* Nova York: Inc, 1995.

RUSSO, A. P. "Organizing sustainable tourism development in heritage cities". In: Technical Report nº 28. Proceedings of the international seminar: tourism management in heritage cities. Verona: Cierre Gráfica, 1998.

UNESCO. Technical Report nº 28. Proceedings of the international seminar: tourism management in heritage cities. Verona: Cierre Gráfica, 1998.

ESTUDO DE CASO 1
MUNICÍPIO DE BONITO

O turismo começou a se desenvolver no município de Bonito em meados da década de 1980, pela iniciativa individual de alguns proprietários de fazendas que possuíam atrativos naturais e passaram a cobrar uma taxa de ingresso por visitante, depois de construir trilhas e escadas de acesso aos rios, disciplinando a visitação. Nessa mesma época, a prefeitura municipal desapropriou o balneário municipal e realizou obras de infraestrutura para propiciar lazer, sobretudo para a população local. Em ação conjunta, empresários e prefeitura abriram vias cercadas – corredores – de acesso aos atrativos, com o intuito de afastar os animais do tráfego gerado pela visitação.

Outras ações, como a realização de cursos para formação de guias, em 1993; a lei municipal que tornou obrigatório o acompanhamento de guias nos passeios turísticos locais; a criação do Conselho Municipal de Turismo (Contur) e do Fundo Municipal de Turismo, em 1995, também contribuíram para o ordenamento local do turismo. Entretanto, o passo considerado mais importante para a formação de estrutura integrada para a gestão do turismo de Bonito foi a criação do "voucher único", nesse mesmo ano, por instrução normativa do Contur.

O "voucher único" é emitido e controlado pela Secretaria de Turismo e Meio Ambiente de Bonito e comercializado, com exclusividade, pelas agências de turismo, que, semanalmente, repassam as parcelas de arrecadação dos ingressos aos proprietários dos atrativos, aos guias e à prefeitura, utilizando-se também desse controle para calcular o recolhimento do Imposto sobre Serviços (ISS). O controle da capacidade de suporte, que determina a quantidade máxima de ingressos a serem vendidos, é realizado pela prefeitura municipal, por meio de uma central informatizada, na qual as agências de turismo efetuam as consultas de disponibilidade antes da venda.

A instituição do "voucher único" tem sido uma das medidas essenciais à eficiência coletiva do *trade* de Bonito, porque produz efeitos positivos diretos ao desenvolvimento sustentável do ecoturismo a seguir:

> viabiliza o controle da capacidade de suporte dos atrativos;

> sistematiza o acompanhamento dos guias como forma de reduzir os impactos ambientais da visitação;

> assegura reserva de mercado para as agências de turismo na venda de ingressos; e

> estabelece parâmetros para repartição do resultado da venda dos ingressos.

FONTE: CLUSTER DE ENTRETENIMENTO, CULTURA E TURISMO DA BAHIA.

ESTUDO DE CASO 2
BARCELONA: UM MODELO DE SUCESSO

A cidade de Barcelona vivencia um modelo de gestão turística baseado em potencializar o turismo cultural, com a marca Gaudí como um dos principais elementos de diferenciação, mas com uma oferta turística diversificada e especializada. Segundo as cifras oficiais, em 2004, a cidade alcançou 4,5 milhões de turistas e dez milhões de pernoites, com uma contribuição de 15% ao produto interno bruto (PIB) da cidade.

Barcelona é a cidade europeia com maior crescimento turístico do continente. Converteu-se, nos últimos anos, no principal porto de cruzeiros da Europa e do Mediterrâneo, com mais de um milhão de passageiros, e ocupa o sétimo lugar entre os destinos urbanos europeus. E é a segunda cidade do mundo com maior quantidade de congressos internacionais e a sétima urbe mundial de reuniões.

Ela conseguiu outro dos objetivos a que aspiram os destinos turísticos: a "dessazonalização". A cidade não só conseguiu a distribuição dos visitantes ao longo do ano, como também registra ocupações durante toda a semana, em virtude da combinação do turismo de férias com o turismo de negócios.

Sem dúvida, a organização dos Jogos Olímpicos de 1992 foi um elemento central que projetou a cidade internacionalmente. Até aquele momento, o turismo na cidade estava associado a suas atividades econômicas, ao centro de convenções e à organização de congressos. Sua posição territorial entre a Costa Brava e a Costa Dourada, dois dos principais destinos de sol e praia do litoral da Catalunha, permitia contar, no verão, com a presença de excursionistas que visitavam a cidade durante o dia.

A chave do sucesso dessa mudança foi a criação do Turismo de Barcelona, um consórcio público-privado de caráter mercantil que nasceu sob a iniciativa conjunta do Ayuntamiento de Barcelona (prefeitura), a Câmara Oficial de Comércio, Indústria e Navegação de Barcelona e a Fundação Barcelona Promoción. Essa nova instituição herdou o trabalho realizado pelo anterior Patronato Municipal de Turismo, assim como boa parte de seu pessoal e de sua experiência. Com base em diferentes linhas de atuação e programas, o Turismo de Barcelona oferece produtos e serviços específicos dirigidos ao setor turístico profissional e ao turista individual da cidade, adaptados aos diferentes segmentos do mercado. Sua finalidade é consolidar o turismo atual, atrair novos mercados turísticos e promover e dar rentabilidade à oferta turística da cidade.

A direção dessa organização é formada pelo Conselho Geral, presidido pelo prefeito Joan Clos, e conta com três vice-presidências executivas para cada uma das instituições fundadoras e um Comitê Executivo, dirigido por Joan Gaspar, presidente de um dos grandes grupos hoteleiros da cidade.

A finalidade do consórcio é dupla: atender aos profissionais do turismo e oferecer informação aos turistas que visitam a cidade. Para levar adiante esse plano de atuação profissional, o consórcio organiza-se por departamentos:

> marketing, encarregado da difusão da imagem de Barcelona como destino turístico e da promoção da oferta de produtos;

> administração e organização, responsável pela gestão econômica e de recursos humanos;

> comercial e novos projetos, incumbido de definir as estratégias comerciais e sua implementação;

> informática e novas tecnologias, encarregado das necessidades de informática da organização e da aplicação de novas tecnologias; e

> imprensa e comunicação, responsável pelas atividades dos meios de comunicação nacionais e estrangeiros.

Turismo de Barcelona realiza uma série de programas destinados a promover a cidade em diversos âmbitos turísticos:

> Barcelona Cidade de Compras visa posicionar a cidade como destino de compras em âmbito nacional e internacional. Promove especialmente o Barcelona Shopping Line, um eixo comercial de cinco quilômetros perfeitamente integrado à cidade.

> Barcelona Convention Bureau promove a cidade como sede de congressos e atividades profissionais.

> Barcelona Centro de Saúde oferece assessoramento e serviços diversos como destino de turismo de saúde, pela combinação da prestigiosa oferta médica e os atrativos da cidade.

> Operadores turísticos se encarregam de potencializar a presença de Barcelona nos catálogos dos operadores de turismo com o objetivo de aumentar o número de visitantes. O programa promove a cidade como destino de cruzeiros.

> Barcelona Sports, desde a celebração dos Jogos Olímpicos de 1992, Barcelona tem se posicionado como cidade especializada na celebração de eventos esportivos. A experiência de seus profissionais e as boas instalações garantem o sucesso. Esse programa promove a imagem de uma Barcelona esportiva.

> Serviços de atenção ao turista difundem os serviços turísticos da cidade e acolhem os visitantes. Barcelona dispõe de uma rede de escritórios de informação. Com esse programa, oferece aos turistas uma série de produtos que lhes ajuda a desfrutar sua estada.

> Produtos turísticos facilitam a visita e a estada na cidade: Barcelona Bus Turistic, Barcelona Card, Barcelona Congress Card, Barcelona Pass, Barcelona Walking Tours, Ciclobus Barcelona e Catalunha Bus Turistic.

> Publicações informativas e de promoção, em diversos idiomas, são dirigidas tanto a profissionais do turismo quanto aos turistas. Podem-se adquirir cartazes, cartografia, folhetos, guias de hospedagem e imagens da cidade. Esse material pode ser solicitado on-line ao departamento de marketing.

Uma das principais características do Turismo de Barcelona é seu autofinanciamento. No ano de 2003, os ingressos por autofinanciamento corresponderam a € 9,12 milhões em face de € 2,28 milhões que correspondiam a contribuições institucionais. Como exemplo, no caso do Bus Turistic em Barcelona, a celebração do Ano Internacional de Gaudí, em 2002, trouxe benefícios para sua consolidação como produto com mais de um milhão de passageiros e com quase € 13 milhões de ingressos, que permitiram obter benefícios de quase € 6 milhões. Perto de 20% dos benefícios desse produto foram canalizados para Turismo de Barcelona, que é responsável pela comercialização e a promoção do produto. O restante foi empregado pela empresa Transporte Metropolitano de Barcelona para saldar o déficit de outras linhas.

"Barcelona é Cultura 2000–2004" foi o slogan do consórcio durante quatro anos que culminou, em 2004, com o Fórum Universal das Culturas 2004. O ano 2000 celebrou a música. Em 2001, consagrou-se a arte com a celebração da trienal Experiências Barcelona Art Report 2001 e o Congresso Internacional de Museus. Em 2002, a capital consolidou seu posicionamento internacional com a celebração do Ano Internacional de Gaudí, que situou a cidade no primeiro plano da cultura mundial. Em 2003, o esporte e o desenho foram as apostas temáticas da cidade.

O modernismo e a figura de Gaudí constituem o principal diferencial da cidade, que tem o selo de qualidade outorgado pela Unesco com a declaração de Patrimônio da Humanidade em vários monumentos da cidade, como o Parc Güell, o Palácio Güell, o Palau de la Música e o Hospital de Sant Pau. De qualquer maneira, Barcelona é uma cidade com mais de dois mil anos de História, que conserva em suas entranhas os restos da cidade romana, com edifícios e conjuntos patrimoniais acessíveis ao público, como a Praça do Rei e o bairro de Ribera, ambos patrimônios que revelam a importância da cidade quando foi capital do Reinado da Coroa de Aragão.

Desde fins dos anos 1980 tem-se investido na remodelação dos museus. Entre eles, destacam-se a Pedrera, a Fundação Joan Miró, o Museu Picasso, o Museu Nacional de Arte Catalunha, o Museu de Arte Contemporânea de Barcelona, o Centro de Cultura Contemporânea de Barcelona e a Fundação Antoni Tàpies. Todos são elementos básicos na oferta cultural da cidade integrada à oferta turística. Sem dúvida, a Sagrada Família, em pleno processo de construção, é o melhor exemplo do que se conhece como "aberto para obras", com mais de dois milhões de visitantes em 2004. Outros recursos menos conhecidos, como é o caso do Cemitério de Poble Nou, integram-se a novas propostas, como é o caso da Rota dos Cemitérios. Ao legado cultural agrega-se a riqueza do patrimônio gastronômico, de que se desfruta nos mercados populares, como na Boqueria, ou em sua ampla variedade de bares e restaurantes que oferecem desde pratos da cozinha tradicional espanhola às tendências mais inovadoras; não é por acaso que 2005 foi declarado o Ano da Gastronomia. Para compreender a capacidade de inovação de Barcelona, é preciso ainda agregar sua importante oferta de artes cênicas e música que vem complementar a oferta de lazer, tanto diurna como noturna, que caracteriza a cidade.

O turismo de estudos é um fenômeno crescente, com um peso cada vez mais importante para o turismo idiomático.

As obras de ampliação do aeroporto do Prat e a atuação nos aeroportos de Réus e Girona-Costa Brava, como resultado da expansão das companhias aéreas de baixo custo, são um fator a considerar. O fortalecimento dessas empresas tem contribuído para o aumento dos fluxos turísticos a Barcelona e facilitado a fidelização.

Após anos de crescimento e certo estado de euforia pelo sucesso de Barcelona, estão sendo realizados uma revisão e um debate profundo, que terá a participação social, com o objetivo de evitar a banalização da oferta e a perda de competitividade do destino Barcelona. Deve-se dar maior valor à qualidade da experiência dos visitantes e do cidadão, e não apenas com as populações das zonas diretamente vinculadas ao turismo, mas a cidade como um todo, para evitar que o desenvolvimento turístico não signifique o fim dos espaços públicos, nem a conversão dos cidadãos em consumidores turísticos. O sucesso do modelo proposto por Turismo de Barcelona necessita de propostas para assegurar sua sustentabilidade.

Para mais informações, consulte www.barcelonaturisme.com.

FONTE: DR. JORDI JUAN TRESSERRAS, COORDENADOR DO PROGRAMA DE TURISMO CULTURAL, UNIVERSIDADE DE BARCELONA.

Há mais coisas que entendo do que coisas que sei, mas viver é só o doce trabalho de reconhecê-las.
Elisa Lucinda, poeta brasileira

10

OBJETIVOS DO CAPÍTULO

Apresentar e descrever o modelo Mercotur.

Verificar como sustentabilidade, mercado, concorrência e conjuntura influenciam o desenvolvimento de clusters de turismo.

Identificar e classificar as infraestruturas que apoiam o processo de desenvolvimento de clusters de turismo.

Análise de clusters turísticos

Neste capítulo, apresento um instrumento para a análise de um cluster turístico. Existem cinco condicionantes fundamentais para o desenvolvimento de um cluster turístico:
> mercado;
> território;
> estrutura social;
> estrutura privada; e
> estrutura pública.

Quando todos os condicionantes estão presentes em quantidade e qualidade necessárias, o cluster torna-se mais dinâmico. Esse modelo retrata e ilustra visualmente a relação entre os condicionantes e com o cluster turístico.

O modelo Mercotur leva o mesmo nome da empresa que o desenvolveu, em 2002. A Mercotur é uma empresa especializada em marketing de destinos turísticos que trabalha na área de consultoria e capacitação de gestores (www.mercotur.org). No fim deste livro, existe um cadastro para quem deseja receber informações sobre esses temas (ver Anexo 3).

I. Como realizar a análise de clusters turísticos

O cluster desenvolve-se com base em cinco condicionantes determinantes: mercado, território, estrutura pública, privada e social. Além disso, cada um desses fatores está relacionado entre si, com base em interesses bilaterais. De um lado, temos a necessidade de apoiar a estrutura do cluster que irá atrair e comercializar serviços para o mercado; de outro, os benefícios socioeconômicos que o mercado pode trazer para todos os indivíduos e as empresas que integram o cluster.

Figura 10.1 – Modelo Mercotur para análise competitiva de clusters turísticos

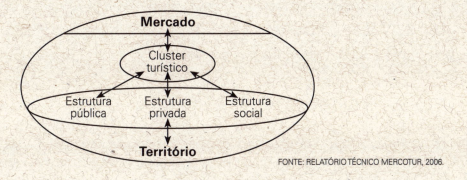

FONTE: RELATÓRIO TÉCNICO MERCOTUR, 2006.

Nesse sentido, como aponta a Mercotur, a principal vantagem na utilização do modelo é facilitar a análise da estrutura competitiva de um cluster turístico. O modelo Mercotur ordena as estruturas de desenvolvimento que constituem um cluster e as classifica com base em dois critérios práticos:

> 1º estrutura estratégica; e
> 2º estrutura funcional.

1. Estrutura estratégica do cluster

Agrupa aspectos vinculados ao mercado e ao território, dois fatores estratégicos para o desenvolvimento turístico. Portanto, estão na base e na ponta do modelo. Este ilustra claramente que a base de desenvolvimento do cluster turístico é uma unidade territorial determinada. Toda a estrutura pública, social e empresarial deve desenvolver-se nesse território de forma integrada, para atender às necessidades e expectativas do mercado.

TERRITÓRIO

O território possui atrativos tangíveis, como as riquezas naturais, minerais, geográficas, paisagísticas, climáticas e biológicas. Possui também atrativos intangíveis ou imateriais, como identidade, cultura e memória social das populações que o habitam. Porém, como qualquer estrutura orgânica, o território tem suas limitações. Portanto, este deve ser organizado de forma que potencialize suas qualidades, evitando seu desgaste estético, ambiental e sociocultural.

O território tem sido utilizado, tradicionalmente, de maneira ecoineficiente e insustentável. Alguns exemplos nacionais e internacionais ilustram sua utilização de forma exaustiva, sobretudo nas regiões que apresentam grande potencial para o desenvolvimento imobiliário. Com base nessas análises, fica evidente que o território requer uma política própria que garanta a racionalidade do uso, sua acessibilidade à população e sua utilização ecoeficiente. Por essa razão, é necessário realizar, no âmbito municipal, o planejamento e o ordenamento do território.

Todas as estruturas – públicas, privadas e sociais – devem ser pensadas com base em sua influência na valorização, qualidade e sustentabilidade do território. A decadência do território e sua exploração predatória e especulativa pressupõem, em última instância, uma perda de competitividade do cluster turístico e das empresas que o integram.

O território, portanto, é a estrutura central de um cluster turístico. Alguns autores até afirmam que ele representa o principal recurso ou a *core competence*[75] do cluster turístico, o que me parece adequado.

Para a gestão turística do território, é necessário realizar estudos de sustentabilidade, como os que analisamos em capítulos anteriores. O desenvolvimento sustentável servirá como filtro para a gestão territorial do cluster turístico. Vale a pena lembrar que, se um projeto de investimentos em estruturas não estiver alinhado aos interesses de curto, médio e longo prazos do território, então, não deve ser levado adiante, porque não é estratégico.

O desafio da sustentabilidade do território turístico pode ser resumido nestas palavras: o desenvolvimento turístico do território deve ser biológica e socialmente aceitável, economicamente possível e institucionalmente viável.

> Aspectos biológicos:
Incluem a fragilidade dos ecossistemas, a gestão ecoeficiente dos resíduos e a recuperação e valorização ambiental do território pelo turismo.

---

75 *Core competence* é um termo utilizado pelas empresas para identificar os valores nucleares, ou mais importantes, de uma corporação, ou seja, os que a empresa não pode perder nunca, sob o risco de falência, caso aconteça.

> Aspectos sociais:

Relacionam-se ao nível de participação das comunidades locais, à valorização da cultura da identidade e da memória local e à gestão dos impactos negativos do turismo sobre essas comunidades.

> Aspectos econômicos:

Avaliam a viabilidade econômica dos empreendimentos e a capacidade de gerar efeitos multiplicadores, tanto para a iniciativa privada como para a população receptora, considerando que os benefícios econômicos devem ser compartilhados direta e indiretamente pelas empresas e a população que integram o cluster.

MERCADO

Uma vez atendidos aspectos da sustentabilidade territorial, todas as estruturas turísticas devem ser pensadas para satisfazer a necessidade de grupos de interesse claramente definidos dentro do mercado, isto é, a demanda.

Não existe o melhor destino turístico do mundo, mas infraestruturas turísticas bem direcionadas para segmentos específicos do mercado.

Lembre-se: as mesmas estruturas que atendem de forma excelente um grupo de turistas adolescentes não necessariamente atenderão as necessidades de turistas da terceira idade. Portanto, antes de pensar sobre as estruturas necessárias, o valor a ser cobrado, como comunicar e por meio de que canais comercializar a oferta do cluster turístico, deve-se, primeiro, realizar um diagnóstico estratégico do mercado para identificar os segmentos mais rentáveis e que se podem atender com excelência.

Gestores e especialistas em marketing turístico devem ser realistas e aceitar que é impossível satisfazer, com a mesma eficácia, a todos os segmentos do mercado. É necessário, por essa razão, concentrar-se nos segmentos prioritários e mais sensíveis aos atrativos do território e na oferta turística que seu destino oferece. Assim, a experiência para o turista será gratificante e o cluster terá cumprido seu objetivo mais importante: satisfazer à demanda.

Chega-se à conclusão de que um cluster turístico orientado para o mercado tem um marketing mix (produto, preço, promoção e praça) ajustado às necessidades e à percepção de qualidade de segmentos específicos do mercado. Esse é o caminho da competitividade.

2. Estrutura funcional do cluster

Neste item, agrupam-se estruturas públicas, privadas e sociais que devem atender direta e indiretamente às necessidades dos turistas. Segundo o modelo Mercotur, essas estruturas devem articular-se entre si, no intuito de agir como um "tripé" que apoia o desenvolvimento do cluster turístico. Sem uma participação qualitativa e integral de cada uma das três estruturas, haverá, necessariamente, deficiência na dinâmica de desenvolvimento turístico.

A seguir, apresento as principais características desse tripé.

ESTRUTURA PÚBLICA

Seu objetivo é estimular o desenvolvimento socioeconômico, a qualidade de vida e a vida em sociedade.

Podemos dividir a estrutura pública em duas subcategorias:

> Estrutura pública *soft*

Não é física, porém age como instrumento de organização social. Ex.: constituição, legislação turística, ambiental, territorial, trabalhista, plano diretor, plano de turismo, plano urbanístico, lei dos solos, plano de turismo, ordenamentos territoriais, licenças e concessões de uso, políticas de incentivo fiscal, tributário e outras políticas públicas.

> Estrutura pública *hard*

Inclui toda a oferta de serviços públicos e suas estruturas de apoio. Ex.: sistemas de transporte, educação, saúde, segurança, saneamento, coleta de lixo, informações, sinalização, entre outros.

Por exemplo, o Programa de Desenvolvimento do Turismo (Prodetur), financiado, em parte, pelo Banco Interamericano de Desenvolvimento (BID) e pelo Banco do Nordeste, concentrou seus investimentos em infraestruturas públicas para criar o cenário adequado aos investimentos privados e à conservação dos valores e recursos socioculturais e ambientais.

A gestão de destinos turísticos está cada vez mais descentralizada para os municípios. Por essa razão, espera-se que os governos locais proponham, implementem e controlem investimentos em estruturas públicas que contribuam direta e indiretamente para o desenvolvimento de clusters turísticos.

ESTRUTURA SOCIAL

É formada pelo nível de qualificação de determinada localidade e ainda pelos valores e conhecimentos, tangíveis e intangíveis, que a população detém.

A estrutura social é um elemento-chave para o desenvolvimento sustentável de qualquer destino turístico. São as pessoas locais que, por seu envolvimento e participação, têm a força necessária para proporcionar ao turista uma experiência única de prazer ou o completamente oposto. A verdadeira inovação e a pulsação de um destino turístico vêm da sua estrutura social.

É um grande equívoco concentrar os esforços do desenvolvimento em políticas e investimentos que não coloquem a estrutura social como um fator crítico para o sucesso.

A estrutura social não precisa ser transformada; esse é outro equívoco. Precisa ser entendida e potencializada, para que as pessoas que de fato são as donas desse espaço possam revelar todas as suas qualidades, competências e até procurem realizar-se pela oportunidade que o turismo ofereça.

Essa é talvez uma das questões centrais deste livro. É o que diferencia abraçar um modelo turístico neoliberal e estritamente capitalista, ou um outro modelo que, na verdade, precisa ser construído, caso a caso, e em âmbito local.

Outro elemento que deve ser contemplado é o capital social, que se constitui pela capacidade organizacional e mobilizadora de determinada população no exercício de seus deveres e direitos. Pode ser medido pela quantidade de organizações da sociedade civil existentes em uma localidade, pela quantidade de pessoas que participam dessas organizações, assim como pela eficácia operacional de suas ações.

Alguns exemplos de organizações da sociedade civil que servem como indicadores de capital social são:

> associações e os mais diversos sindicatos;
> organizações da sociedade civil, sem fins lucrativos; e
> partidos políticos consolidados.

Dessa forma, o gestor de destinos turísticos deve apoiar a organização e a mobilização comunitárias, de modo que a sociedade civil local participe ativamente do desenvolvimento do cluster turístico, seja nos processos de planejamento, seja como empreendedora, ou, ainda, oferecendo recursos humanos para as empresas de turismo.

Estamos ansiosos para ver uma gestão eficaz e profissional. Foi-se o tempo em que a sociedade se conformava com gestões públicas amadoras.

Estudos realizados por Robert Putnam, em seu livro Democracia moderna, *apontam que, nas sociedades mais desenvolvidas, a sociedade civil apresenta níveis avançados de organização cívica. Quanto mais presentes os valores cívicos e maior o número de organizações da sociedade civil, maior a participação social nos problemas públicos, melhor a democracia e maior o desenvolvimento socioeconômico. Quanto maior e mais desenvolvida a estrutura social, melhor a distribuição de renda e mais eficazes as políticas públicas.*

ESTRUTURA PRIVADA

A estrutura privada é formada pelo conjunto de empresas turísticas e de empresas auxiliares que fornecem capital, matérias-primas, recursos humanos e produtos e serviços em geral para operação do cluster turístico. Estudos realizados sobre a indústria turística espanhola, em 2007, indicam que 97% de todas as empresas turísticas são pequenas e médias. A estrutura privada brasileira ainda não foi analisada com esse rigor, mas tudo indica que o turismo é um setor com baixas barreiras tecnológicas e capital reduzido. Trata-se, portanto, de um campo atrativo para as pequenas e médias empresas.

De maneira geral, as empresas que formam a estrutura privada ainda são classificadas segundo sua relação com o turista. Nesse sentido temos empresas que atendem diretamente ao turista e outras que indiretamente ampliam seus lucros. Um estudo realizado pela World Travel & Tourism Council (WTTC) revela que o setor turístico vincula-se a aproximadamente 15 setores industriais diferentes. Se de um lado isso ilustra a importância econômica dessa atividade, de outro revela a importância que a estrutura privada tem, direta e indiretamente, no desenvolvimento de um cluster turístico.

A estrutura privada é a grande empregadora do cluster. Muitas vezes é percebida como a estrutura mais importante. Porém, no caso do turismo, não é bem assim: a competitividade vincula-se a questões que escapam do poder de micro e pequenas empresas. É o caso dos condicionantes macroeconômicos.

É importante reconhecer as limitações do setor privado. Um hotel numa área sem legislação apropriada e sem pessoas qualificadas para trabalhar na prestação de serviços certamente corre risco de falir. Esse exemplo confirma que a estrutura privada é dependente das outras estruturas. Portanto, a articulação do "tripé" constituído pelo setor público, o privado e a sociedade civil é essencial.

Vale ainda lembrar que a estrutura privada deve ter oferta variada e preços justos, com qualidade necessária para propiciar ao turista uma experiência satisfatória.

II. Metodologia para o desenvolvimento de clusters de turismo

1. Identificação e seleção dos clusters turísticos

Essa atividade busca identificar a formação espontânea de clusters turísticos em um território determinado, com o objetivo de subsidiar ações estratégicas de incentivo a sua organização e seu desenvolvimento formal.

A identificação dos potenciais clusters turísticos será realizada com base nas seguintes orientações:

> mapeamento de projetos, locais de desenvolvimento e investimentos em implementação;
> análise da concentração geográfica e setorial de empresas e atrativos turísticos (hotéis, agências, restaurantes etc.);
> levantamento e análise de trabalhos, pesquisas e projetos setoriais no território;
> número de parceiros e qualidade da organização local; e
> importância relativa do turismo na economia local.

Ao fim do processo de identificação, o gestor terá informações necessárias para realizar uma primeira análise do cluster.

2. Mobilização dos agentes locais e análise dos clusters

Essa atividade visa criar o senso de oportunidade para que os atores locais dos clusters se engajem no desenvolvimento local. Pela participação dos atores locais, é possível realizar análises realistas e consistentes. A capacidade de organização local, o interesse, o engajamento e as possíveis contrapartidas oferecidas também são fatores críticos para o sucesso na avaliação global do cluster.

AÇÕES VINCULADAS AO PROCESSO DE MOBILIZAÇÃO

Essas ações compõem o conjunto das ações de mobilização, que visa desencadear o processo de envolvimento entre os atores locais, construir relacionamentos e nivelar conceitos relacionados ao desenvolvimento de clusters de turismo.

As ações de mobilização permitem, além do engajamento dos atores locais, a análise de três importantes dimensões do cluster: capacidade de governança local, força da identidade territorial, capacidade de interação e cooperação.

> Governança local

Pretende levantar informações sobre o ambiente institucional do cluster, sobre a capacidade de os atores locais influírem de forma política e organizada na gestão do território.

> Identidade territorial

Busca identificar elementos tangíveis e intangíveis do território. Tem duplo objetivo: mobilizar os atores em torno de uma visão compartilhada e oferecer subsídios para definir estratégias de marketing, como a elaboração de marca e slogan do cluster.

> Interação e cooperação

Nesse item serão avaliados aspectos qualitativos referentes à capacidade de interação e cooperação horizontal entre os agentes locais, o engajamento, a capacidade de assumir compromisso e o interesse pelo compartilhamento de atribuições, responsabilidades e recursos.

A estratégia de mobilização poderá ser executada mediante duas ações complementares: visitas técnicas aos clusters e distribuição de material informativo.

O processo de mobilização deve ser concluído com uma proposta para criar um conselho gestor ou estância de governança local. Esse conselho deve ser formado por representantes locais de diversos setores. Essa instituição cumprirá um papel central na gestão desse destino turístico, influindo na política municipal, com o intuito de criar condições para o benefício de toda a comunidade que integra o cluster.

AÇÕES VINCULADAS À ANÁLISE DOS CLUSTERS TURÍSTICOS

Para desenvolver clusters sustentáveis, os atores locais devem perceber o crescimento do cluster como um projeto próprio, e não apenas como iniciativa que vem de fora. Com base nessa experiência, Mercotur desenvolveu uma metodologia de análise participativa que permite a coleta e a análise dos dados, seguindo a lógica da democracia, do consenso e do comprometimento.

Para cada cluster, planeja-se a realização de duas reuniões de análise participativa:

> Primeira reunião

Tem como objetivo coletar informações e realizar análises coletivas.

> Segunda reunião

Visa apresentar os resultados da análise anterior para eventuais ajustes e para dar legitimidade política ao trabalho.

A metodologia participativa tem sofrido críticas, sobretudo em virtude do excessivo "tempo" que se gastaria utilizando essa abordagem. Pode ser verdade, se comparada aos processos tradicionais de análise, realizados sem maior interação com os atores locais. No caso da análise dos clusters de turismo, a participação é um fator crítico para o sucesso. Portanto, quando possível, deve-se optar por trabalhar com a metodologia participativa.

Considerando que os clusters de turismo são estruturas organizacionais complexas, as informações levantadas serão classificadas, de acordo com o modelo Mercotur, em cinco categorias:

> informações sobre o mercado;
> informações sobre o território;
> informações sobre a estrutura privada;
> informações sobre a estrutura social; e
> informações sobre a estrutura pública.

De posse dessas informações, é possível realizar o diagnóstico e identificar vantagens competitivas e comparativas de cada cluster, para, então, submetê-los a uma classificação prévia num ranking de oportunidades para investimento.

3. Plano de ações estratégicas

O plano de ações estratégicas apresenta informações necessárias para dinamizar o desenvolvimento do cluster ou do grupo de clusters identificados em determinado território.

O plano deve ter, como prioridade, criar instrumentos que incentivem a comunidade e as empresas locais a trabalhar em cooperação, em prol do desenvolvimento do turismo. Deve apresentar projetos que estimulem o desenvolvimento local, com base numa visão compartilhada do futuro.

A experiência mostra que o plano deve contemplar ações de curto, médio e longo prazos. Os estudos demonstram que é fundamental a existência de projetos de curto prazo para permitir o crescimento dos conselhos de gestão, das redes associativas e das centrais de compras. As ações de curto prazo têm ainda a capacidade de oxigenar e dar sustentabilidade a outros projetos de desenvolvimento local.

As ações estratégicas propostas para cada cluster serão formuladas tendo em vista as seguintes orientações técnicas:

> o plano será resultado do consenso entre os atores locais de cada cluster;
> o plano utilizará como base as informações levantadas na fase de análise e diagnóstico; e
> o plano deverá conter ações de curto, médio e longo prazos, com dotações orçamentárias próprias e projetos direcionados ao fortalecimento das estruturas públicas, sociais e privadas.

Na medida em que a estrutura dos clusters de turismo corresponde a um sistema organizacional complexo, no plano de ações devem ser apresentadas propostas para fortalecer as cinco dimensões competitivas do cluster, como ilustra o modelo Mercotur.

III. Conclusões

Neste capítulo, fiz uma breve descrição do modelo Mercotur, um instrumento útil para analisar e diagnosticar os clusters turísticos. Com base em sua utilização, é possível identificar as deficiências estruturais de um cluster, para, num segundo passo, serem melhoradas e monitoradas por um plano de turismo.

O modelo é, ainda, um instrumento de importância didática para explicar o complexo sistema de um cluster turístico. Por meio dele, são percebidas e explicadas, visualmente, as relações entre território, mercado, estruturas públicas, sociais e privadas. Recomendo que professores de planejamento e marketing turístico utilizem esse modelo em sala de aula.

O modelo Mercotur apresenta-se ainda como instrumento capaz de orientar esforços analíticos e apoiar decisões estratégicas de investimentos e formulação de políticas públicas. Temos utilizado esse modelo, com resultados satisfatórios, em projetos de planejamento participativo e programas de capacitação de gestores públicos. Porém, não esqueça que, como qualquer modelo, ele é limitado e representa apenas um esforço para explicar uma realidade complexa e, sobretudo, dinâmica.

Exercícios

1. Identifique os componentes estratégicos do modelo Mercotur e descreva, com suas palavras, cada um deles.

2. Explique a importância do mercado no modelo Mercotur.

3. Explique por que o território encontra-se na base do modelo Mercotur.

4. Explique:

> Por que é importante analisar a concorrência?

> Quais as características que diferenciam a concorrência direta da concorrência indireta?

5. Identifique três exemplos para cada caso (pesquise exemplos em sua própria comunidade):

> Estrutura pública *soft* e *hard*;

> Estrutura privada; e

> Estrutura social.

6. Com a orientação de seu professor, forme grupos de três a cinco pessoas para realizar as seguintes atividades:

> Identificar um bairro de seu município que esteja em processo de desenvolvimento turístico.

> Aplicando o modelo Mercotur, realize um breve inventário das estruturas de desenvolvimento que existem no bairro (públicas, sociais e empresariais).

> Realize um diagnóstico e apresente propostas de novas estruturas que fortaleçam a formação de um cluster turístico.

> Apresente esse trabalho no próximo encontro, em forma de relatório.

Leituras recomendadas

ALCANIZ, Enrique *et alii*. *Marketing de destinos turísticos*. Barcelona: Esic, 1999.

COLLINS, David J.; MONTGOMERY, Cynthia A. "Creating corporate advantage". *Harvard Business Review*, pp. 71-83, maio-junho de 1998.

MARCHENA, Manuel. "El desarrollo sostenible del turismo: papel del municipio". Seminario sobre desarrollo sostenible del turismo. Havana: OMT, 1996.

POON, A. *Tourism technologies and competitive strategies*. Reino Unido: Oxford University Press, 1991.

PORTER, Michael. *Estratégia competitiva: técnicas para análise de indústrias e da concorrência*. 7.ed. Rio de Janeiro: Campus, 1991.

PUTNAM, Robert. *Comunidade e democracia: a experiência da Itália moderna*. Rio de Janeiro: FGV, 1996.

ESTUDO DE CASO 1

COSTA DO SOL – ESPANHA: RUMO À DIVERSIFICAÇÃO DA OFERTA COM CENÁRIOS DE FUTURO INCERTO

A Costa do Sol é uma região do litoral da província de Málaga, com área de 1.714 quilômetros quadrados, uma população residente aproximada de 973 mil habitantes, mais de

8 milhões de visitantes ao ano e um volume de leitos turísticos estimados em 787 mil, dos quais 85% em residências turísticas.

O desenvolvimento turístico desse destino começou nos anos 1970, seguindo o modelo clássico de "sol e praia". Mesmo que grande parte das particularidades desse modelo ainda se conserve, atualmente podemos destacar duas novas características impulsionadas pelos gestores públicos: a aposta nas residências como forma de hospedagem turística e a diversificação do produto com o incremento da oferta complementar (golfe, turismo náutico, turismo de saúde, congressos e eventos). Essas duas estratégias da gestão do destino turístico, iniciadas nos anos 1980, contribuíram para a revitalização desse destino maduro.

Não obstante, essa revitalização vem criando outros problemas para a gestão do destino turístico, particularmente em razão do crescimento exponencial da construção civil, que começa a ser percebido como possível ameaça ao futuro turístico da região.

A escolha mais decidida e de maior êxito nos últimos vinte anos foi a implantação do golfe. Em 2005, existiam 48 campos, a maior concentração da Espanha (17% da oferta) e a segunda da Europa. Há vários elementos para entender como o golfe tem contribuído para o desenvolvimento do turismo: o turista da Costa do Sol tem alta capacidade de gasto. Se a isso agregamos o excelente clima durante todo o ano e a redução dos custos das viagens aéreas, começamos a entender como o golfe contribuiu para a dessazonalização do turismo. Por exemplo, é cada vez mais frequente a visita de turistas alemães e britânicos em fins de semana e até mesmo em excursões de um único dia. Por essa razão, os efeitos econômicos do turismo de golfe não são colocados em dúvida, porém o modelo de implementação (campos de golfe e urbanização) começa a se mostrar problemático, em virtude de três razões principais: escassez de água; privatização dos campos de golfe, o que faz com que a oferta sempre seja menor do que a demanda turística crescente; e implantação dos campos em áreas distantes da costa, tornando mais complexa a ordenação e a gestão do território, o que influi nos custos dos serviços públicos (água, transporte, coleta de lixo, segurança).

Sobre o futuro do modelo turístico, um recente estudo apontou que os gestores podem optar por três cenários diferentes; as possibilidades de consolidar um ou outro cenário dependerão das estratégias de desenvolvimento que venham a ser implementadas.

> Primeiro cenário

É de crescimento contínuo, até que os investidores substituam a Costa do Sol por outro destino ou que se esgote o solo urbanizável da costa, o que deslocaria o modelo para espaços do interior, à procura de território para a construção. Os efeitos em médio prazo desse cenário são: a perda progressiva da rentabilidade, a redução da qualidade do destino pela massificação da oferta, a dificuldade em desenvolver estruturas essenciais (estradas, abastecimento de água, saneamento etc.) e necessariamente a diminuição da qualidade de vida da população local.

> Segundo cenário

É apresentado com base na execução e no cumprimento dos planos de ordenação territorial realizados pelo governo autônomo andaluz. O objetivo dessas iniciativas é ordenar o crescimento do litoral com base em infraestruturas que limitem o desenvolvimento a uma capacidade máxima de cinco milhões de pessoas (residentes e turistas). Trata-se de uma alternativa razoável, mas a dúvida é se seria possível manter a qualidade de vida da população e a qualidade do espaço turístico com um crescimento populacional da ordem de 175% a 250% em apenas 15 anos. Além disso, há outras questões críticas, como o forte aumento do consumo de recursos naturais em um meio frágil, o problema do abastecimento de água e a perda de qualidade estética da paisagem.

> Terceiro cenário

Nesse caso, aceita-se uma mudança de paradigma para uma gestão sustentável do destino. Aqui se propõem o equilíbrio e o limite ao crescimento em algumas zonas, racionalizam-se a utilização e o consumo dos recursos naturais e procuram-se estratégias para a diferenciação do produto turístico. Nesse cenário, o espaço turístico de Málaga seria gerido como rede territorial articulada com base em tipologias urbanísticas diferenciadas em três zonas: área metropolitana sendo o centro cultural, residencial e institucional; os eixos litorais como espaços turísticos e residenciais, com maior qualidade do entorno; e a região do interior, mais bem conectada e compatibilizada com desenvolvimento e preservação, complementando a oferta turística da costa.

Como conclusão, as variadas estratégias de gestão para a diversificação do produto Costa do Sol têm transformado o modelo turístico, incrementando as possibilidades de crescimento, ampliando e exportando o modelo para outros espaços do interior, tornando-o menos dependente de seu principal atrativo "sol e praia". Mas se essa tendência de crescimento continuar, pode colocar em risco o próprio modelo turístico. Agora, são os gestores públicos que têm a palavra.

FONTE: DR. ENRIQUE NAVARRO JURADO, PROFESSOR DE ANÁLISE GEOGRÁFICA REGIONAL. UNIVERSIDADE DE MÁLAGA.

ESTUDO DE CASO 2
APRECIAÇÃO DAS TRADIÇÕES

Há sessenta anos, a cidade de Bali distinguia-se por sua estabilidade econômica, qualidade de vida, solidariedade, independência, comportamento tradicional codificado, interesse pelo comunitário, trabalho agrícola, beleza da paisagem e limpeza do meio ambiente. À medida que o turismo se desenvolveu em Bali, novos valores e formas de produção e comercialização ocidental se introduziram, modificando profundamente o *status quo* anterior.

A partir desse impacto, os objetivos do planejamento do turismo se estenderam, superando a perspectiva ambiental para integrar também, às suas dimensões funcionais, a valorização e a conservação das tradições e da cultura em geral. O resultado foi uma melhor compreensão do espaço turístico, do meio ambiente e dos valores socioculturais, como estruturas de apoio ao desenvolvimento do turismo.

Por exemplo, a inserção das dimensões socioculturais conseguiu, com base no envolvimento das comunidades, que essas fossem as responsáveis por formular propostas de desenvolvimento local. A organização e participação dos dirigentes comunais e líderes religiosos vêm ganhando cada vez mais importância, para desenharem juntos o futuro de sua região.

Um dos técnicos que participou do planejamento do turismo na ilha de Bali, disse: "O melhor enfoque para o planejamento do turismo em Bali é aquele que equilibra todos os aspectos e não se centra exclusivamente nos econômicos."

A cultura balinesa tem demonstrado capacidade de adaptação e de resposta positiva às mudanças sem perder a essência dos seus valores. Assim, o desenvolvimento do turismo deverá estar orientado para a integração e a afirmação desses valores seculares, colaborando com ela e não a contrariando. Se isso for possível, o fenômeno social do turismo e sua capacidade econômica poderão representar, para a cultura da ilha de Bali e para as sociedades dos povos antigos e tradicionais da região, uma verdadeira oportunidade para sua sustentabilidade, como deve e pode ser.

FONTE: OMT, 2001.

ESTUDO DE CASO 3

QUALIFICAÇÃO DE TERRENOS PARA A CONSERVAÇÃO DO PATRIMÔNIO HISTÓRICO PARQUE NACIONAL ARQUEOLÓGICO DE BOROBUDUR, NA ILHA DE JAVA – INDONÉSIA

Borobudur, monumento budista da última parte do século VII, é uma das referências arqueológicas mais expressivas e importantes do Sudeste Asiático. Desde os anos 1970, o governo da Indonésia, com auxílio da Unesco e de outras entidades internacionais, levou adiante obras para reparar os danos causados pela erosão da água – por meio da construção de um sistema de canais, visavam proteger definitivamente o monumento. Traçaram-se planos para Borobudur e Prambanan, outros patrimônios históricos da região, no marco do plano regional de turismo da Ilha de Java. Como referência e orientação estratégica, fundamentaram-se na importância dos monumentos para o turismo e a educação, seu efeito nas comunidades locais e a necessidade de prosseguir a investigação e conservação de outros patrimônios arqueológicos da região. Estabeleceu-se a capacidade máxima de suporte ambiental e das infraestruturas em horas e dias de temporada alta e realizaram-se estudos de mercado para definir o perfil dos visitantes nacionais e estrangeiros. Calcularam-se as necessidades de infraestruturas sociais e comerciais em função da utilização projetada do parque, assim como das infraestruturas de conservação necessárias. Para definir as formas de utilização dos solos em torno dos monumentos, estabeleceram-se diversas zonas classificadas segundo sua possível intensidade de utilização.

Foram cinco as zonas classificadas:

> Zona 1

Proteção do entorno imediato ao monumento; só é permitido o desenvolvimento de áreas verdes.

> Zona 2

Desenvolvimento de instalações para visitantes, administração do parque e atividades de conservação arqueológica.

> Zona 3

Infraestruturas de transporte, monumentos menores; utilização controlada e compatível com as capacidades de suporte do próprio parque.

> Zona 4

Manutenção da paisagem histórica.

> Zona 5

Estudos arqueológicos e proteção do patrimônio.

Um componente importante do programa de execução é o deslocamento de alguns residentes para uma distância maior dos monumentos, garantindo assim o cumprimento das políticas definidas no plano de calcificação de terrenos.

FONTE: ADAPTADO DE INSKEEP.

Prefiro ser positivo e errar a ser negativo e acertar.
Albert Einstein

11

OBJETIVOS DO CAPÍTULO

Explicar a aplicabilidade da pesquisa de mercado.

Detalhar as fases do processo de pesquisa de mercado.

Identificar fontes de informação e métodos de pesquisa.

Identificar grupos de interesse que devem ser pesquisados e os tipos de informação que cada um deles pode oferecer.

A pesquisa de mercado turístico

A pesquisa de mercado utiliza a informação como elemento essencial do processo decisório. Normalmente, realizamos pesquisas de mercado para atender aos seguintes objetivos:

> mensurar a qualidade de um destino turístico;
> conhecer o perfil e o grau de satisfação dos turistas sobre a oferta dos destinos turísticos;
> assegurar que as decisões públicas sejam tomadas com bases técnico-científicas consistentes; e
> lançar um novo produto ou uma nova marca.

A pesquisa de mercado turístico coleta e analisa dados para suprir a falta de informações de gestores, empresários e pesquisadores. Dessa maneira, eles tomam conhecimento das características da população local, do turista, do território e da oferta turística.

Todo gestor toma decisões e, supomos, precisa de informações para fazê-lo. A pesquisa de mercado visa atender a essa demanda de conhecimento.

I. Definição dos grupos de interesse e dos tipos de informação a serem pesquisados

Na maioria dos casos, será necessário pesquisar um ou mais dos seguintes grupos de interesse:

> o mercado;
> a estrutura social;
> a estrutura privada;
> a estrutura pública; e
> a concorrência.

Vejamos, a seguir, algumas características particulares de cada um dos grupos:

1. O mercado

O mercado de turismo é constituído de todos os consumidores efetivos e potenciais da oferta de turismo. O tamanho do mercado de turismo dependerá do número de consumidores que existe para determinada oferta.

O mercado potencial é constituído de consumidores que, além de interesse, possuem renda condizente e acesso à oferta. No caso de alguns destinos turísticos, a oferta turística é, muitas vezes, segmentada por questões estratégicas de sustentabilidade ou de posicionamento, como é o caso de Fernando de Noronha, entre outros. Desse modo, mesmo que Fernando de Noronha seja o destino favorito de 60% do mercado, seu mercado potencial pode estar próximo de apenas 2%.

Segmento do mercado é a fração do mercado potencial em que o destino turístico concentra seus esforços de marketing, procurando comunicar-se e atrair grupos específicos.

O mercado penetrado refere-se ao conjunto de consumidores que utilizam ou já utilizaram os serviços de seu destino turístico. Partindo do princípio de que o marketing mais eficaz é feito boca a boca, esse é seu mercado mais importante, aquele que você deve conhecer profundamente e ao qual deve servir com excelência.

A informação a ser pesquisada no mercado depende de diversos fatores, tais como: as necessidades dos usuários; os recursos disponíveis para gerar, processar e analisar a informação; a confiabilidade das respostas; o meio e as condições em que se realizam as pesquisas e, finalmente, o método utilizado.

Segundo Bernier e Muniz,[76] as informações relacionadas ao mercado podem ser agrupadas em quatro categorias:

> características do turista;
> opiniões e impressões sobre a viagem;
> características da viagem; e
> comportamento do gasto do turista.

Vejamos a seguir os itens mais frequentes em cada uma dessas categorias.

CARACTERÍSTICAS DO TURISTA

A. Informação básica

> país/cidade de residência;
> nacionalidade;
> sexo;
> idade;
> nível de escolaridade;
> profissão; e
> nível salarial.

B. Informação opcional

> estado civil; e
> tamanho da família.

OPINIÕES E IMPRESSÕES SOBRE A VIAGEM

A. Informação básica

> fatores que influíram na decisão de realizar a viagem para o destino turístico;
> fontes consultadas para obter informação;
> satisfação com os serviços e o destino durante a viagem;
> fatores gerais relacionados ao ambiente e aos costumes locais;
> experiência superior ou inferior às expectativas; e
> imagem antes de realizar a viagem e depois.

B. Informação opcional

> fatores de qualidade relacionados a serviços específicos;
> hospedagem;

---

76   Bernier e Muniz, 2004.

> transporte; e
> restaurantes.

CARACTERÍSTICAS DA VIAGEM
A. Informação básica
> data de chegada ao destino turístico;
> tamanho do grupo;
> composição do grupo de viagem (idade/gênero);
> pacote turístico ou não;
> serviços incluídos no pacote turístico;
> motivo principal da viagem;
> meio de transporte utilizado para chegar à região;
> meio de transporte utilizado no destino;
> destino principal ou não;
> destino principal visitado (nome, pernoites e tipo de hospedagem);
> duração da estada no destino turístico; e
> características da hospedagem escolhida (categoria, localização e tamanho).
B. Informação opcional
> outros lugares visitados, incluindo as excursões de um dia;
> duração da estada nos outros destinos;
> tipo de hospedagem utilizado nesses destinos;
> motivo principal da viagem a esses destinos;
> atividades realizadas durante a estada nos destinos visitados;
> tipo de lugar visitado (rural, urbano, praia etc.);
> nacionalidade e tipo de intermediário utilizado para contratar a viagem; e
> primeira vez que visita o destino ou não.

COMPORTAMENTO DO GASTO DO TURISTA
A. Informação básica
> gastos pré-pagos (transportes, hospedagem e alimentação);
> gasto realizado desde que chegou ao destino; e
> gasto esperado até o fim da viagem.
B. Informação opcional
> meios de pagamento utilizados; e
> lugar em que os pagamentos foram realizados.

2. A estrutura social

A estrutura social é formada basicamente por três grupos: a população residente, os líderes comunitários e as organizações da sociedade civil.

A pesquisa da estrutura social dos destinos turísticos foi muitas vezes excluída dos processos de desenvolvimento. Isso resultou de uma visão ultrapassada e que desconsiderava a influência das pessoas da comunidade no sucesso ou no fracasso de um destino turístico. A falta de um termômetro que verifique a situação da estrutura social pode resultar numa péssima gestão, com efeitos negativos na competitividade.

Essa possibilidade levou os especialistas a pesquisar e agregar informações da estrutura social ao processo decisório da gestão. É uma forma de promover a participação da população local na dinâmica de desenvolvimento do destino turístico.

O processo de pesquisa com a população, além de ser essencial como fonte de informações, amplia a conscientização da população local sobre as oportunidades e os impactos do turismo. Isso produz um efeito psicológico positivo na comunidade.

Depois de participar dos processos de pesquisa e perceber a implementação de suas sugestões, a população local tende a tornar-se mais tolerante aos impactos negativos do turismo.

As informações que podem ser obtidas com a pesquisa sobre a estrutura social são:

> impactos percebidos pelo turismo (positivos e negativos);
> necessidades de qualificação técnica e superior; e
> sugestões para o desenvolvimento do destino turístico.

3. A estrutura privada

A estrutura empresarial é composta de empresas de pequeno, médio e grande portes, associações empresariais, empresários, dirigentes e profissionais do setor. O setor privado contribui substancialmente com informações essenciais para o desenvolvimento do turismo. Na maioria dos casos, o empresário também corresponde à categoria população local. Porém, vale a pena destacá-lo, pois facilita a intervenção política e, consequentemente, a satisfação das necessidades desse grupo. Os empresários possuem, em muitos casos, necessidades particulares.

As informações que podem ser obtidas com os empresários da estrutura privada são:

> oportunidades de cooperação público-privada;
> necessidades de qualificação técnica e superior;
> necessidades de infraestrutura pública e social;
> qualidade dos serviços prestados;
> sugestões para o desenvolvimento do destino turístico;
> volume de negócios;
> empregos diretos e indiretos gerados; e
> evolução dos preços.

4. A estrutura pública

A estrutura pública é formada por organizações públicas, direta e indiretamente vinculadas ao setor turístico. Como se sabe, o setor público ocupa uma posição estratégica no desenvolvimento do turismo, que não é uma atividade de interesse apenas da Secretaria de Turismo. O turismo traz benefícios e responsabilidades a outras secretarias de governo, como as de Cultura, Meio Ambiente, Desenvolvimento Econômico, Transportes, Segurança e Assistência Social.

As informações que podem ser obtidas com a pesquisa da estrutura pública são:

> oportunidades de cooperação entre as secretarias;
> oportunidades de cooperação com a sociedade civil e o setor privado;
> necessidades de qualificação técnica;
> qualidade dos serviços prestados;
> necessidades de infraestruturas públicas e sociais; e
> sugestões para o desenvolvimento do destino turístico.

5. A concorrência

Concorrentes são todos os destinos turísticos que comercializam sua oferta nos mesmos segmentos de mercado que o seu. O concorrente direto aponta suas estratégias de marketing para os mesmos segmentos que você, sem necessariamente oferecer um produto similar.

A percepção do concorrente entre destinos turísticos é muito relativa: mesmo que as cidades de Salvador e Rio de Janeiro possam ser concorrentes diante do mercado doméstico, podem e devem trabalhar em cooperação, para atrair o mercado internacional. O mesmo vale para municípios menores, como Cabo Frio, Arraial do Cabo e Búzios, no Rio de Janeiro; Ouro Preto, Mariana e Tiradentes, em Minas Gerais; Caraíva, Trancoso e Arraial D'Ajuda, na Bahia. Essas são algumas das características que justificam a importância das estratégias cooperativas no desenvolvimento do turismo.

As informações que podem ser obtidas com a pesquisa da concorrência são:

> produtos estratégicos, canais de distribuição, parcerias com empresas privadas e imagem;

> melhores práticas de gestão diante da sustentabilidade, do posicionamento e do desenvolvimento de nova oferta; e

> oportunidades de cooperação.

II. Fundamentos conceituais da pesquisa do mercado turístico

Segundo Fuentes,[77] podemos classificar a pesquisa, segundo sua natureza, como básica e aplicada.

A pesquisa básica procura ampliar, com base na construção de teorias, os limites do conhecimento. A investigação aplicada também aumenta o alcance do conhecimento, porém com objetivos funcionalistas mais evidentes: apoiar processos decisórios.

Com base nessa dupla interpretação, conceituaremos e analisaremos a pesquisa de mercado turístico. Podemos definir:

> ### Pesquisa turística básica

Conjunto de processos, organizado e sistemático, que procura o melhor conhecimento do fenômeno turístico, assim como sua relação com outras áreas do conhecimento.

> ### Pesquisa de mercado turístico

Corresponde ao processo organizado e sistemático de coleta e análise de dados, que busca suprir a falta de informações sobre o mercado, visando atender a demandas específicas de informações.

Dessa maneira, a pesquisa turística básica visa à construção de teorias que guiem e expliquem. Por outro lado, a pesquisa de mercado turístico tem como objetivo apoiar processos decisórios complexos que visem ao desenvolvimento sustentável e competitivo da atividade turística. Neste capítulo, concentraremos nossa análise na pesquisa de mercado turístico.

III. Questionamentos prévios ao processo de pesquisa de mercado turístico

> Vale a pena realizar a pesquisa? – A pesquisa será relevante do ponto de vista gerencial e financeiro se os benefícios reduzirem incertezas no processo decisório e se a qualidade das informações justificarem seu custo.

> Que tipo de pesquisa deve ser realizada? – Para ter certeza da pesquisa a ser realizada, é imprescindível identificar, com clareza, o objetivo da investigação.

> O que será feito com os resultados? – Após o desenvolvimento da pesquisa, os dados devem servir de base para processos decisórios futuros. Essa prática inclui garantir maior

---

77   Fuentes, 2005.

sustentabilidade social, desenvolver produtos alinhados às necessidades do turista e investir em estruturas públicas de qualidade, por exemplo.

> É preciso contratar uma empresa especializada em pesquisa de mercado? – Depende da natureza do problema e do dinheiro envolvido no projeto em andamento. Às vezes é conveniente que uma empresa especializada tome conta do processo de pesquisa. Contudo, o problema e o planejamento devem ser desenvolvidos em conjunto, sobretudo se essa empresa não é especializada em marketing turístico.

IV. Aplicações e processo da pesquisa de mercado

Existem inúmeras aplicações da pesquisa de mercado. A seguir, algumas entre as mais marcantes:

> avaliação da oferta e da demanda turística;
> conhecer comportamento do turista;
> definição de segmentos do mercado;
> estudos de sustentabilidade social;
> análise de impactos socioeconômicos positivos e negativos no destino turístico;
> previsões da demanda;
> imagem e posicionamento do destino, produtos e recursos turísticos;
> avaliação da qualidade de produtos e serviços; e
> avaliar tendências e evolução do mercado turístico.

Existem diferentes propostas metodológicas para o processo de pesquisa de mercado. Não obstante, as metodologias têm em comum pelos menos três fases:

> identificação do problema;
> coleta de dados; e
> análise e apresentação de dados.

Figura 11.1 – Fases da pesquisa de mercado

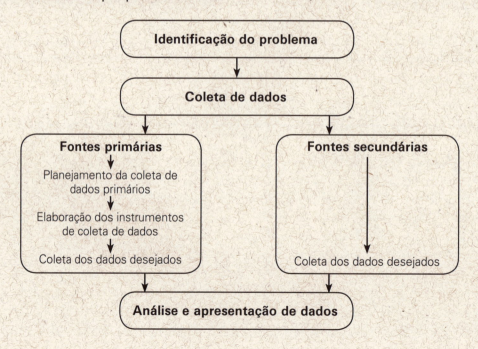

1. Identificação do problema

A pesquisa do mercado geralmente é motivada por um problema. O aumento do tempo de permanência dos turistas portugueses em Fortaleza ou a diminuição da quantidade de turistas americanos no Ceará podem ser percebidos como problemas de pesquisa de mercado. Em todos os casos, o projeto de pesquisa deve identificar um problema e especificar a necessidade de dados para sua solução. A identificação correta do problema representa um primeiro passo essencial para o sucesso do processo de pesquisa.

O gestor precisa ter certeza de que o verdadeiro problema foi identificado. Muitas vezes, o que parece ser um problema é apenas parte dele ou uma consequência. Para aumentar a certeza, nessa etapa, pode-se utilizar a técnica de *brainstorming*. Ela consiste em convidar pessoas que possuem conhecimentos técnicos vinculados ao tema para uma reunião em que todos opinem de maneira semiestruturada, buscando identificar o problema, na base do consenso.

Exemplos:

> Qual é a influência do turismo sexual na imagem do destino turístico?

> Por que o número de ecoturistas está caindo?

> Qual é a permanência média do turista estrangeiro na cidade?

> Qual é o nível de satisfação do turista de terceira idade com as infraestruturas públicas?

> Qual é o nível de satisfação da população local com o aumento dos fluxos turísticos para nossa cidade?

2. Coleta de dados

No processo de coleta de dados, o gestor deve definir, basicamente, cinco variáveis:

> tipo de pesquisa;

> pontos de coleta dos dados;

> período de pesquisa;

> instrumentos para a coleta dos dados; e

> amostragem.

TIPO DE PESQUISA

Existem vários tipos de pesquisa de mercado turístico. Após a definição do problema e dos objetivos, é necessário classificar a pesquisa. Veremos três tipos de pesquisa, propostos por Fuentes[78] e Vergara.[79] O primeiro relaciona-se à natureza da informação; o segundo toma como referência a origem da informação; o terceiro tipo classifica a pesquisa em função de seus objetivos.

> *Para que a pesquisa de mercado seja eficaz, ela deve vincular-se a uma decisão. A pesquisa sempre deve comprometer-se com o princípio de utilidade.*

1º Classificação segundo a natureza da informação

> Pesquisa qualitativa: procura informação em grupos reduzidos que, estatisticamente, são inexpressivos, de modo que não permitem análises quantitativas. Essas pesquisas utilizam, como técnicas/instrumentos, a entrevista, a técnica de grupo de foco e a observação.

> Pesquisa quantitativa: um dos tipos mais utilizados quando a pesquisa busca compreender aspectos específicos de determinado grupo de interesse. Na pesquisa descritiva, realizam-se análises probabilísticas de uma população. Normalmente, procuram-se resultados quantitativos sobre aspectos do comportamento do mercado, como a porcentagem

---

78 Ibidem.

79 Vergara, 1998.

de satisfação com o atendimento recebido nos hotéis, a quantidade de turistas que utilizaram serviços de agências de viagens, o que é mais eficaz para a venda do destino: propaganda em revistas ou na internet. Nessas investigações, utilizam-se como técnicas/instrumentos a enquete, a experimentação, o teste e a observação.

Normalmente, os estudos são de natureza mista, quali-quantitavos, em razão da complementaridade das técnicas.

2º Classificação segundo a origem da informação

Quando se projeta uma pesquisa, existe uma ampla variedade de fontes de informação que pode ser utilizada. Essas fontes podem ser classificadas em duas categorias: fontes primárias e fontes secundárias.

> Fontes primárias ou de campo: dados coletados para atender a uma finalidade específica de informação. Suas fontes de informação são de natureza exploratória ou descritiva. Exemplos dessas fontes são as informações coletadas semestralmente pela secretaria de turismo, para conhecer a satisfação dos turistas que visitaram a cidade.

> Fontes secundárias ou documentais: dados coletados para outros propósitos que não a resolução do problema específico que temos em mãos. Essas fontes constituem os meios mais econômicos de informação. Exemplos dessas fontes são pesquisas em documentos gerados pelo próprio destino em pesquisas anteriores ou a revisão de fontes estatísticas externas emitidas pela OMT ou pelo Ministério do Turismo.

Quadro 11.2 – Benefícios e limitações de fontes primárias

Benefícios	Limitações
1. Dados precisos	1. Maiores custos
2. Controle sobre a qualidade da coleta	2. Maior esforço despendido
3. Dados apresentados na forma necessária	3. Maior tempo gasto
4. Experiência acumulada	4. Necessidade de especialização

Quadro 11.3 – Benefícios e limitações de fontes secundárias

Benefícios	Limitações
1. Baixo custo	1. Dados pouco precisos
2. Menor esforço despendido	2. Falta de controle de qualidade na coleta dos dados
3. Menor tempo gasto	
4. Algumas vezes mais precisos que os dados primários	3. Podem não estar apresentados na forma necessária
	4. Necessidade de especialização

O benefício mais importante das fontes de dados secundárias é que oferecem economia de tempo e dinheiro. Mesmo que os dados sejam comprados de um fornecedor, normalmente serão mais baratos do que levantar dados de fontes primárias. Certas necessidades de informação escapam ao poder de pesquisa de uma empresa privada. Se uma cadeia hoteleira quer realizar investimentos no Estado de Santa Catarina, é mais confiável obter dados com fontes governamentais do que realizar uma pesquisa para conhecer o tamanho do mercado potencial, por exemplo.

3º Classificação segundo o objetivo da pesquisa

Dependendo dos objetivos que tenha a pesquisa, estes podem classificar-se em:

> Pesquisa exploratória: realizada nas situações de pouco conhecimento acumulado. Seu intuito é levantar informações que gerem hipóteses, explicações genéricas e dados para complementar os resultados de pesquisas descritivas. Normalmente, os métodos são flexíveis, não estruturados e qualitativos.

> Pesquisa descritiva: tem como objetivo descrever as características dos fenômenos turísticos observados, a frequência com que se apresentam e seus possíveis graus de associação. Exemplos dessas pesquisas são as enquetes periódicas realizadas pela FGV sobre o índice de ocupação hoteleiro do Rio de Janeiro.

> Pesquisa causal: tem como objetivo encontrar relações de causa e efeito. É realizada quando se deseja prognosticar o efeito que poderão ter determinadas variáveis sobre um objeto em particular. O efeito da valorização do euro no aumento do fluxo de europeus que visitam o Brasil é um exemplo disso.

Assim como existem pesquisas qualitativas/quantitativas, podem-se desenvolver pesquisas com um triplo objetivo: exploratório, descritivo e causal; porém, esse tipo de abordagem tende a desanimar pela complexidade do processo.

PONTOS DE COLETA DOS DADOS

A seleção dos pontos de coleta dos dados pode variar segundo a necessidade de informação e o tipo de visitante a pesquisar (turista/excursionista). De acordo com estudos realizados por Bernier e Muniz,[80] tradicionalmente levantam-se informações sobre o mercado turístico em:

> entradas e saídas de destinos turísticos (rodovias, aeroportos, ferroviárias etc.);
> meios de transporte;
> meios de hospedagem;
> lugares de interesse turístico; e
> destino emissor.

PERÍODO DE PESQUISA

A OMT[81] recomenda agrupar os 12 meses do ano por temporadas (alta, média e baixa). Recomenda ainda que conclusões e comparações com resultados de pesquisas anteriores levem em conta as temporadas; de outra forma, não é possível realizar comparações consistentes.

INSTRUMENTOS PARA A COLETA DOS DADOS

Os meios mais utilizados para a coleta de dados são: o questionário, a observação e a entrevista. Eles podem ser utilizados de maneira individual ou combinada, segundo as necessidades de informação.

Todos os anos, o Ministério do Turismo realiza pesquisas sobre o mercado de turismo. Os resultados são apresentados em www.turismo.gov.br.

É grande a quantidade de fontes secundárias on-line com informações sobre turismo, negócios e governo. Aqui estão algumas fontes sobre o governo e o mercado, muitas das quais oferecem informações on-line ou a preços acessíveis: www.world-tourism.org; www.wttc.org; www.embratur.gov.br; www.turismo.gov.br; www.ibge.gov.br.

---

80   Bernier e Muniz, 2004.
81   OMT, 1995, pp. 21-22.

1º O questionário

Composto por perguntas escritas ou orais. As principais vantagens do questionário são: flexibilidade, economia, rapidez e facilidade de aplicação. Entretanto, o método tem limitações quanto à possível influência do entrevistador no entrevistado e na capacidade de interpretação dos dados por parte do entrevistador, quando as perguntas do questionário são abertas.

Um bom questionário deve começar sempre com perguntas fáceis, para "quebrar o gelo" e criar um senso de cooperação no entrevistado. As perguntas de ordem econômica e as de natureza mais complexa devem ficar no meio do questionário, quando o entrevistado está mais engajado no processo de pesquisa.

O questionário pode ser classificado em três classes:

> questionário estruturado;
> questionário não estruturado; e
> questionário semiestruturado.

No questionário estruturado, as perguntas são fechadas e normalmente analisadas com softwares estatísticos.

Exemplo:

Marque com um X o tipo de hospedagem que utiliza:

____ Hotel 5 estrelas.   ____ Casa ou apartamento alugado.

____ Hotel 4 estrelas.   ____ Casa ou apartamento próprio.

____ Hotel 3 estrelas.   ____ Casa de amigos ou familiares.

____ Outra categoria de hotel.   ____ Outros.

____ Apart-hotel.

No questionário não estruturado, as perguntas são abertas e convidam o entrevistado a opinar. Nesse caso, as respostas são lidas, analisadas e interpretadas, e, posteriormente, podem comportar ordenamento estatístico.

Exemplo:

Indique três estratégias para melhorar a competitividade do Museu de Arte Moderna.

a) _____

b) _____

c) _____

Por último, no caso do questionário semiestruturado, o entrevistado terá de responder a perguntas fechadas e abertas.

Exemplo:

Você acredita que Fortaleza deveria construir um museu de arte moderna para ampliar sua oferta de cultura?

Sim ____. Não ____.

Por quê? _____

> Perguntas fechadas

São de caráter objetivo e orientam as respostas dos entrevistados para as alternativas apresentadas. São mais fáceis de responder, requerem menos esforço por parte do entrevistador e tornam mais simples o trabalho de análise.

Outra vantagem significativa desse tipo de perguntas é que elas facilitam a comparação direta entre as respostas dos entrevistados nas pesquisas de larga escala. Essa possibilidade de comparação é básica para utilizar qualquer método de análise estatística. Uma limitação das perguntas fechadas é que muitas vezes obrigam o entrevistado a escolher uma resposta que não corresponde à sua opinião.

Uma forma de minimizar esse problema é incluir uma categoria "nenhuma das anteriores" ou oferecer uma alternativa de resposta que represente a intensidade do sentimento do entrevistado diante de uma pergunta específica.

Quadro 11.4 – Modelos mais utilizados de perguntas fechadas

Denominação	Descrição	Exemplo
Múltipla escolha	Uma pergunta com três ou mais respostas possíveis.	Qual a razão da sua viagem? Trabalho. Turismo. Visita a familiares. Visita a amigos.
Dicotômica	Uma pergunta com duas respostas possíveis.	Antes de viajar para Paraty, você pesquisou na internet? Sim. Não.

> Perguntas abertas

Deixam o entrevistado livre para expressar-se. O principal problema dessas perguntas é que exigem do entrevistado clareza e profundidade nas respostas. As perguntas abertas também consomem mais tempo, tanto na coleta dos dados, quanto na sua análise. Perguntas abertas envolvem, no momento da análise, interpretações e julgamentos subjetivos, sujeitos a erro, o que vem a ser uma de suas principais limitações.

Quadro 11.5 – Modelos mais utilizados de perguntas abertas

Denominação	Descrição	Exemplo
Completamente não estruturada	Perguntas a que o entrevistado pode responder de diversas maneiras.	O que você espera de uma experiência de ecoturismo?
Associação de palavras	Apresentam-se palavras com a intenção de o entrevistado mencionar as primeiras ideias que vierem a sua mente.	Qual é a primeira palavra que lhe vem em mente quando ouve: Rio de Janeiro _____. Bahia _____. São Paulo _____.
Complemento de frases	É apresentada uma frase incompleta e o entrevistado tem de completá-la.	Quando viajo para outro país, o fato que mais pesa em minha decisão é _____.
Complemento de uma história	É apresentada uma história incompleta e o entrevistado deve completá-la.	Voei pela TAM há alguns dias e notei que o avião era da Varig. Isso me fez pensar que _____.

FONTE: ADAPTADO DE KOTLER, 2000, P. 133.

Quando se utiliza um questionário com perguntas abertas, é preciso que as perguntas sejam planejadas de maneira que o tempo e o espaço disponíveis para a resposta sejam compatíveis com a importância da pergunta.

2º Observação

Como o nome indica, a coleta de dados é realizada mediante observações sobre o comportamento do consumidor e da concorrência. Esse método parte do princípio de que o objeto de estudo pode ser entendido ao se observarem aspectos específicos do comportamento humano, como suas reações diante de filas de espera, higiene, segurança, cores e outros estímulos do ambiente. A amostra escolhida não é questionada pelo entrevistador, apenas observada.

3º Entrevistas

O entrevistador deve criar uma relação com o entrevistado, fazendo-lhe perguntas abertas. Espera-se que, pela possibilidade de interação pessoal, os entrevistados forneçam informações como o nível de qualidade necessária para a solução do problema de pesquisa. As entrevistas pessoais podem ser classificadas de acordo com o lugar em que são realizadas. As classificações mais importantes são: em domicílio, por telefone, em pontos turísticos e com especialistas do setor.

AMOSTRAGEM

Momento em que se identifica a população-alvo da pesquisa e se calcula a quantidade de pessoas que vai integrar de fato a pesquisa. Para realizar essa tarefa, é necessário identificar:

> População: corresponde ao conjunto de elementos (pessoas, empresas, produtos, por exemplo) com as características que serão objeto da pesquisa de marketing.

> Amostra: é uma parte da população, escolhida por meio de algum critério quantitativo ou qualitativo de representatividade.

> Procedimento de amostragem: segundo Vergara,[82] existem dois procedimentos de amostragem: probabilística, baseada em procedimentos estatísticos, e não probabilística. Da probabilística, pode-se destacar a aleatória simples, a estratificada e a por área. Da amostra não probabilística, destacam-se a por acessibilidade e a por tipicidade.

Na amostragem probabilística, cada elemento da população tem uma probabilidade determinada, o que permite conhecer o intervalo de confiança da amostra e sua margem de erro.

Tipos de amostragem probabilística

> Aleatória simples: cada indivíduo tem a mesma probabilidade de ser escolhido.

> Estratificada: baseando-se em algum critério significativo, a população é subdividida em grupos (nacionalidade, sexo, idade, entre outros).

> Por área: após a definição de áreas geográficas específicas, métodos probabilísticos são utilizados para definir o tamanho da amostra.

FONTE: ADAPTADO DE VERGARA, 1998.

Na amostragem não probabilística, o pesquisador escolhe pessoas a serem pesquisadas. Para isso, vale-se de critérios subjetivos, como conveniência ou julgamento. Uma debilidade desse tipo de amostragem é que não se consegue estimar, com exatidão, a margem de erro dos resultados. Normalmente, utiliza-se esse tipo de amostragem em pesquisa qualitativa e exploratória.

Tipos de amostragem não probabilística

> Acessibilidade: os indivíduos são selecionados em razão da facilidade de acesso a eles. O banco de dados de clientes é um desses casos.

> Tipicidade: escolhe-se a amostra considerando-se que o grupo selecionado é representativo da população (composta por pessoas que têm conhecimento profundo do tema que está sendo pesquisado, por exemplo).

FONTE: ADAPTADO DE VERGARA, 1998.

Na pesquisa quantitativa, a boa decisão da amostra depende da precisão desejada nos resultados. Normalmente, recomenda-se a utilização de amostras probabilísticas que ofereçam intervalos de confiança de 80% a 95%; esses intervalos podem variar de acordo com as características da população. Se a população for pequena e o pesquisador tiver acesso a todas as pessoas que a compõem, pode-se dizer que existe uma confiança de 100% sobre os resultados alcançados. Isso é possível!

Quando se calcula o tamanho da amostra, é importante considerar uma quantidade prevista de pessoas que se neguem a participar, de tal forma que, se o número de questionários que deve ser respondido para um intervalo de confiança de 85% é de trezentas pessoas, é conveniente que sejam distribuídos pelo menos mil questionários, para alcançar o tamanho "amostral" ótimo.

---

82 Vergara, 1998.

Em geral, a pesquisa parte do princípio de que o turista é a unidade "amostral" básica para coleta e análise de informações do mercado. Porém, existem situações em que um grupo de pessoas que viaja representa a unidade "amostral" mais apropriada para a coleta dos dados. Um grupo de turistas formado por uma família, na qual "o cabeça" da família controla os gastos do grupo, é um desses casos.

É recomendável, portanto, que as entrevistas sejam realizadas com o responsável pelo gasto coletivo da família. A OMT[83] considera que é preferível escolher "os cabeças" de grupos de viagens aos visitantes individuais, já que aqueles podem aportar mais informação. Porém, isso depende de fato dos objetivos da pesquisa.

3. Análise e apresentação dos dados

Nessa fase, tabulam-se, classificam-se e apresentam-se os dados, de forma que, com base em análises, possam se obter informações para solucionar o problema da pesquisa.

Os dados poderão ser analisados por métodos quantitativos (fazendo uso da estatística) ou qualitativos.

ANÁLISE ESTATÍSTICA

A estatística orienta a coleta, a organização e as análises da informação. Não é, portanto, uma fonte de produção do conhecimento em si mesma, mas um instrumento para trabalhar com as informações levantadas na pesquisa. A forma como as trata, analisa e transforma denomina-se método estatístico.

Podemos identificar duas macrofunções ou classificações da estatística:

> Primeira função: apresentar informações de maneira conveniente, útil e compreensível – tarefa realizada pela estatística descritiva.

> Segunda função: generalizar e estimar as características de uma população, com base no contraste de hipóteses – tarefa realizada pela estatística indutiva.

O Mercotur enfatiza a necessidade de o gestor do turismo adquirir os conhecimentos de estudos com séries estatísticas para ampliar sua capacidade crítica e analítica nos processos decisórios. Mas lembre-se de que, por mais sofisticadas e avançadas que sejam as técnicas estatísticas, estas não poderão se sobrepor às deficiências de um problema mal definido, uma pesquisa mal desenhada ou de dados incompletos. Portanto, é preciso planejar qualquer pesquisa para que seus resultados sejam efetivos e consistentes.

Ter sensibilidade estatística na hora de planificar e analisar os resultados de uma pesquisa do mercado turístico facilita o desenvolvimento da pesquisa e confere maior objetividade e consistência.

ANÁLISE QUALITATIVA

A opção de pesquisar e analisar qualitativamente surge da necessidade de apurar opiniões, percepções e experiências que são de difícil quantificação. Em outras palavras, há elementos que se podem quantificar e outros não!

Autores, como Fuentes[84] e Vergara[85], defendem que se devem compatibilizar as técnicas de análise quantitativa com as de análise qualitativa. Uma vez que se complementam, ou podem se complementar, oferecem uma percepção mais ampla, logo, mais próxima da realidade.

Tradicionalmente, a visão cartesiana do mundo tem influenciado a ciência por optar pelos procedimentos empírico-positivistas. Por essa razão, tendemos a realizar e aceitar, com maior facilidade, resultados de análises que se fundamentam em pesquisas quantitativas.

---

83   OMT, 2000.
84   Fuentes, 2005.
85   Vergara, 1998.

Se admitimos que o turismo é uma área de estudo interdisciplinar, devemos admitir também que, para sua compreensão, é necessário mergulhar em áreas tão diversas como Administração, Antropologia, Sociologia e Geografia, entre outras. Não podemos reduzir a investigação turística a pesquisas de natureza quantitativa; pelo contrário, devemos trabalhar com ambas as técnicas, pois as limitações de cada uma delas estão amplamente reconhecidas, assim como se reconhece o valor de sua complementaridade técnica.

Seja qual for o meio utilizado, recomenda-se que gráficos e tabelas sejam usados para a apresentação dos dados levantados. A utilização desses recursos visuais facilita a compreensão, a interpretação e a análise dos dados.

V. Conclusões

O gestor de destinos turísticos muitas vezes define o futuro de milhares de pessoas com base nas decisões tomadas diariamente. Por meio dessa reflexão central, analisei, neste capítulo, a importância da pesquisa do mercado turístico, apresentei conceitos e os associei à pesquisa turística básica.

Num segundo momento, apresentei a metodologia para realizar uma pesquisa do mercado turístico, que foi analisada e descrita ao longo de todo o capítulo. Apresento exemplos e ilustrações para facilitar a interiorização dos conceitos.

Para concluir, fiz uma análise dos principais grupos de interesse e de sua importância como fontes de informação turística.

Não se esqueça: sem pesquisa não é possível migrar de uma gestão amadora para uma gestão profissional.

Exercícios

1. Explique, em dez linhas, a importância da pesquisa de mercado.

2. Descreva em que consiste cada uma das fases do processo de pesquisa de marketing.

3. Identifique os grupos de interesse de pesquisa de marketing e o que se deve pesquisar em cada um.

4. Identifique duas vantagens e duas desvantagens da utilização de fontes secundárias.

5. Identifique dois instrumentos de pesquisa e descreva-os.

6. Forme grupo de três pessoas e realize a seguinte tarefa:

> Identifique um recurso turístico e desenvolva um questionário com dez perguntas para pesquisar a satisfação dos turistas que o visitaram.

7. Defina:

> amostra;

> amostragem probabilística;

> perguntas abertas;

> perguntas fechadas;

> pesquisa descritiva; e

> pesquisa exploratória.

Leituras recomendadas

AKER, David *et alii. Pesquisa de marketing*. São Paulo: Atlas, 2001.

BERNIER, Enrique Torres; MUNIZ, Daniel. "Propuesta metodológica para la armonización de los informes de conjuntura turística en Andalucia". Sevilha: Instituto de Estadística de Andalucia, Consejeria de Economia y Hacienda, 2004.

FUENTES, Rafael. "La investigación del mercado turístico". Apuntes del Programa de Doctorado en Gestión y Desarrollo Turístico Sostenible. Málaga: UMA, 2005.

KOTLER, Philip. *Administração de marketing: edição do novo milênio*. São Paulo: Prentice Hall, 2000.

MARCHENA, Manuel *et alii*. Revisión y actualización de la "guía para planificadores locales: desarrollo turístico sostenible". Volumen regional para las Américas. Madri: OMT, 1998.

OMT. *Introdução ao Turismo*. São Paulo: Roca, 2001.

OMT. *Acopio y compilación de las estatísticas de turismo*. Manual Técnico nº 4. Madri: OMT, 1995.

VERGARA, Sylvia. *Projetos e relatórios de pesquisa em administração*. São Paulo: Atlas, 1998.

ESTUDO DE CASO 1
PESQUISA DE MARKETING SERVE DE BASE PARA O PLANO AQUARELA

Segundo dados do Ministério do Turismo, o Brasil conta, pela primeira vez, com um programa científico de promoção dos destinos turísticos nacionais no exterior.

O Plano Aquarela, nome fantasia do Plano de Marketing Turístico Internacional, resulta de pesquisas em 18 mercados, com mais de seis mil pessoas. Para seu desenvolvimento, foram consultados agentes diretamente vinculados ao setor (profissionais e turistas).

Concluído em janeiro de 2005, o plano teve três fases: diagnóstico, formulação de estratégias de marketing e plano operacional.

O resultado das pesquisas e dos estudos técnicos do plano está dando maior suporte técnico para as ações de comercialização, promoção e marketing dos destinos turísticos brasileiros.

Foram pesquisadas a imagem atual e as percepções desse público, com o objetivo de subsidiar as ações do plano de marketing e o desenvolvimento da nova marca Brasil.

A análise das pesquisas revelou que o Brasil tem 154 produtos turísticos com potencial de comercialização no mercado internacional e que as motivações de destaque para visitar o Brasil são: sol e praia, ecoturismo, cultura, negócios & eventos e esporte.

A pesquisa revelou ainda que o trade turístico internacional demonstra certo desconhecimento do produto Brasil. Porém, conhece os destinos consolidados, como Rio de Janeiro (carnaval) e Foz do Iguaçu.

Os operadores indicam como principais concorrentes Argentina, Caribe, México e Peru.

Vejamos agora mais detalhes técnicos.

Quadro A – **Pesquisas**

Público	Mercados

Trade turístico internacional:
    Cento e noventa operadores de turismo em 18 países.
	América do Sul:
	    Argentina, Bolívia, Chile, Paraguai, Peru, Uruguai e Venezuela.

Turistas estrangeiros no Brasil:*
    Mil e duzentas pessoas em oito aeroportos brasileiros.
	Europa:
	    Alemanha, Espanha, França, Holanda, Inglaterra, Itália e Portugal.

Turista estrangeiro potencial:**
    Cinco mil pessoas em 16 países diferentes.
	América do Norte:
	    EUA.
	
	Oriente:
	    Japão e China.

FONTE: MINISTÉRIO DO TURISMO, 2005.

* Em retorno a seus países de origem.

** Turistas que fazem viagens internacionais pelo menos uma vez por ano.

Quadro B – **Principais resultados**

Motivos da escolha: Sol e praia: 51% Conhecer: 21% Beleza natural: 20% Cultura viva: 13% Povo: 12% Recomendação: 7%	**Imagem positiva:** Natureza: 75% Povo: 52%
Principal atributo: Alegria do brasileiro – após a visita, o turista vê no povo um dos principais patrimônios do país.	**Fidelização:** Intenção de voltar: 86% Recomendam para outras pessoas: 99%
Motivos para voltar: Conhecer novos lugares: 37% Beleza natural: 35% Povo: 23% Porque adorou o Brasil: 11%	**Brasil em cores** (o país é multicolorido para o estrangeiro): Verde: floresta Amarelo: sol e luminosidade Vermelho e laranja: festas populares Azul: céu e água Branco: manifestações religiosas

FONTE: ADAPTADO DO PRESS RELEASE DO MINISTÉRIO DO TURISMO, 2006.

> O questionário semiestruturado: instrumento de pesquisa de marketing

Este questionário tem como objetivo identificar atitudes e percepções sobre a importância da cooperação público-privada entre o setor hoteleiro da cidade de São Paulo e a Secretaria de Turismo da cidade.

Com os resultados deste estudo, pretende-se revelar alguns pontos que podem ser fortalecidos para consolidar as relações de cooperação público-privada. Dessa forma, pretende-se contribuir para a dinamização dessa prática administrativa, uma vez que se evidencia especialmente importante para a consolidação do desenvolvimento turístico.

1. Como você percebe a importância da cooperação público-privada na dinamização do desenvolvimento turístico na cidade de São Paulo?

a) Muito importante.

b) Importante.

c) Pouco importante.

d) Sem nenhuma importância.

Por quê?

2. Qual a importância da cooperação público-privada em cada uma das seguintes questões? (Não há necessidade de experiência direta.)

Escolha os assuntos que considere pertinentes e explique:

> Desenvolvimento de produtos

a) Desenvolvimento e melhoria de acomodações. (   )

b) Proteção de valores ambientais. (   )

c) Proteção e incentivo à cultura. (   )

d) Definição de padrões de qualidade. (   )

e) Marketing turístico. (   )

Por quê?

> Infraestrutura/recursos humanos

a) Melhoramento na infraestrutura de transporte. (   )

b) Apoio a centros universitários e institutos de qualificação de profissionais de turismo. (   )

Por quê?

> Marketing e promoções

h) Melhoramento da imagem do destino São Paulo. (   )

i) Ampliação do poder de marketing em nível internacional. (   )

j) Marketing via internet. (   )

k) Proteção ao consumidor. (   )

Por quê?

3. Que instrumentos ou políticas que impulsionam a cooperação público-privada você tem utilizado ou utilizou no passado (caso seja do governo), ou que benefícios você tem obtido ou obteve (caso seja representante da iniciativa privada)?

4. O que falta para que a cooperação público-privada se dinamize?

Estamos muito agradecidos por sua cooperação. Os resultados finais lhe serão enviados, caso sejam de seu interesse.

Nome: _____

Posição: _____

Organização: _____

Telefone: _____ Fax:_____

E-mail: _____

Setor: (   ) Público   (   ) Privado

FONTE: FEDERICO VIGNATI, 2006.

ESTUDO DE CASO 2
A DEMANDA TURÍSTICA DE CURITIBA

A demanda turística de Curitiba, em sua maioria, é formada por turistas de negócios. Porém, a cidade também recebe turistas atraídos por lazer. A localização geográfica da cidade é um fator extremamente positivo em relação à demanda turística brasileira e do Mercosul, as mais importantes para Curitiba, uma vez que os principais polos emissores da América do Sul estão localizados a uma distância não superior a 1.500 km, o que é uma distância relativamente curta na América do Sul.

Ao falar do caso específico da cidade de Curitiba, é importante destacar que, por ser um ponto de passagem para os turistas, a cidade está se convertendo em um destino turístico importante para o turismo de negócios e para o turismo de eventos, que vêm crescendo cada vez mais. Também está crescendo no turismo de lazer, fundamentalmente relacionado aos aspectos culturais. O surgimento de novos atrativos, infraestruturas e uma imagem positiva muito particular, relacionada com a qualidade ambiental, está fazendo com que aumente o mercado potencial de turistas.

A comercialização de um produto turístico característico como Curitiba é outro aspecto importante a considerar, uma vez que o turista não compra a qualidade de vida, a conservação do meio ambiente, as manifestações culturais ou a infraestrutura urbana – os principais diferenciais da cidade –, mas compra produtos turísticos que englobem tudo isso, somado a equipamentos e serviços turísticos de qualidade, assim como aos atrativos turísticos estruturados para que se permita seu desfrute.

Mesmo com a principal motivação turística ancorada nos negócios, o turismo de lazer está crescendo, e a cidade já conta com atrativos para que um turista a visite por alguns dias. É bem diferente da época em que o turista chegava à noite, jantava no bairro italiano de Santa Felicidade e ia embora no dia seguinte, muitas vezes sem interesse em realizar um city tour. Curitiba é considerada uma cidade com boas atrações culturais, mas é necessário transformá-la em produtos turísticos que possam ser comercializados.

A carteira de produtos turísticos que pode oferecer o destino turístico Curitiba é uma responsabilidade que deve ser compartilhada entre a administração pública e as empresas privadas. Ao setor público caberiam a formação de uma imagem única da cidade e o cuidado quanto à qualidade das infraestruturas; o setor privado ficaria responsável pela produção e comercialização dos diferentes produtos turísticos, bem como por sua qualidade.

Como já vimos, uma das principais motivações turísticas da cidade de Curitiba são os negócios. Os eventos, tanto culturais como comerciais, as visitas a familiares e amigos e o turismo de lazer são segmentos que estão crescendo e, por isso, deve-se levar em consideração que toda a infraestrutura de boa qualidade que se tem criado para a população local, como parques, espaços culturais e centros comerciais, tem um importante potencial para os visitantes e pode vir a servir como verdadeiros atrativos turísticos.

Os recursos turísticos da cidade de Curitiba foram criados pelo homem e construídos para a população local, e o fato de motivarem os turistas a conhecer a cidade faz com que contribuam com a ampliação dos negócios e melhorem a atratividade de Curitiba para a realização de eventos. Assim, constituem-se nos elementos mais importantes para o desenvolvimento turístico sustentável da cidade.

Com o objetivo de compreender melhor os diferentes segmentos da demanda de turismo urbano, que maior potencial de crescimento tem para a cidade de Curitiba, é importante analisar tanto o turismo de negócios como o de lazer.

É necessário ressaltar que o turista de negócios não viaja a um destino por vontade própria, mas porque, nessa localidade, realizará seus negócios. Por essa razão, é importante destacar o fato de que Curitiba está se convertendo em um dos mais importantes centros comerciais brasileiros, fato revelado nas recentes pesquisas da importante revista de negócios brasileira *Exame*, que elegeu, nos últimos três anos, Curitiba como o melhor lugar para a realização de negócios no Brasil.

De qualquer maneira, é preciso ter presentes dois aspectos essenciais em relação ao turista de negócios: o primeiro é a necessária qualidade dos equipamentos e serviços turísticos que, agregados à qualidade ambiental e sociocultural da cidade, influem em grande medida em seu grau de satisfação. O segundo aspecto importante é que, muitas vezes, esse turista de negócios dispõe de momentos livres que lhe permitem desfrutar dos atrativos da cidade. Esses atrativos serviriam tanto para ampliar seu grau de satisfação como para incentivá-lo a voltar outras vezes, como turista de lazer, só ou acompanhado pela família, e transformar-se em um importante divulgador da cidade. Para ambos os casos, Curitiba está preparada.

Outra das motivações importantes para visitar Curitiba é o turismo de eventos profissionais, cujo turista, como no caso anterior, nem sempre elege a cidade livremente. Em muitos casos, esse tipo de turista viaja a determinado destino simplesmente porque ali está sendo realizado um evento a que deseja ou precisa assistir. Considerando esses aspectos, deve haver uma preocupação muito importante quanto à capacidade de captação de eventos, e, portanto, a boa imagem e a qualidade da infraestrutura urbana de que a cidade dispõe exercem um papel muito positivo.

Geralmente, nos eventos culturais, é o próprio turista que decide se vai visitar um destino ou não, o que faz com que a capacidade de organização e promoção de eventos desse destino seja um forte elemento diferenciador. Os aspectos culturais e étnicos são também importantes elementos caracterizadores da cidade de Curitiba e, se bem trabalhados, têm potencial para se converter em importantes instrumentos de captação de turismo de eventos. É necessário consolidar um calendário de eventos para a cidade, que ofereça opções interessantes durante todo ano. A mistura de eventos culturais, esportivos, comerciais e científicos permitirá a Curitiba um desenvolvimento eficaz nesse setor.

A possibilidade de utilizar o turismo de eventos como um instrumento de benefícios econômicos e socioculturais para a população local é sua maior vantagem em relação à sustentabilidade dos destinos turísticos. Os centros culturais, os museus, as galerias de arte, a revitalização de áreas urbanas e os festivais têm se convertido em importantes atrativos do turismo cultural.

A mistura das distintas culturas provenientes das várias etnias que participaram da construção da cidade de Curitiba, o bom estado de manutenção do patrimônio histórico, a variedade da oferta de atividades culturais são alguns dos aspectos que permitem que o destino turístico Curitiba tenha um enorme potencial de desenvolvimento no mercado de turismo cultural.

Uma adequada política de valorização e incentivo às manifestações culturais e às características da identidade da população local deve ser o instrumento utilizado para o desenvolvimento do turismo cultural como um dos mais importantes produtos a serem oferecidos pelo destino turístico Curitiba.

Outro dos produtos com potencial de desenvolvimento pelo destino turístico Curitiba é aquele voltado para o turismo de compras. É importante destacar que, pela qualidade dos produtos e serviços do comércio da cidade, não só existe o potencial de atração com relação à demanda turística de cidades próximas, como também a atividade de compras pode ser um importante complemento para outros tipos de turismo que se realizam na cidade.

A revitalização de toda a zona central da cidade, em especial a da região para pedestres, é um fator positivo para o desenvolvimento desse tipo de produto turístico. O surgimento de uma enorme quantidade de centros comerciais e áreas da cidade com comércio "tematizado", ou seja, segmentado de acordo com as mais variadas características da demanda, é outro dos aspectos positivos com relação ao desenvolvimento do turismo de compras.

Tanto o aparecimento desses "novos espaços" de compras, como a revitalização dos espaços tradicionais que, no caso do destino turístico Curitiba, contam com a vantagem da segurança, são elementos importantes ao considerar o potencial do desenvolvimento do turismo de compras.

Como se pode constatar, o turismo de negócios é o mais importante para a cidade de Curitiba, mas o turismo de eventos, tanto em seu vértice comercial, como no cultural, também tem um enorme potencial de desenvolvimento. O mesmo acontece com o turismo cultural, pelas características da população local e pela oferta cultural existente. As alternativas para compras ainda não são suficientes para que se desenvolva um importante turismo de compras, mas é, sem dúvida, um importante complemento de outros tipos de turismo.

Os parques, as praças, as diferentes etnias que construíram a cidade, a nova arquitetura futurista em conjunto com um Centro Histórico conservado, uma gastronomia nacional e internacional diversificada e uma série de manifestações culturais têm contribuído para que Curitiba se converta em um importante destino turístico.

O fato de não ter grandes atrativos culturais ou expressões de arquitetura monumental não tem impedido Curitiba de se transformar em um destino turístico de lazer. O que tem contribuído para o turismo de lazer na capital paranaense são os elementos vinculados à qualidade de vida de sua população, e esse é seu principal diferencial, que faz da cidade um destino turístico sustentável.

FONTE: PROFESSOR DR. JOSÉ MANOEL G. GANDARA, COORDENADOR DO CURSO DE TURISMO DA
UNIVERSIDADE FEDERAL DO PARANÁ (UFPR) E PRESIDENTE DO FÓRUM DE COORDENADORES DE
CURSOS SUPERIORES DE TURISMO E HOTELARIA DO PARANÁ.

ESTUDO DE CASO 3
PROGRAMA DE EDUCAÇÃO PARA O TURISMO EM MORRO DE SÃO PAULO – CONVÊNIO ENTRE A PREFEITURA MUNICIPAL DE CAIRU E A FACTUR

O destino turístico Morro de São Paulo, pertencente ao município de Cairu e localizado no baixo sul da Bahia, é um dos mais importantes do estado, com repercussão nacional e internacional. Por causa de sua importância, e por acreditar nos conhecimentos acadêmicos aliados à prática do turismo, a Prefeitura Municipal de Cairu e a Faculdade de Turismo da Bahia (Factur) firmaram um convênio visando à educação para o turismo dos atores envolvidos com a atividade.

Para trabalhar no projeto, a Factur selecionou dez alunos interessados em desenvolver um trabalho como estagiários na comunidade de Morro de São Paulo. Com base nos maiores problemas encontrados no destino em questão – motivo de reclamações dos turistas e da comunidade local –, a Factur, a Secretaria de Turismo e os alunos selecionados definiram que o Programa de Educação para o Turismo em Morro de São Paulo teria dois objetivos principais:

> redução do impacto do lixo urbano de Morro de São Paulo sobre o ambiente turístico; e
> aperfeiçoamento profissional dos atores que realizam o receptivo na ponte de atracação.

A PARTICIPAÇÃO DA COMUNIDADE LOCAL

Acreditando na importância da participação da comunidade para o sucesso do Projeto de Educação, foram realizadas reuniões com o intuito de ouvir a opinião da comunidade, explicar os objetivos do projeto e envolvê-la nas ações que estavam por acontecer.

No início a comunidade mostrou-se resistente ao projeto, alegando que já havia participado de muitas iniciativas e nenhuma obtivera sucesso. Foi necessária a realização de diversas reuniões setoriais para sensibilizar a comunidade, em sua maioria nada autóctone.

Para integrar os diversos atores envolvidos no turismo desse destino, realizou-se o Seminário de Turismo do Morro de São Paulo, que foi dividido em dois momentos. O primeiro contou com a exposição de palestrantes que abordaram temas relacionados aos objetivos do projeto. No segundo momento foram formados grupos de discussão que levantaram sugestões sobre os temas de Meio Ambiente e Limpeza Urbana, Turismo Cultural e Turismo em Áreas Naturais. Esses grupos apresentaram propostas sobre os temas, e foi elaborada uma carta de intenções a ser encaminhada para a Prefeitura Municipal de Cairu.

A partir desse momento, os representantes da comunidade se comprometeram a apoiar e divulgar as ações propostas, cientes de que a participação e a união de todos era fundamental para melhorar a qualidade do turismo na localidade.

Morro de São Paulo tem uma particularidade para realizar a coleta regular de lixo. Para chegar à vila e realizar a coleta, o trator, veículo usado para o transporte do lixo, precisa passar pela praia, e isso só pode ser feito quando a maré está baixa. Portanto, não é possível estabelecer um horário fixo diário para a realização da coleta, o que ocasionava um acúmulo de lixo em alguns locais do distrito, visto que os moradores desconheciam exatamente a que horas o trator passaria. Muitas vezes colocavam seu lixo na rua depois que a coleta já havia sido realizada, e esse lixo permanecia exposto, sujeito à ação de cachorros e roedores, até o dia seguinte.

Para solucionar esse problema, foi elaborada uma tabela, com base na tábua de maré, informando o horário em que a coleta seria realizada em cada dia do mês. Ao fim de cada mês, os alunos envolvidos no projeto visitavam todas as residências de Morro de São Paulo e empreendimentos instalados na vila, orientando moradores e empresários a colocar o lixo no horário estabelecido pela tabela e conscientizando-os dos problemas causados pelo lixo, até mesmo para o turismo. Nesse momento eram alertados a respeito da importância dessa atitude para a melhoria na qualidade de vida de todos e, consequentemente, para proporcionar o desenvolvimento do turismo.

Já no primeiro mês foi possível perceber os resultados dessa ação. A Fonte Grande, monumento histórico datado de 1746, onde se acumulava, aos montes, o lixo domiciliar até o horário da coleta, passou a ficar limpa a maior parte do dia. Isso alegrou e motivou os moradores locais a continuar cumprindo o horário.

Os funcionários da Prefeitura responsáveis pela limpeza urbana foram sensibilizados quanto à importância do cumprimento do horário estabelecido e aos benefícios que essa ação traria para a comunidade. Com eles, foi realizada a oficina de Educação Ambiental, que tratava do meio ambiente e dos problemas causados pelo lixo, ressaltando a importância da atividade exercida por eles para a qualidade de vida da população local e a preservação ambiental. Reuniões periódicas foram realizadas para avaliar o funcionamento da tabela de horários e dificuldades encontradas pela equipe de limpeza. Essas ações motivaram os funcionários e, consequentemente, melhoraram a qualidade dos serviços por eles prestados.

Paralelamente ao trabalho de conscientização da população sobre o horário da coleta regular, foi desenvolvida uma campanha para a coleta seletiva do lixo. Um grupo de catadores autônomo se encarregava de, em dia e horário acordados, recolher todo o papelão, papel, plástico, alumínio e vidro em estabelecimentos cadastrados. Posteriormente, todo o material recolhido era vendido a uma empresa de reciclagem em Valença, a cidade mais próxima.

Na ponte de atracação de Morro de São Paulo, principal local de chegada de turistas e mercadorias para abastecer os meios de hospedagem, restaurantes, mercados e residências, trabalhavam aproximadamente cem homens, entre estivadores, carregadores e informantes turísticos. O serviço deles é de extrema importância, visto que não circulam carros em Morro de São Paulo. São eles que, com carrinhos de mão, fazem o transporte de bagagens e mercadorias para empresas, moradores e turistas. No entanto, é grande o número de reclamações, tanto de turistas como da própria comunidade local e dos empresários, referentes ao mau comportamento e à forma de atendimento pouco polida daqueles homens que trabalhavam na ponte.

Para minimizar esse problema e melhorar a qualidade do atendimento no receptivo da ponte de atracação, foi realizado um programa de qualificação composto de 15 horas de treinamentos, dividido em módulos de Conceitos de Turismo, Qualidade no Atendimento Turístico, Guiamento, Educação Ambiental, Educação Patrimonial e Associativismo. É importante ressaltar que os cursos foram abertos também a pessoas da comunidade.

A Factur certificou os participantes que concluíram o programa de qualificação e participaram de no mínimo cinco módulos. Ao final de quatro meses de projeto, o programa teve um total de 560 participantes. Foram certificados 43 carregadores, 39 informantes e 5 pessoas da comunidade.

FONTE: MANUELA SCALDAFERI E ERNESTO BRITTO RIBEIRO.

Neste mundo existem dois tipos de pessoas,
aquelas que se explicam e aquelas que fazem.
Alberto Furuguem

12

OBJETIVOS DO CAPÍTULO

Apresentar os princípios técnicos da análise estratégica.

Aplicar o modelo SWOT na análise de um destino turístico.

Identificar e descrever a metodologia de análises interna e externa do destino turístico.

Análise estratégica de destinos turísticos

Neste capítulo, apresentaremos a técnica de análise estratégica, que serve para realizar o diagnóstico de um destino turístico.

Sempre que pensamos em algum negócio, realizamos, de forma intuitiva, uma análise estratégica, fazendo perguntas como: será que o câmbio pode prejudicar meu negócio? Poderia surgir um novo produto que substitua este? Será que a concorrência pode entrar facilmente nesse negócio? Será que a empresa tem capacidade de acompanhar o mercado e inovar? Existe legislação específica que proteja esse setor?

São questionamentos – quase intuitivos – que surgem antes de se investir em qualquer negócio. Fazer isso de forma consciente e utilizando instrumentos apropriados é realizar uma análise estratégica. O gestor se vê diante de uma variedade de informações que precisam ser analisadas para compreender a situação atual do destino e projetar seu futuro para os próximos anos. Para realizar a análise estratégica, o gestor conta com técnicas que lhe ajudarão a ter uma visão completa do ambiente competitivo e do próprio destino turístico.

Com base no resultado dessas análises, ele poderá formular políticas, programas e ações concretas para melhorar o posicionamento do destino turístico no mercado e ampliar sua competitividade.

Está pronto para conhecer as técnicas de análise estratégica? Então, vamos lá.

I. A importância da análise estratégica

A análise estratégica é tradicionalmente utilizada por grandes organizações que precisam definir ações prioritárias em ambientes de negócios altamente competitivos.

As empresas estão diante de dois grandes desafios: precisam se conhecer profundamente, para ter consciência de suas competências centrais, e precisam estar atentas ao mercado, de modo que percebam crises, mudanças e oportunidades. No caso da gestão de destinos turísticos, não é diferente.

O destino turístico é uma estrutura organizacional sujeita às mesmas pressões de mercado e da conjuntura sofridas por qualquer outra organização pública ou privada. O destino turístico que tiver melhor capacidade para analisar seu ambiente de negócios terá maiores possibilidades de se adaptar e, quando possível, se adiantar às mudanças do mercado.

Por meio da análise estratégica, o gestor terá as informações necessárias para:
> Identificar e valorizar as forças do destino turístico.
> Identificar e minimizar as fraquezas do destino turístico.
> Identificar e aproveitar as oportunidades do ambiente externo.
> Identificar e administrar ameaças do ambiente externo.
> Desenvolver um plano de turismo consistente e executável.

A análise estratégica, portanto, não deve ser considerada apenas um trabalho burocrático; deve ser vista como tarefa necessária para:
> analisar o potencial de desenvolvimento de um destino turístico;
> analisar mudanças, ameaças e possíveis crises do mercado; e
> envolver a comunidade no planejamento e nas decisões políticas.

Existem várias técnicas para realizar uma análise estratégica. Neste livro, propomos a análise SWOT, acrônimo que significa:
S: *strengths* = forças;
W: *weaknesses* = fraquezas;
O: *opportunities* = oportunidades; e
T: *threats* = ameaças.

Como o próprio nome diz, a ideia central da análise SWOT é, de um lado, alinhar as forças do destino turístico com as oportunidades do mercado e, de outro, diminuir as fraquezas e superar as ameaças para garantir a sustentabilidade do desenvolvimento.

Como veremos na Figura 12.1, a análise SWOT determina as variáveis do ambiente externo e da estrutura interna do destino turístico. O ambiente externo é formado por todos os fatores que escapam à capacidade de influência do destino turístico. Os principais fatores desse ambiente são as variáveis macroeconômicas, as mudanças do mercado resultantes da globalização, as situações de crises, a política nacional e internacional e as transformações tecnológicas.

Por outro lado, a estrutura interna é formada por todos os fatores que estão dentro da capacidade de gestão do destino turístico. Os principais são as estruturas privada, social e pública, o território e a política local.

Figura 12.1 – Análise SWOT do destino turístico

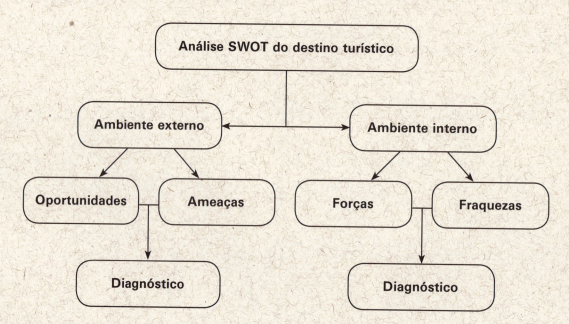

Ambiente interno é o conjunto de fatores tangíveis e intangíveis que influi na estrutura organizacional do destino turístico.

Ambiente externo é o conjunto de fatores tangíveis e intangíveis fora dos limites em que se desenvolve o destino turístico.

Forças são características do ambiente interno que podem melhorar o desempenho do destino turístico.

Fraquezas são características do ambiente interno que podem desfavorecer o desempenho do destino turístico.

Oportunidades são situações do ambiente externo que podem alavancar o desenvolvimento do destino turístico.

Ameaças são situações do ambiente externo que podem colocar em risco o desenvolvimento do destino turístico.

A análise SWOT tem como objetivos identificar, no ambiente externo, as possíveis oportunidades e ameaças e, no ambiente interno, as denominadas forças e fraquezas do destino turístico. Observe o modelo SWOT e relacione-o às informações que acabamos de ver.

II. Análise do ambiente externo (ameaças e oportunidades)

Essa análise busca determinar as ameaças e oportunidades que o ambiente externo apresenta. A principal característica de um fator desse ambiente é que o destino turístico tem pouco ou nenhum poder de influência sobre as variáveis.

Tendo como referência que o objetivo dessa análise é reconhecer ameaças e oportunidades do ambiente externo, é necessário levantar os dados, para logo realizar sua classificação e análise.

Podemos classificar os dados do ambiente externo em duas categorias:

> Fatores macroambientais

São caracterizados pelo fato de o destino turístico não influenciá-los. Devem ser monitorados continuamente. Ex.: política nacional, questões demográficas, econômicas, tecnológicas e alguns casos legais de âmbito nacional ou internacional.

> Fatores microambientais

São fatores do ambiente externo com maior possibilidade de sofrer influências do destino turístico, tornando-se objeto de suas ações diretas. Ex.: turistas, operadoras de turismo (de fora do destino), empresas aéreas, destinos turísticos da mesma região e destinos turísticos concorrentes.

Uma vez identificados os fatores mais relevantes do ambiente externo, procedemos a sua análise de acordo com o critério de ameaças ou oportunidades.

Somos conscientes de que existe uma série de fatores que influem no desenvolvimento do destino turístico. Precisamos, contudo, saber se representam ameaças ou oportunidades que devemos superar ou aproveitar.

Nesse sentido, vale ressaltar que as oportunidades surgem quando o destino turístico tem os requisitos necessários para aproveitar determinada situação melhor do que outros destinos concorrentes. É o caso de destinos como Bonito, em Mato Grosso do Sul, e a Chapada Diamantina, na Bahia, diante do crescimento da consciência ecológica e do ecoturismo.

Na prática, o processo de levantamento e análise de dados realiza-se de forma simultânea, ou seja, à medida que identificamos as variáveis, elas são classificadas como oportunidades ou ameaças.

Esse é um processo que pode exigir debates e análises críticas, pois nem sempre se chega ao consenso se uma situação é definitivamente uma ameaça ou uma oportunidade para o destino turístico. Em função disso, é necessário trabalhar, nesse processo, com equipes multidisciplinares bem capacitadas e com experiência.

A taxa de câmbio entre o real e o euro é altamente favorável para o turista europeu que deseja visitar o Brasil. Já para o turista brasileiro, a Europa é um destino turístico desfavorável. Trata-se de um fator que escapa à capacidade de influência do destino turístico. Portanto, faz parte do macroambiente e pode ser entendido como oportunidade para o aumento do turismo doméstico.

III. Análise do ambiente interno (forças e fraquezas)

Depois de realizada a análise do ambiente externo, é preciso identificar recursos tangíveis e intangíveis, que influem diretamente na capacidade de desenvolvimento do destino turístico. Esses recursos devem ser classificados como forças ou fraquezas.

As forças representam os valores que devem ser mantidos e melhorados; já as fraquezas são os fatores que devem ser minimizados com base em ações específicas, contempladas no plano.

Como dito anteriormente, a principal característica de um fator do ambiente interno é que o destino turístico tem ampla capacidade de influência sobre essas variáveis.

O processo de análise do ambiente interno envolve duas ações:

> levantamento de dados; e

> análise de forças e fraquezas.

ANÁLISE FÍSICO-TERRITORIAL

Compreende o reconhecimento territorial com o que se pretende obter de um profundo conhecimento sobre os seguintes aspectos:

> condições físicas (relevo, clima, hidrologia, vegetação, fauna, acessibilidade, localização e biodiversidade);

> capacidade e carências em infraestrutura básica (abastecimento de água, fonte de energia, saneamento, depuração, rede viária, portos, aeroportos e outros sistemas de transporte);

> dotação de equipamentos com utilidade pública para a população local (sistemas de saúde pública, segurança urbana, assistência social e educação); e

> valores intangíveis: identidade, cultura, manifestações artísticas e folclore.

ANÁLISE SOCIOECONÔMICA

Compreende o reconhecimento das características sociais e econômicas do destino em desenvolvimento:

> sociais: demografia, estrutura e mobilidade social, índice de desenvolvimento, nível de escolaridade, capital social, disponibilidade de mão de obra etc.; e

> econômicas: indicadores econômicos, análise dos setores produtivos primários, dos setores complementares e da atividade turística local.

ANÁLISE DA ESTRUTURA POLÍTICO-INSTITUCIONAL

Refere-se à análise de aspectos relativos ao desenvolvimento da gestão pública:

> existência de instrumentos de planejamento: urbanístico, plano geral de ordenação territorial, plano de ordenação de espaços naturais, plano de turismo de escala superior; e

> análise da legislação pertinente e de políticas de incentivo.

ANÁLISE DOS ATRATIVOS E DOS PRODUTOS

Compreende o trabalho de conhecimento profundo dos atrativos turísticos e dos produtos, considerando ainda questões intangíveis como conhecimento acumulado, experiência, relações com o mercado, força da marca, público, entre outros.

> Inventário de recursos turísticos, que são valores socioculturais e ambientais tangíveis ou intangíveis. Eles podem sustentar o desenvolvimento de atividades turísticas de um destino.

> Para muitos especialistas, os recursos representam o principal atrativo de um destino turístico. Vale a pena mencionar que inventariar um recurso, tal como uma cachoeira ou um monumento, não é suficiente para garantir sua utilização turística.

> Alojamentos, sejam hotéis, pousadas, albergues, quartos para alugar, áreas de camping e outros estabelecimentos de alojamento público ou privado.

> Empresas privadas de serviços complementares e outros serviços de lazer, entretenimento e transporte. Podemos destacar os restaurantes, as agências de viagens, empresas

---

Caso exista legislação específica:

Verificar se a legislação representa uma força ou uma fraqueza para as empresas locais de turismo.

Caso não exista legislação específica:

1º Propor à prefeitura a formulação de uma legislação que atenda às necessidades das micro e pequenas empresas e do desenvolvimento sustentável.

2º Realizar reuniões com representantes da comunidade e empresários da região, para promover um senso de interesse pela regularização da situação atual de acordo com os interesses da comunidade e de acordo com a legislação ambiental em vigor.

3º Não realizar nenhum investimento financeiro até que o ambiente político legal proteja sua inversão. Do contrário, você pode estar atirando no escuro, o que representa um alto risco para seus investimentos.

de guias de turismo, empresas de transporte turístico, serviços auxiliares para congressos, tradução e catering.

> Equipamentos de interesse turístico recreativo. Normalmente, destinos turísticos têm equipamentos públicos que também podem ser aproveitados pelo turista – podemos destacar parques, centros esportivos, teatros públicos, salas de exposições e museus, festivais e eventos públicos de cinema, festas folclóricas etc.

Nem sempre será necessário desenvolver um inventário intensivo de todos os recursos turísticos do território. A análise deve estar amarrada ao objetivo do plano. Se o plano for de desenvolvimento, pode ser importante reconhecer toda a variedade de atrativos, em detalhe; porém, se o plano for de marketing, esse procedimento pode ser desnecessário, bastando o reconhecimento da oferta turística em atividade.

ANÁLISE DA DEMANDA

Refere-se ao conhecimento da demanda, que é fundamental para apoiar as decisões de marketing. A demanda real é a fonte mais adequada para conhecer a imagem que o turista tem do destino, seu nível de satisfação, suas expectativas e outras informações importantes para o desenvolvimento e a comercialização de novos produtos turísticos.

Algumas das informações que podemos levantar em relação à demanda são:

> perfil socioeconômico, sexo, idade, profissão, país de procedência;[86]

> características da viagem, como motivações, tipo e categoria de alojamento, nível de satisfação, como organizou a viagem etc.;

> satisfação, imagem percebida; e

> como conheceu e como comprou a oferta do destino.

As informações da demanda permitem segmentar o mercado, ajustar a oferta às necessidades percebidas e determinar meios mais eficazes de comunicação com nosso público-alvo; trabalhos essenciais do marketing turístico.

ANÁLISES DAS ESTRATÉGIAS TURÍSTICAS DA ADMINISTRAÇÃO PÚBLICA E DAS EMPRESAS PRIVADAS

Consideram as distintas ações projetadas pelo setor público e pela iniciativa privada e são importantes para concluir a análise do destino turístico. Podemos incluir planos de investimentos em estruturas turísticas, hotéis, complexos de lazer, revitalização do centro histórico, das áreas portuárias, do litoral etc.

> Pesquisar ações com influência direta no setor, como a criação de uma política de qualidade para alojamentos, participação em feiras, desenvolvimento de um portal para o destino turístico, formulação de uma política de crédito para o setor, serviços de apoio ao turista, legislação específica etc.

> Pesquisar ações com influência indireta no setor, como a melhoria de estruturas de comunicação, revitalização das áreas comerciais, projetos de revitalização urbanística, melhoria dos serviços de saúde pública.

Lembre-se de que existem muito mais informações do que as que você realmente poderá utilizar.

Para ajudar-se, classifique as informações em:

> informações sobre a estrutura pública;

> informações sobre a estrutura social;

---

86   No Capítulo 11, analisamos minuciosamente esse tema.

> informações sobre a estrutura privada;
> informações sobre a diversidade ambiental e biológica; e
> informações sobre a diversidade cultural.

Depois de realizado o levantamento dessas informações, inicia-se o processo de análise das forças e das fraquezas. Será desenvolvida, portanto, uma lista de forças e outra de fraquezas do destino turístico. Desse modo, surge a ideia básica: as forças do destino devem ser potencializadas, aproveitando-se oportunidades do mercado; se possível, elas devem contribuir para a redução das ameaças que podem surgir.

Por outro lado, as fraquezas do destino turístico devem ser objeto de políticas concretas, de modo que sejam superadas.

Até aqui foi possível perceber que a análise estratégica permite realizar uma radiografia do destino turístico. As informações aqui apresentadas serão a base para realizar o planejamento turístico. Algumas das avaliações que podem ser realizadas, com base na análise SWOT, são apresentadas na Figura 12.2.

Figura 12.2 – Possíveis análises de forças e fraquezas do destino turístico

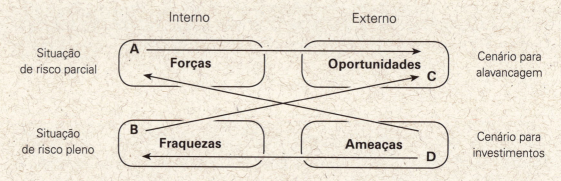

A Figura 12.2 mostra quatro relações possíveis entre os ambientes interno e externo: a situação A é mais favorável, uma vez que, nesse cenário, as forças do destino turístico têm capacidade de aproveitar situações de oportunidade no mercado, criando um contexto positivo para o crescimento das empresas locais.

Por exemplo, em 2004, a Grécia esteve diante da maior oportunidade de desenvolvimento turístico dos últimos anos, ao sediar os Jogos Olímpicos. A mídia mundial esteve voltada para o evento e para esse destino turístico. A oportunidade associada à experiência da indústria de turismo grega representa uma situação perfeita para alavancagem.

Na situação B, fraquezas estruturais (públicas, privadas e sociais) não sustentam os níveis de organização necessários para aproveitar possíveis oportunidades de mercado.

Exemplo: um dos grandes entraves para a realização de investimentos privados em hotelaria e turismo é a falta de legislação e planejamento específicos para o setor. Com frequência, um município turístico perde investimentos privados por não possuir um plano de desenvolvimento local, caso da maioria dos municípios turísticos do Brasil.

A situação C reflete o caso em que um destino turístico bem organizado, e com amplas infraestruturas, defronta-se com situações do ambiente macroeconômico, político e de mercado, que ameaçam sua competitividade.

Como exemplo, a situação vivida por destinos turísticos da União Europeia, onde a valorização do euro frente ao dólar torna a oferta turística cara. Essa situação vem sendo aproveitada pelos países do Leste Europeu, como República Tcheca, Hungria e Áustria.

Certamente, o cenário D é menos conveniente para o desenvolvimento imediato do turismo. Exige trabalho intensivo de cooperação público-privada e planejamento estratégico. Nesse cenário, os empregos e a renda tendem a diminuir à medida que as pressões do ambiente tornam difícil a gestão dos investimentos privados. Isso, por sua vez, desgasta a autoestima da população diante de um futuro mais próspero.

Esse é o caso dos destinos turísticos que, por falta de visão de marketing, perdem capacidade de se reinventar e deixam que suas infraestruturas se tornem obsoletas.

IV. Diagnóstico

O diagnóstico corresponde a um dos produtos mais importantes da análise estratégica. Por meio do diagnóstico, o profissional que está prestando consultoria ou o próprio gestor deve redigir um parecer técnico que sintetize a realidade do destino turístico. Essa tarefa se vê facilitada pelo profundo conhecimento que adquiriu durante as análises dos ambientes externo e interno, e pela sua experiência.

O diagnóstico deve apontar, de forma consistente e objetiva, a situação atual e ainda fazer referências às principais ações que devem se realizar para que o destino turístico melhore seu posicionamento no mercado.

Para facilitar a redação do diagnóstico final, sugiro que sejam realizados diagnósticos parciais: primeiro, do ambiente externo, e, logo, outro, do ambiente interno. Além de servir de base para o debate, esses diagnósticos parciais servirão como referência para a elaboração do diagnóstico final.

V. Conclusões

A análise estratégica é um instrumento essencial para planejar destinos turísticos. Quando é feita a análise de um destino turístico, identificam-se todos os fatores que influem direta e indiretamente no desenvolvimento e na qualidade dele.

Como sabemos, dependendo do tamanho do destino, a variedade de atrativos e estruturas pode ser enorme. Por essa razão, definir uma política de turismo e escolher a estratégia mais adequada para o posicionamento no mercado podem ser tarefas difíceis.

Para evitar decisões intuitivas e sem fundamentação técnica, é preferível investir tempo e dinheiro na elaboração de uma análise estratégica do destino turístico. O documento técnico, fruto desse trabalho, poderá servir de base para as decisões de planejamento.

O desafio do desenvolvimento turístico não é tarefa fácil. Todos nós acreditamos, de maneira geral, que os mais de 1.500 municípios turísticos do Brasil têm um potencial enorme de desenvolvimento. Entretanto, quantos realmente estão nos circuitos nacional e internacional?

A qualidade das infraestruturas e a diversidade sociocultural não são, lamentavelmente, suficientes para garantir a penetração no mercado turístico.

A fronteira que separa os destinos turísticos de sucesso dos destinos que têm potencial para o turismo não é necessariamente uma fronteira de capital econômico ou de grandes investimentos. Trata-se de uma barreira mais sutil, que interage com a profissionalização dos gestores e, sobretudo, com a capacidade de investir os escassos recursos em ações estratégicas, criativas, e que tenham capacidade de criar, no mercado, a necessidade de visitar esse destino.

Exercícios

1. Identifique um destino turístico.

2. Utilizando o modelo de análise SWOT, faça a análise estratégica do destino escolhido. Utilize informações estatísticas, econômicas e outras fontes indiretas para fundamentar suas análises.

3. Defina as ações necessárias para maximizar forças e minimizar fraquezas.

4. Defina as ações necessárias para potencializar oportunidades e minimizar ameaças.

5. Dê duas sugestões para melhorar o desenvolvimento do destino turístico analisado.

6. Dê duas sugestões para melhorar o marketing do destino turístico analisado.

Leituras recomendadas

DIAS, Sérgio Roberto (org.) *Gestão de marketing*. São Paulo: Saraiva, 2003.

EVANS, Phillip; WURSTER, Thomas. "Strategy and the new economics of information". *Harvard Business Review*, pp. 70-83, set/out de 1997.

HAMEL, Gary; PRAHALAD, C. K. *Competindo pelo futuro: estratégias inovadoras para obter o controle do seu setor e criar mercados amanhã*. Rio de Janeiro: Campus, 1997.

JOSE, P. D. "Corporate Strategy and the environment: A portfolio approach". *Long Range Planning* 29, nº 4, ago de 1996.

KOTLER, Philip. *Administração de marketing: edição do novo milênio*. São Paulo: Prentice Hall, 2000.

MC GAHAM, A. M.; PORTER, M. E. "How much does industry matter, really?". *Strategic Management Journal* 18, Special Issue, pp. 15-30, 1997.

Quadro 12.3 – Modelo de lista de verificação para análise interna

	Desempenho				Importância			
	Grande força	Força	Neutra	Fraqueza	Grande fraqueza	Grande	Média	Pequena
Infraestrutura pública								
Segurança								
Sinalização								
Legislação								
Secretaria de Turismo								
Água e Saneamento Básico								
Luz								
Saúde Pública								
Infraestrutura social								
Qualificação técnica								
Organização local								
Liderança								
Orientação empreendedora								
Infraestrutura comercial								
Hospedagem								
Transporte								
Alimentação								
Comércio								
Comunicações								
Presença de recursos naturais								
Diversidade vegetal								
Diversidade animal								
Qualidade da agua								
Presença de valores socioculturais								
Tradições								
Folclore								
Gastronomia								
Festas e eventos								
Sobre o turista								
Perfil								
Tempo de permanência								
Gasto médio								
Satisfação								
Posicionamento estratégico								
Localização								

EXEMPLO DE INSTRUMENTO PARA INVENTÁRIO DE RECURSOS TURÍSTICOS: MODELO DE APOIO

Esta folha de trabalho pode servir de apoio ao estudo preliminar dos recursos turísticos naturais, culturais, históricos e recreativos que podem atrair turistas a uma comunidade ou região.

Nome do recurso: _____

Localização: _____

Tipo e descrição: _____

Características particulares: _____

Quando esse recurso é acessível aos visitantes?
> durante todo o ano
> durante as férias e os feriados
> só nos fins de semana
> mediante reserva prévia
> outras categorias

Indique a quantidade de pessoas que visita esse local, sua procedência e qual a estação de maior fluxo de visitas. _____
_____

Quais os meios de transportes possíveis entre a origem dos visitantes e esse recurso?
> autônomo
> empresas nacionais
> empresas estrangeiras

Qual a principal porta de entrada do turista a esse recurso? _____
_____

Quais os serviços e as infraestruturas turísticas mais importantes do local?
> nome do serviço ou infraestrutura
> nome do proprietário
> endereço
> telefone
> como apoia o desenvolvimento e a conservação dos recursos do local

Quem é a pessoa/organização responsável por:
> desenvolvimento
> conservação
> promoção

Que outros recursos há nas proximidades?
Esse recurso está incluído em algum circuito turístico?

Avalie brevemente esse recurso quanto a:
> seu atrativo
> seu potencial turístico
> sua compatibilidade com planos municipais, regionais e nacionais

FONTE: OMT.

ESTUDO DE CASO 1
O TURISMO CULTURAL – UMA ALTERNATIVA PARA O DESENVOLVIMENTO ECONÔMICO E SOCIAL?
O CASO DA QUEBRADA DE HUMAHUACA, ARGENTINA

Nos últimos cinco anos, a política de turismo implementada na província de Jujuy, no noroeste da Argentina, vem se caracterizando pelo notável incremento da participação pública em matéria de valorização dos recursos culturais e naturais de duas das quatro regiões geográficas da província: a Quebrada de Humahuaca e as Selvas de Montanha ou Yungas Jujeñas. As outras regiões, a Puna e os Valles, se viram também beneficiadas de forma indireta pelo impacto que causou a Declaração de Reserva da Biosfera de Las Yungas, no dia 7 de novembro de 2002, incorporada à Rede Mundial de Reservas da Biosfera pelo Comitê MAB da Unesco, e especialmente a Declaração da Quebrada de Humahuaca como Patrimônio Cultural e Natural da Humanidade pela Unesco, sob a denominação "Um itinerário cultural de dez mil anos", no dia 2 de julho de 2003. A Puna, a Quebrada de Humahuaca e Las Yungas distinguem-se pela presença de diferentes grupos humanos que têm preservado antigas tradições que incluem importantes componentes coloniais e pré-hispânicos.

Os últimos anos têm estado associados a um progressivo crescimento da atividade turística em todos os seus aspectos. Esse crescimento pode ser tanto resultado do esforço público e privado em âmbito provincial, como também consequência da dinamização provocada pelo contexto internacional, caracterizado pela procura de novos destinos. Parece evidente que no marco da globalização cresce o interesse pelo local "exótico", ao mesmo tempo em que o desenvolvimento das comunicações e o incremento das possibilidades e das motivações nos países desenvolvidos vêm acelerando o crescimento do turismo. Em âmbito nacional, certamente tem sido determinante a desvalorização da moeda em relação ao dólar americano que ocorreu em princípios de 2002. Essa desvalorização, além de gerar a necessidade de que o argentino selecione destinos mais econômicos, teve uma influência direta no incremento do mercado emissor de Buenos Aires, cidade localizada a 1.700 quilômetros de distância.

O desenvolvimento turístico da região é comparativamente pequeno. Um reflexo disso é que atualmente recebe apenas um voo por dia. Porém, o desenvolvimento turístico está contribuindo com mudanças na atividade econômica da província, tradicionalmente ligada ao cultivo de tabaco, cana-de-açúcar e, em menor escala, à atividade mineira.

Atualmente, o desenvolvimento turístico em Jujuy, uma das províncias mais pobres da Argentina, está favorecendo os interesses de empresas de transporte terrestre, hotelaria e restaurantes. Esses serviços, e em particular os de maior porte, são propriedade de pessoas de outras províncias que investem na região. O desenvolvimento turístico de Jujuy, a nosso ver, não levou em consideração duas questões fundamentais: de um lado, os interesses da população local e, de outro, o fato de o turismo cultural requerer, para seu desenvolvimento, que o patrimônio seja adequadamente preservado. Essa situação criou um notório descontentamento por parte da população local, que percebe como os terrenos mais bem localizados logo adquirem valores incrivelmente altos e inacessíveis para eles próprios. Pessoas das grandes cidades adquirem títulos de propriedade, e áreas públicas transformam-se, com rapidez, em terrenos urbanizáveis. Progressivamente, os antigos habitantes do lugar observam a presença de pessoas com poder aquisitivo muito maior e com costumes diferentes. A eles, pela falta de experiência e preparação, cabe apenas prestar serviços, em geral de baixa remuneração.

A falta de investimentos nos atrativos culturais leva a escassos fluxos turísticos e a baixos índices de pernoite, uma vez que o turismo cultural tem como requisito mostrar e oferecer experiências sobre a base do conhecimento atualizado e do valor agregado.

Sem dúvida, fica demonstrado que o atrativo cultural e visual que representa a Quebrada de Humahuaca é tão grande quanto frágil. É necessário formular estratégias de gestão que tenham como objetivo principal a qualidade de vida da população local (incluindo o respeito a seus direitos culturais, educativos, sociais e econômicos). Para isso, o Estado deve contar com a participação da população com base no planejamento participativo, racional e associado à realização de investimentos financeiros. A relação atual entre a população local, o desenvolvimento turístico e a política praticada pelo Estado pode ter consequências que deteriorem a qualidade de vida e a do destino turístico, gerando pobreza e exclusão social, em vez de prosperidade.

Por fim, a Quebrada de Humahuaca tem o potencial para se tornar um destino turístico sustentável e diferenciado, sendo necessário apenas propiciar e levar adiante, sobre a base de um adequado nível de conhecimento, um responsável processo de planejamento turístico e de ordenamento territorial que dê lugar a ações concretas em favor do conjunto da população.

FONTE: PROFESSORA MÔNICA R. ECHENIQUE E PROFESSOR JORGE A. KULEMEYER – GRUPO YAVI DE INVESTIGACIONES CIENTÍFICAS.

ESTUDO DE CASO 2
O ATENTADO TERRORISTA DE 11 DE MARÇO E O TURISMO NA ESPANHA

O dia 11 de março de 2004 entrou para a história da Espanha. Um grupo de assassinos irrompeu na vida social desse país democrático, matando 192 pessoas e deixando 1.500 feridos. Foi a mais grave crise pela qual passou a Espanha desde a Guerra Civil.

Sem dúvida, é um fato histórico, mas, para os jornalistas do turismo, significou um desafio lidar com a possibilidade de uma grave crise na promoção do turismo espanhol. A Espanha ocupa a segunda posição no mundo em quantidade de visitantes, recebendo 85,7 milhões de pessoas por ano, estando atrás somente da França. Detém também a segunda posição por ingresso de divisas, com € 47,3 bilhões, atrás dos EUA. É evidente a importância do turismo como elemento-chave da crescente economia espanhola.

Após esse triste acontecimento, foi necessário trabalhar duro para que os mercados emissores turísticos, dos quais o país depende, seguissem mantendo a confiança no destino Espanha. Esses mercados consistem na Europa, de onde procedem 90% dos visitantes que chegam à Espanha. Nessa época, realizava-se, em Berlim, a feira de turismo mais importante do mundo, a ITB, e os jornalistas, e não apenas os especializados em turismo, estavam interessados em saber sobre o atentado terrorista. Era necessário atuar com urgência. Aquele era um momento-chave que poderia desencadear uma crise turística.

De imediato, os funcionários espanhóis em Berlim, liderados pelo secretário-geral de Turismo, tentaram administrar a imagem produzida pela crise, pois os meios de comunicação apresentavam informações em tempo real a cada instante.

A qualidade das mensagens se deteriorava por momentos, era um estado de emergência. De um lado, o partido da oposição daquele momento, o Partido Socialista, obrigava o governo a fornecer informações praticamente em tempo real; de outro, era difícil oferecer informações consistentes. Tudo isso se sobrepunha à ideia de manter a calma, a fim de transmitir as informações de forma tranquila. Misturavam-se informações políticas com a mensagem de que a Espanha continuava sendo um destino turístico seguro.

Era necessário reduzir as incertezas com ações rápidas, explicando a situação aos meios de comunicação com transparência e honestidade, ao mesmo tempo em que se pedia para propiciar espaços de diálogo.

As mensagens faziam referência à tranquilidade dos países emissores frente à crise e à normalidade das reservas de férias. Não houve cancelamentos nem desvios, salvo um pequeno grupo de turistas que procediam dos EUA e do Japão, que desconheciam a situação espanhola. Mesmo assim, 934 mil americanos passaram suas férias na Espanha naquele ano (0,5% a mais que no ano anterior), e 157.300 turistas japoneses visitaram aquele destino, 36,5% a menos que em 2003. Mesmo que esses mercados sejam importantes, representam uma porcentagem pequena para o turismo da Espanha.

Os grupos de trabalho criados nos 31 escritórios espanhóis de turismo no exterior reforçaram a mensagem de que o atentado terrorista não foi um atentado ao turismo espanhol. Até mesmo o então Ministro da Economia da Alemanha, Wolfgang Clement, incentivou seus cidadãos a continuar viajando para a Espanha. Isso se constatou com números concretos: em 2004, entraram na Espanha um total de dez milhões de turistas alemães, com um incremento de 2,7% em relação ao ano de 2003. A porcentagem de turistas alemães sobre o total dos que viajam para a Espanha é de 18,7%.

Também o Ministério das Relações Exteriores do Reino Unido emitiu uma nota em que afirmava que a Espanha era um país seguro, embora os atentados terroristas algumas vezes ataquem lugares turísticos. É bem verdade que o terrorismo afeta nossas vidas e o turismo. A essa ameaça a sociedade deve dar uma resposta global, baseada na confiança e não no medo, pois essa é a única maneira de derrotar o terrorismo.

Esse foi o modo de a Espanha contra-atacar o terrorismo, que tenta afetar uma vez ou outra a economia do país, mas o povo espanhol, suas autoridades e forças policiais estão sempre atentos para que pessoas cruéis causem o menor dano possível ao país. Não devemos ter medo dos terroristas, mas temos de vencê-los com as armas da lei e do estado de direito. É assim que avança a sociedade espanhola.

FONTE: DR. FRANCISCO RIVERO – SERVIÇO DE IMPRENSA DE TURESPAÑA.

ESTUDO DE CASO 3
MOVIMENTO BRASIL DE TURISMO E CULTURA

O Movimento Brasil de Turismo e Cultura (MBTC) é um programa nacional de desenvolvimento que busca, por meio da mobilização social, deflagrar transformações na dinâmica social e econômica de territórios com vocação turística, que vão desde a elevação dos níveis de renda até a transformação da imagem do turismo brasileiro e a melhoria da autoestima da população.

Consequentemente, e considerando prioritariamente as possibilidades de incremento da qualidade de vida das comunidades locais, o MBTC se articula de maneira a estimular a aproximação gradativa dos atores locais, buscando uma relação de confiança entre as lideranças formais e informais, estimulando o espírito empreendedor e induzindo a implementação de novos produtos turísticos.

Dessa maneira, o desafio concentra-se no esforço de implementar um conceito inovador de interação entre turismo, cultura e desenvolvimento. Os suportes dessa inovação incluem não apenas a ressignificação e a interconexão de vocações culturais identificadas no destino turístico, mas também o apelo à participação coletiva e o estímulo à atividade empreendedora.

A mais abrangente das instâncias do Movimento consiste em seu relacionamento com as atividades do Fórum Mundial de Turismo para Paz e Desenvolvimento Sustentável, enquanto projeto demonstrativo de melhores práticas no Brasil. Pelas suas múltiplas formas e possibilidades de atuação, a dinâmica do MBTC pode ser sistematizada em três vertentes:

> Projetos locais: focalizam o desenvolvimento sustentável por meio da tematização de destinos e proposições para a estruturação de produtos turísticos e fortalecimento de uma governança local capaz de assumir a responsabilidade de conduzir as ações do Movimento naquela localidade.

> Rede de redes: propicia o intercâmbio de conhecimento e de experiências entre os territórios trabalhados, a construção e a divulgação de conceitos e realizações, potencializando a cultura brasileira da hospitalidade como elemento catalisador do movimento. Para isso, convoca pessoas e organizações vinculadas aos âmbitos temáticos da causa por meio de atividades virtuais e presenciais, e estimula a conexão entre iniciativas congêneres.

> Encontros anuais: apresentam experiências concretas com base no trabalho nos destinos, favorecem o confronto entre concepções e melhores práticas, e contribuem para a construção do marco sobre cultura brasileira da hospitalidade.

A abordagem metodológica dos projetos locais, visando à produção de novos enfoques como a mobilização social, está em constante processo de desenvolvimento e adequação. Sua estrutura fundamenta-se em sete principais fases: trabalho preliminar, reconhecimento, convivência, tematização, devolução, plano de trabalho e implementação e acompanhamento, todas absolutamente adaptáveis às necessidades e características de cada território trabalhado.

Atualmente, o Movimento Brasil:

> atua em 11 territórios: Diamantina (MG), Santa Tereza (RS), Cidade de Goiás (GO), Bonito (MS), Aracati (CE), Penedo (AL), Centro Histórico de Salvador (BA), São Luiz (MA), Paraty (RJ), Brazlândia (DF) e Monteiro (PB);

> já realizou três Encontros Anuais: 2004 em Salvador (BA), 2005 no Rio de Janeiro (RJ), 2005 e 2006 em Porto Alegre (RS), e dois colóquios sobre cultura brasileira da hospitalidade;

> estimulou o surgimento da rede "Cidades Irmãs", que envolve representantes dos municípios participantes; e

> mobilizou e contou com o apoio de importantes parceiros, como o Sebrae, o Ministério do Turismo, a Fundação Turismo para Paz e Desenvolvimento Sustentável, a OMT, a Unesco, o Pnud, o Pnuma, a Gerdau, a Petrobras, a Odebrecht, a Braskem e a Telemar.

Entendo que o Movimento Brasil é uma grande oportunidade para a construção de um marco conceitual sobre a cultura brasileira da hospitalidade e seus reflexos práticos no desenvolvimento de produtos turísticos, e uma importantíssima oportunidade para o debate sobre formas de gestão de destinos de maneira sustentável, priorizando as essências culturais, as vontades, as necessidades e as peculiaridades locais, a força da organização social e as melhores práticas para concepção, estruturação e gestão turística.

FONTE: CÁSSIO GARKALNS DE SOUZA OLIVEIRA, COLABORADOR DO INSTITUTO DE HOSPITALIDADE, COORDENADOR DO MOVIMENTO BRASIL DE TURISMO E CULTURA.

Faça em você a revolução que você quer ver no mundo.
Mahatma Ghandi

13

OBJETIVOS DO CAPÍTULO

Apresentar os principais conceitos e instrumentos de marketing de destinos turísticos.

Apresentar princípios que contribuem para a elaboração de estratégias de diferenciação para destinos turísticos.

Analisar estratégias de marketing aplicadas a cada um dos estágios de desenvolvimento do destino turístico.

Estratégias de marketing para destinos turísticos

À medida que o turismo ganha importância no cenário econômico mundial, as estratégias de promoção e desenvolvimento de destinos turísticos tendem a ser cada vez mais sofisticadas do ponto de vista conceitual e estratégico. Ao observar a década de 1970, período de ampla expansão do turismo mundial, constatamos que a oferta dos destinos turísticos vinculava-se principalmente a experiências básicas do tipo sol, praia e lazer, como a oferta da Costa Azul, no sul da França; da Costa do Sol, em Málaga; e de Copacabana, no Rio de Janeiro.[87]

A experiência acumulada do mercado, aliada à capacidade de comunicação global, está levando ao desenvolvimento de destinos turísticos com ofertas cada vez mais diferenciadas e de alto valor agregado. Nestas, as riquezas territoriais, ambientais e socioculturais integram-se às estruturas organizacionais para diferenciar a imagem e a oferta, criando experiências sensoriais, emocionais e vivenciais únicas no destino turístico. Segundo estudos recentes da OMT e de Torres Bernier,[88] essa tendência torna os destinos mais atrativos para os turistas em potencial e mais sofisticados do ponto de vista organizacional, o que leva a indústria de turismo a se constituir em um dos mais competitivos setores da economia mundial.

Diante desse cenário, os gestores de destinos turísticos vêm utilizando cada vez mais técnicas de marketing para desenvolver estratégias comerciais que ampliem a capacidade de atração dos destinos turísticos. Neste capítulo, conheceremos algumas das principais técnicas de marketing de destinos turísticos, principalmente as que se vinculam ao posicionamento estratégico de um destino turístico.

I. O que são mercado e segmentos?

O ponto de partida para criar e elaborar uma estratégia bem-sucedida é garantir que seu mercado esteja bem definido. O mercado para um destino turístico é formado por turistas/consumidores reais e potenciais. Esse grupo disponível de consumidores será analisado para, logo, decidir-se que segmentos serão trabalhados.

A segmentação de mercados é o processo de dividir o mercado total em subconjuntos que compartilham características em comum.

---

87   Inskeep, 1991.
88   Bernier, 1998.

O responsável pelas estratégias de marketing do destino turístico terá de decidir a cobertura do mercado que pretende atingir. Essa cobertura pode abranger desde um mercado de massa, via operadores de turismo, até estratégias de multissegmentos vinculadas ao turismo de interesses específicos (*special interest tourism*).

II. Por que segmentar?

Uma das razões da segmentação é a ampla gama de oferta existente e no mercado, sobretudo no de massa, normalmente dominado por grandes operadoras.

Uma segunda razão importante refere-se à eficácia da sua comunicação de marketing. À medida que seleciona um segmento em particular, é possível personalizar o marketing mix para as necessidades específicas desse grupo. Dessa forma, a oferta terá maiores possibilidades de agradar ao cliente, e a comunicação será mais econômica e eficaz.

A terceira razão é que o turista do século XXI procura experiências de vida, conhecimento, sensações, enfim, quer ter experiências autênticas e personalizadas, sobretudo os segmentos da demanda que têm maior poder aquisitivo. Por essa razão, existe uma migração do turista de massa para o turismo de interesses específicos, que torna a personalização um negócio atrativo para o pequeno e o médio empresários que desejam trabalhar com turismo receptivo.

Esse é um tema excepcional, que representa uma das maiores oportunidades para o desenvolvimento de novos produtos turísticos no Brasil. Pense na imensa variedade de segmentos que podem ser trabalhados. Veja o caso dos turistas alemães e ingleses que viajam pelo mundo para observar aves. Esse é também o caso dos turistas americanos que viajam para jogar golfe. Certamente, o Brasil pode liderar vários segmentos específicos, e possivelmente muitos destes poderão ser únicos ou exclusivos do Brasil.

Pense comigo, onde mais se poderia fazer turismo cultural de capoeira, se não na Bahia? Ou turismo cultural da cachaça, se não em Minas Gerais, São Paulo e Rio de Janeiro? Enfim, o único limite para as possibilidades é a nossa criatividade.

A quarta razão para segmentar está vinculada ao profissionalismo e à qualidade da oferta do destino turístico. Não é possível atender a todas as expectativas de serviços que um turista pode desejar. Por essa razão, ao segmentar seu mercado, você garante que os investimentos em estruturas, serviços públicos e privados estejam alinhados às necessidades reais da maioria dos turistas a que atende. Esse é um elemento essencial para a satisfação e, naturalmente, para a fidelização dos turistas.

Estratégias amplas tendem a ser mais atrativas em curto prazo. Contudo, pensando na qualidade do destino e numa estratégia de diferenciação, é mais interessante apostar em segmentos específicos do mercado, pois a gestão da qualidade se torna mais eficaz.

Para que o processo de segmentação tenha sucesso, é necessário ser criativo e ter boa capacidade analítica. Quando um grupo-alvo é identificado, é prudente reconhecer características qualitativas e quantitativas desses segmentos, tais como:

> O segmento é rentável?
Refere-se ao perfil econômico e à capacidade de gasto dos turistas de determinado segmento.
> O segmento é estratégico?
Diz respeito a qualidades do segmento, como perfil sociocultural, motivações, tamanho, tendências de crescimento e capacidade de assimilar outras ofertas turísticas.
> O segmento é acessível?
Relaciona-se à facilidade de comunicação com esse grupo.

> O segmento é viável?
Refere-se à capacidade de nossas estruturas atenderem o segmento escolhido.

III. Marketing mix

Uma vez escolhido(s) o(s) segmento(s) do mercado, deve-se desenvolver o marketing mix, que é o conjunto de ferramentas que servem para definir a estratégia de comercialização do destino e dos produtos turísticos. Qualquer estratégia de comercialização de destinos ou produtos turísticos deve responder às questões levantadas pelo modelo dos 4 Ps.

Quer dizer, é preciso ter consciência absoluta de qual será o produto a ser ofertado e de como tal produto será apresentado à sociedade. Como responsável pelo marketing, você deve ter respostas objetivas para:
> Qual será o preço de venda?
> Será o mesmo durante todo o ano ou poderá variar de acordo com a estação?
> Quais os canais de promoção na alta temporada?
> E na baixa?
> Faremos promoções? Em que momento? Para que segmento?
> Onde será disponibilizada nossa oferta?
> O preço para compra pela internet será mais baixo que o da venda direta?
> Será vendido via operadores de turismo?

O marketing mix deverá responder a todas essas questões, e, só assim, o gestor poderá elaborar uma estratégia de marketing. Se este não tiver informações suficientes para responder a essas perguntas básicas, então precisará coletá-las e, em muitos casos, negociar com os atores locais, buscando construir uma estratégia de marketing compartilhada.

Figura 13.1 – Os quatro Ps do maketing mix

ASPECTOS VINCULADOS AO PRODUTO

Um produto turístico é uma proposta de viagem para fora do lugar de residência habitual, estruturada por meio do conjunto de valores tangíveis e intangíveis, como a marca, a imagem, os serviços agregados, as garantias e os critérios de qualidade a serem oferecidos.

ASPECTOS VINCULADOS AO PREÇO

O preço é uma variável que será definida pela estrutura de custos de operação e pelo mercado. O preço será definido por fatores como perfil do consumidor, serviços agregados, formas de pagamento e estágio no ciclo de vida do produto. Será resultado da livre concorrência e da qualidade percebida pelos turistas. Embora o preço tenha como base a estrutura de custos, para determinadas ofertas turísticas o preço resulta de uma variável subjetiva, considerando que uma experiência customizada e autêntica vale, de fato, o que o cliente está disposto a pagar por ela.

ASPECTOS VINCULADOS À PROMOÇÃO

A promoção corresponde ao esforço de comunicação que é normalmente dirigido pelo setor público para divulgar a imagem e a oferta de um destino turístico, seja para o mercado doméstico ou para o internacional. O objetivo da promoção é conquistar um espaço na mente do consumidor e criar a motivação necessária para atrair turistas ao destino turístico.

Atualmente, a promoção do Brasil é responsabilidade da Embratur. Entre suas principais atividades promocionais, estão a participação em feiras e congressos, a coordenação de campanhas de propaganda nacional e internacional, e o desenvolvimento de material promocional.

Para saber mais, consulte www.embratur.gov.br.

ASPECTOS VINCULADOS À PRAÇA OU À DISTRIBUIÇÃO

Esse último fator corresponde às decisões vinculadas aos meios de distribuição de informação e acesso à oferta de produtos turísticos. A distribuição da oferta e dos pacotes turísticos tem sofrido mudanças radicais na última década, principalmente em razão da expansão da internet. A oferta turística mundial concentra-se em algumas poucas grandes operadoras de turismo que dominam o mercado europeu e o americano. Elas distribuem a oferta e especializam os destinos conforme seus interesses, estratégias e demanda.

Sem uma relação direta com os operadores, os destinos turísticos têm um sério problema para distribuir sua oferta em escala global, uma vez que os operadores têm uma relação direta com o mercado e, por isso, têm a capacidade de posicionar, nele, um destino turístico de forma quase imediata, assim como substituí-lo. Isso cria uma dependência dos destinos em relação às operadoras, que é considerada uma verdadeira fraqueza de muitos destinos, como as ilhas do Caribe, Maiorca, o sul da Espanha, Cancun e outros destinos consolidados.

Os gestores devem procurar alternativas às operadoras de turismo de massa para a distribuição da oferta do destino turístico. Primeiro, porque integrar a carteira dessas grandes operadoras não é trabalho fácil: existem milhares de destinos turísticos no mundo e, portanto, a negociação é concorrida, o que prejudica a rentabilidade do destino.

Uma alternativa é o desenvolvimento de portais de produtos turísticos de interesses específicos. Esses portais têm como objetivo oferecer ao turista todas as informações necessárias para planejar uma viagem aos destinos turísticos que oferecem produtos específicos, tal como descrito anteriormente. Cada vez mais, vemos portais de destinos turísticos funcionando e ampliando sua participação no mercado. Encontramos até mesmo redes de portais de diferentes regiões cooperando entre si para ampliar sua penetração e sua eficácia como instrumento de marketing turístico.

IV. Como diferenciar um destino turístico da concorrência?

Quando um destino turístico ganha visibilidade, os concorrentes procuram imitá-lo, copiando sua imagem e sua oferta. Consequentemente, o poder de atratividade desse destino tende a diminuir à medida que surgem substitutos potenciais. Diante desse problema, especialistas em marketing turístico apelariam para a valorização da identidade sociocultural dos destinos turísticos como base para a formulação de marcas, slogans, produtos e ofertas temáticas.

A mercantilização turística da cultura se justifica pelo fato de ela ser a melhor estratégia para diferenciar a oferta de um destino turístico da concorrência, considerando que todo território possui características, riquezas e valores únicos e inimitáveis.

Essa tendência leva a crer que a base do marketing turístico contemporâneo é o desenvolvimento de marcas, produtos e destinos turísticos temáticos. Mas não estamos falando de qualquer temática, e sim de temas vinculados aos aspectos da cultura, da identidade e do estilo de vida próprios da população e do território em desenvolvimento.

Um dos exemplos brasileiros mais evidentes dessa tendência é o trabalho que vem sendo realizado no Estado da Bahia. Indicadores socioeconômicos levantados pela Secretaria de Cultura e Turismo do Estado da Bahia (Bahiatursa) revelam que o turismo aumentou expressivamente no estado desde que se iniciou o desenvolvimento dos destinos turísticos temáticos da Costa do Cacau, Costa dos Coqueiros, Costa do Descobrimento, Costa das Baleias, Salvador Cultural e Chapada Diamantina.

Nesse sentido, uma nova lei de marketing turístico está em verdadeira formação.

Qualquer estratégia de marca, imagem ou tematização deve procurar o resgate e a valorização dos recursos tangíveis e intangíveis que constituem a identidade do destino turístico.

Nesse contexto, observamos que os valores que constituem a identidade de um destino turístico podem ser de duas categorias:

RECURSOS TANGÍVEIS PRÓPRIOS

São constituídos principalmente pelo patrimônio histórico, paisagístico, geográfico, cultural e ambiental da localidade.

Ex.: cachoeiras, paisagens, clima, qualidade da água, praias, ruínas, museus, patrimônio arquitetônico e produção artesanal.

RECURSOS INTANGÍVEIS PRÓPRIOS

São constituídos por todos os bens culturais imateriais que fazem parte da história e do estilo de vida da comunidade local.

Ex.: folclore, festas regionais, tradições religiosas, gastronomia, representações míticas, qualidade de vida, simpatia, integração social.

O resultado desse posicionamento é a criação de uma imagem do destino turístico diferenciada, que tem a capacidade de mobilizar a sociedade, dinamizar novas ofertas complementares e criar desejo de consumo na mente do cliente, como apontado na teoria de posicionamento de marketing desenvolvida por Ries e Trout.[89]

Diferenciação é o ato de desenvolver um conjunto de diferenças significativas para distinguir a oferta de um destino turístico da concorrência.

Posicionamento é o ato de desenvolver a oferta e a imagem de um destino turístico para ocupar um lugar de destaque no mercado e, especificamente, na mente de seu público-alvo.

Público-alvo é o grupo de pessoas que a mensagem de marketing pretende atingir.

---

89 Ries e Trout, 1982.

> **Marca é um nome, termo, símbolo, desenho ou uma combinação desses elementos que deve identificar os bens e serviços de uma empresa e diferenciá-los da concorrência.[90]**

> **Marca de destino turístico é o resultado de uma combinação de nome, símbolo e desenho capaz de identificar e diferenciar o destino turístico da concorrência.[91]**

> **O processo de desenvolvimento da marca do destino turístico é tão importante quanto a marca em si. Se o processo for a portas fechadas, a marca corre o risco de não ser aceita pela sociedade, perdendo a importância. A elaboração da marca deve ser um evento, deve chamar a atenção pública e promover a mobilização da sociedade.**

V. A marca do destino turístico

Um destino turístico sem marca não tem identidade. Portanto, uma das primeiras ações de marketing recomendadas para qualquer território turístico é o desenvolvimento de sua marca, que tem um papel social, político e mercadológico relevante para o desenvolvimento dessa atividade.

Tem um papel social, pois, se a marca for bem formulada, ela expressará sentimentos e valores compartilhados pela comunidade local, mobilizando-a, fortalecendo o espírito cívico da comunidade e valorizando sua memória social.

A marca tem também um papel político porque o processo de desenvolvimento da marca do destino turístico deve ser visto pelos líderes como uma ação de interesse público. Recomenda-se não só que a marca seja resultado de um concurso público, mas também que sejam convidadas as organizações da sociedade civil para fazer parte do grupo que escolherá a marca representativa da a comunidade nos próximos anos.

O papel mercadológico da marca deve-se ao fato de ela constituir-se no principal elemento de comunicação do destino turístico. Além disso, é o único elemento capaz de transmitir a identidade e o posicionamento do destino turístico no mercado.

Nesse sentido, podemos ver que a marca representa uma das ações mais básicas de marketing turístico.

Algumas características essenciais da marca de destinos turísticos são:

> A marca deverá expressar a identidade do destino turístico. Por exemplo: qual a melhor denominação para a marca? Brazil ou Brasil, Peru ou Perú, España ou Spain? Considerando que a marca deve refletir a identidade do destino, a alternativa mais evidente é utilizar a comunicação que valorize essa identidade, por isso deve-se optar por Brasil, Perú, España.

> A marca pode ser acompanhada por uma mensagem que varia de acordo com os mercados em que se realizam as campanhas de publicidade. A nova marca Brasil, por exemplo, é acompanhada por uma mensagem. Você sabe qual é?

Acertou se pensou: Sensacional.

A mensagem que acompanha a marca pode variar para diferentes idiomas, dependendo do mercado em que se realiza a campanha de publicidade. Exemplos:

Muito além do que você imagina. (Português)

Beyond your expectations. (Inglês)

Mas allá de tu imaginación. (Espanhol)

A marca e a mensagem, contudo, não são elementos exclusivos do marketing turístico de países; a marca deve ser utilizada em qualquer destino turístico (polo, cidade ou região).

Um exemplo próximo é o Plano de Marketing Turístico do bairro de Santa Teresa, no Rio de Janeiro. O plano foi elaborado pelo Senac Rio. No fim do plano, foram propostas marca e mensagem turística para esse polo em particular.

Marcas, portanto, não são criadas de maneira independente ao plano de marketing. A necessidade da marca deve ser contemplada à luz das estratégias definidas no plano de marketing turístico.

É comum ver cidades e regiões que desenvolvem marcas antes mesmo de ter realizado um plano de marketing. Essa prática pode gerar um desperdício de esforços, pois nem sempre a

---

90   Kotler, 2000.
91   Mercotur, 2007.

marca desenvolvida atende aos objetivos de posicionamento identificados em uma análise mais detalhada, como aquela que se oferece no plano de marketing. Por essa razão, cuidado para não cair nesse erro!

VI. Qualidades da marca de um destino turístico

Segundo o Mercotur, a marca deve ter, pelo menos, as seguintes qualidades:

> **Impacto**

A marca deve captar a atenção do consumidor e deixar uma impressão positiva na população local, no turista real e no turista potencial.

> **Atratividade**

A marca deve ser apresentada de uma maneira singular. Quer dizer, deve ser resultado de um design criativo, com características de cor, letra e simbologia próprias.

> **Clareza**

A marca deve ser capaz de transmitir significados. Esses significados normalmente estão associados às características únicas do destino, tal como explicamos anteriormente.

Em um mundo globalizado, a marca representa um dos principais recursos de comunicação e, em muitos casos, um importante ativo da empresa. No caso dos destinos turísticos, não é diferente. O valor de mercado de marcas como Coca-Cola ou I Love NY é difícil mensurar, mas certamente tem um valor indiscutível.

Atualmente, a concorrência internacional pressiona os destinos turísticos para que se posicionem e se diferenciem com base em uma estratégia formal que exige o desenvolvimento da marca do destino turístico. Nesse contexto, será uma prática cada vez mais comum o desenvolvimento de marcas de cidades e destinos turísticos.

VII. Modelo de ciclo de vida do destino turístico

O modelo de ciclo de vida do destino turístico é bastante utilizado como ferramenta para decisões de planejamento e marketing. Segundo esse conceito, um destino turístico percorre, no mercado, quatro fases: introdução, crescimento, maturidade e declínio.

Para afirmar que um destino turístico tem ciclo de vida, partiremos das seguintes premissas:

1. A oferta do destino turístico tem uma vida limitada.

2. Os lucros sobem e descem em diferentes estágios do ciclo de vida do destino turístico.

3. Cada destino turístico requer estratégias de política, infraestrutura e marketing compatíveis com seu estágio do ciclo de vida.

1. Características de cada estágio

Introdução

O turismo surge como atividade paralela da população local. Não há complexidade na organização, nem serviços especializados para turistas. Essa fase caracteriza-se pelo lento crescimento dos ingressos econômicos, ou mesmo prejuízos, em razão dos altos investimentos em infraestruturas, da inexistência de economia de escala e do desconhecimento do destino turístico por grande parte do público-alvo.

Crescimento

Caracteriza-se por um período de crescimento constante, organização intuitiva e falta de orientação estratégica. Período de investimentos e envolvimento da população nas ofertas principais e complementares. É o início de um processo em que o turismo pode gerar empregos, renda e desenvolvimento econômico. Nessa fase, o fluxo dos turistas aumenta as vendas do comércio local e há maiores ingressos econômicos à medida que se ganham experiência e economia de escala. Nesse estágio, a cooperação entre os empresários e o setor público torna-se vital para melhorar, cada vez mais, a competitividade do destino turístico. Aqui também surgem novos "concorrentes", o mercado fica mais competitivo e exige maiores investimentos em marketing para sustentar os ganhos e a participação no mercado.

Maturidade

Nessa fase, o turismo é percebido pela população e pelo governo como peça fundamental na economia da região. Aumentam as tendências ao declínio, aparecem franquias de restaurantes, serviços em geral e redes hoteleiras em particular. O impacto do turismo na cultura local torna-se mais explícito e exige gestão. ONGs envolvem-se na gestão dos impactos e no apoio ao desenvolvimento sustentável. Além disso, ampliam-se os segmentos do mercado que visitam o destino e há ineficiência das estruturas para atender todas as possíveis necessidades dos turistas. Os fluxos são maiores e a gestão torna-se mais complexa e custosa. Vale ressaltar ainda que os ingressos econômicos tendem a se estabilizar, acompanhando o crescimento do mercado, que é pequeno ou até nulo. Nessa fase há um grande número de empresas que disputam o mercado, já que o crescimento só é possível com a perda de participação dos concorrentes.

Na fase de maturidade, a estratégia adotada com mais frequência é manter a participação do mercado por meio de investimentos em promoções, descontos em pacotes turísticos e ofertas em baixa temporada. Em contrapartida, para garantir a manutenção dos ingressos econômicos, as organizações que administram as estruturas empresariais, sociais e públicas reduzem investimentos em tecnologia, pesquisa, inovações em produto e propaganda.

Sob a perspectiva da oferta, um destino turístico maduro costuma apresentar excesso de oferta, competência de preços e, ainda, baixo grau de diferenciação em relação a outros destinos competidores.

Declínio e reposicionamento

Percebemos o declínio quando a oferta do destino turístico fica obsoleta e o destino turístico é gradativamente substituído pela concorrência. Nessa fase, os ingressos econômicos são decrescentes. É necessário organizar novas ofertas temáticas, de modo que atuem sobre novos segmentos da demanda, promovam uma nova imagem com estruturas públicas, sociais e empresariais revitalizadas.

Você já ouviu pessoas dizendo: "Não podemos importar modelos de desenvolvimento, aquilo que funciona nos EUA não necessariamente vai funcionar no Brasil."

Em muitos casos, essas pessoas estão certas. Sabe por quê? Porque os EUA estão num ciclo de vida diferente do Brasil; por isso, não deveríamos copiar seus modelos. O mesmo ocorre com os destinos turísticos. A Figura 13.2 utiliza o modelo de ciclo de vida para analisar o posicionamento do Rio de Janeiro, da Bahia e do Mato Grosso do Sul.

Figura 13.2 – Ciclo de vida do destino turístico

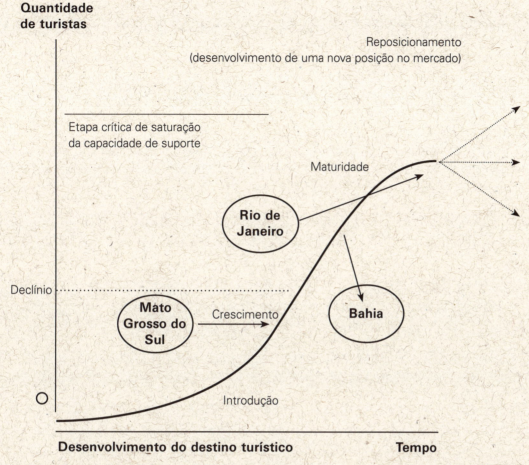

FONTE: BUTLER, 1980.

De acordo com esse modelo, podemos chegar a duas conclusões:
> dependendo do estágio de desenvolvimento do destino turístico, a estratégia de posicionamento do destino e a necessidade de estruturas variam; e
> o destino turístico está em constante transformação e sempre pode entrar numa nova curva de desenvolvimento.

Não esqueça que, ao reconhecer o estágio de desenvolvimento, é possível definir objetivos e elaborar estratégias mais coerentes, pois cada ciclo de vida exige que se realizem ações diferentes.

Os fatores principais que influem na classificação do destino turístico dentro desse modelo são essencialmente quantitativos. Não incluem características organizacionais da oferta, da demanda nem da concorrência.

2. Estratégias de marketing para cada estágio do ciclo de vida

ESTRATÉGIAS PARA O ESTÁGIO DE INTRODUÇÃO

Posicionar um destino turístico no mercado requer tempo e dinheiro. A penetração no mercado costuma ser custosa, exige ampla negociação com os operadores de turismo e com a mídia e normalmente não oferece rentabilidade imediata.

O processo, contudo, pode ser acelerado se o destino criar uma nova categoria de turismo na qual ele possa se destacar como líder. São exemplos disso o turismo de saúde e massagens, desenvolvido na Tailândia; o turismo de favelas, no Rio de Janeiro; e o turismo religioso, em Meca.

Em outras palavras, os gestores precisam ser criativos e ousados para trabalhar com o marketing de destinos turísticos.

O desenvolvimento de um novo segmento de mercado oferece a oportunidade de o destino turístico ser o pioneiro; é isso que o destino deve procurar: trata-se do caminho mais eficaz para entrar nos circuitos internacionais. É necessário ser o primeiro em alguma categoria de turismo, seja na observação de mariposas em cavernas ou na promoção da saúde com terapias indígenas. O melhor é ser o primeiro!

Em geral, os lucros que as empresas apresentam no estágio introdutório costumam ser baixos em razão dos reduzidos fluxos turísticos, da absorção dos custos das estruturas e da promoção nacional e internacional. É necessário muito dinheiro para atrair turistas, afinal, ninguém compra turismo por impulso.

Ao lançar um novo destino turístico no mercado, o gestor deve desenvolver, junto do setor empresarial, uma estratégia de marketing mix para promover o destino nos mercados nacional e internacional, caso necessário. De acordo com Kotler,[92] é possível adotar uma das quatro estratégias a seguir:

> Desnatamento rápido

Lançamento de novo destino turístico a um preço alto e com muita promoção. Essa estratégia é indicada quando grande parte do público-alvo não conhece a oferta do destino turístico, porém está disposta a pagar preços altos pelo *status* de visitar um lugar da moda. A Costa de Sauípe é um desses casos.[93]

> Desnatamento lento

Lançamento de um novo destino turístico a um preço alto e com pouca promoção. Essa estratégia é indicada quando o mercado é limitado em tamanho, grande parte do público-alvo conhece a oferta do destino turístico, os turistas estão dispostos a pagar um preço alto, e a concorrência não será imediata. O turismo espacial é um desses casos.

> Penetração rápida

Lançamento do destino turístico a um preço baixo e com pesados investimentos em promoção. Essa estratégia é indicada quando o destino opta por atrair grandes fluxos de visitantes. Normalmente é adotada em regiões em que se criam grandes infraestruturas turísticas e hoteleiras, em que o impacto ambiental é administrado. Cancun, no México, é um desses casos.

> Penetração lenta

Lançamento de destino turístico a um preço baixo e com pouca promoção. Essa estratégia é indicada para destinos que têm pouca infraestrutura turística, nos quais o público-alvo é sensível a preços e a oferta não é altamente diferenciada. Essa é a categoria predominante do desenvolvimento turístico brasileiro. Ilha Grande, no Rio de Janeiro; Ponta Negra, em Natal; Jalapão, em Tocantins; Ilha de Marajó, no Pará, e Garopaba, em Santa Catarina, inserem-se nessa estratégia.

ESTRATÉGIAS PARA O ESTÁGIO DE CRESCIMENTO

O estágio de crescimento é marcado por uma rápida expansão dos fluxos turísticos. As operadoras incluem o destino turístico em seus programas, e inicia-se um processo de comer-

---

92   Kotler, 2000.
93   A Costa do Sauípe foi promovida, inicialmente, utilizando essa estratégia; parece que depois, por não apresentar os resultados esperados, foi adotada a estratégia de penetração rápida.

cialização globalizado. Novas estruturas são construídas, e os impactos social e ambiental costumam aumentar proporcionalmente.

Durante esse estágio, a economia se dinamiza em torno de atividades vinculadas ao turismo, tornando-o uma atividade dinamizadora do crescimento.

Nesse estágio do ciclo de vida, o gestor precisa utilizar instrumentos como o planejamento turístico, para manter o crescimento econômico e garantir a sustentabilidade do desenvolvimento. Entre as ações que podem ser realizadas, destacamos:

> desenvolvimento de campanhas de conscientização e educação social, ambiental e turística;

> melhoria da qualidade da oferta dos serviços públicos;

> controle e incentivo à certificação turística;

> desenvolvimento de produtos para segmentos específicos do mercado, menos sensíveis a preço; e

> fortalecimento da marca e da imagem do destino turístico.

Nesse estágio de crescimento, devemos trabalhar em constante cooperação com a sociedade civil e a iniciativa privada, a fim de que o plano de turismo reflita os interesses públicos e que a oferta turística esteja integrada aos valores e interesses locais.

Vale ressaltar que maiores fluxos turísticos não representam, necessariamente, maior rentabilidade. Representam, contudo, maior impacto e custos públicos. Nesse caso, recomendo o desenvolvimento de estratégias cooperativas com outros destinos turísticos que complementem a oferta local para descentralizar o fluxo turístico.

Esse tipo de ação permite melhorar a distribuição de renda na região. Além disso, diversifica a oferta turística para o visitante, tornando o destino mais atrativo sob o ponto de vista da demanda. Um exemplo dessa prática é a estratégia que vem sendo utilizada entre o município de Bonito e o de Bodoquena, no Mato Grosso do Sul.

Exemplos de destinos turísticos em fase de crescimento são:

> Bonito, em Mato Grosso do Sul;

> Lençóis maranhenses, no Maranhão;

> Florianópolis, em Santa Catarina;

> Porto de Galinhas, em Pernambuco; e

> Estrada Real, entre Minas Gerais, São Paulo e Rio de Janeiro.

ESTRATÉGIAS PARA O ESTÁGIO DE MATURIDADE

Quando a quantidade de turistas deixa de crescer, o destino turístico entra num estágio de relativa maturidade. Esse estágio normalmente dura mais do que os anteriores. Ele se apresenta como um verdadeiro desafio para os gestores, uma vez que exige um esforço coordenado de reposicionamento da oferta, da marca e, muitas vezes, da imagem do destino. Para enfrentar esse desafio, o planejamento de marketing é essencial.

Segundo Kotler,[94] o estágio de maturidade se divide em três fases: maturidade de crescimento, maturidade estabilizada e maturidade decadente.

Na primeira fase, a maturidade de crescimento, a taxa relativa à quantidade de turistas começa a cair.

Na segunda fase, a maturidade estabilizada, os fluxos turísticos se estabilizam e tendem a diminuir, em razão de a oferta turística e sua imagem serem amplamente conhecidas.

Na terceira fase, a maturidade decadente, o nível absoluto de turistas inicia um processo de redução: os turistas começam a perder interesse pelo destino, que é substituído por outros mais atrativos.

---

94   Kotler, 2000.

A redução dos fluxos turísticos cria, muitas vezes, um excesso de oferta, que leva a uma concorrência excessiva e à guerra de preços. Nesse momento, as empresas mais endividadas ou as mais fracas financeiramente são fechadas. Consequentemente, o destino turístico perde competitividade.

Existem diversos exemplos de destinos turísticos que passam ou passaram por esse período: Las Vegas, Miami Beach, Costa Brava, Bali, Cidade do México, Bangcoc, Lima e Rio de Janeiro. São casos de destinos turísticos que, em algum momento, perderam sua capacidade para se reinventar, tenha sido em razão da falta de interesse político ou da dura concorrência.

Nesse estágio, nem todas as empresas se prejudicam; existem algumas líderes em custos ou em qualidade que sabem tirar proveito desse momento e alcançam grandes lucros em virtude de suas vantagens competitivas.

Em um mercado maduro, as empresas estão diante de dois grandes desafios: deve-se lutar por alto volume de vendas e baixos custos, como fez a rede francesa de hotéis Accor, ou deve-se trabalhar com segmentos específicos do mercado, menos sensíveis ao preço, como o segmento de turismo de saúde.

No estágio de maturidade, o destino turístico deve iniciar um processo coordenado de reposicionamento. Antes, porém, deve identificar que valores construídos devem ser mantidos (eles já estão na mente do consumidor como parte da identidade do destino) e quais devem ser renovados. Isso significa que reposicionar o destino turístico não é abandonar tudo o que já se conquistou, mas reinventar-se continuamente com base em novos produtos, como faz Barcelona ano a ano.

Quando o destino turístico é maduro, é necessário trabalhar sob a diversificação da oferta e a expansão da quantidade de turistas que visitam o destino. Isso pode ser conseguido de três formas:

> atraindo clientes de destinos concorrentes diretos ou indiretos, porém que estão localizados a curta distância;

> penetrando em novos segmentos de mercado com novas ofertas e novas submarcas; ou

> realizando parcerias com outros destinos de curta distância, buscando ampliar o poder de atratividade de ambos, com base no desenvolvimento de uma oferta complementar.

ESTRATÉGIAS PARA O ESTÁGIO DE DECLÍNIO

Normalmente, nesse estágio, a quantidade de turistas que visitam o destino turístico encontra-se num verdadeiro processo de queda. À medida que a quantidade de turistas e os ingressos por turismo caem, as empresas que sobrevivem tendem a reduzir o número de funcionários. Consequentemente, a qualidade da oferta como um todo é prejudicada.

Considerando que o destino turístico é formado pelo somatório de estruturas públicas, empresariais e sociais, pensar num processo de reposicionamento integral é tarefa que requer liderança e níveis de cooperação altamente definidos.

Nesse estágio, é determinante realizar um diagnóstico do destino turístico e desenvolver um plano de reposicionamento que seja resultado da participação dos setores público, privado e da sociedade civil. Essa é a única estratégia possível para reposicionar um destino turístico em declínio.

O estágio de declínio exige, de todos os setores, ampla coordenação de ações. Os grupos de interesse precisam enxergar que o sucesso de todos depende de sua sensibilidade em perceber o problema em comum. Além disso, é necessário estar consciente de que o problema coletivo só poderá ser resolvido em parceria. Caso contrário, dificilmente se conseguirá a força necessária para reposicionar o destino turístico – pelo menos não na velocidade necessária para evitar uma crise profunda do setor.

Exemplos de destinos turísticos em declínio são: Samui, na Tailândia; Ibiza,[95] na Espanha, e Guarujá, em São Paulo.

Nesse estágio, a principal estratégia de marketing é a da cooperação.[96]

VIII. Conclusões

Podemos concluir que os destinos turísticos são estruturas organizacionais dinâmicas. Precisam ser administradas, mas não existe uma receita de bolo para desenvolver o posicionamento ideal de um destino turístico. Porém, conceitos como a marca de destinos turísticos e seu ciclo de vida nos ajudam a decidir quais as ações mais apropriadas para cada estágio do desenvolvimento. Sugiro que os gestores identifiquem outros destinos turísticos que estejam em estágios semelhantes de desenvolvimento e que analisem suas práticas vencedoras para possível *benchmarking*.

Como ferramenta de marketing, o conceito de ciclo de vida auxilia a identificar os principais desafios para cada estágio da vida de um destino turístico. Como instrumento de controle, o conceito auxilia os gestores a avaliar o desempenho do destino turístico e a compará-lo com outros destinos semelhantes. O conceito é um instrumento útil para a gestão do turismo e altamente utilizado por especialistas em desenvolvimento local.

Exercícios

1. Pesquise na internet páginas que ofertem: turismo de observação de aves no Peru, turismo de pesca esportiva no Equador, turismo em favelas no Rio de Janeiro, turismo gastronômico no México, turismo de golfe na Espanha, turismo de surfe na Indonésia.

Escolha duas ofertas e, utilizando como referência a Figura 13.1 (Os 4 Ps do marketing mix), faça a análise de produto, preço, promoção e praça. Faça uma breve descrição de cada um desses elementos e responda à seguinte pergunta:

Você acredita que essas ofertas se manteriam em longo prazo e seriam sustentáveis se fossem objeto de estratégias de comercialização em massa? Por quê?

2. Pesquise a marca e a mensagem de promoção dos seguintes destinos turísticos: Galápagos; Jamaica; Austrália; Havaí; Aruba; e Argentina.

3. Compare as cidades de Salvador (BA) e Búzios (RJ).

Localize-as na curva de ciclo de vida e justifique sua decisão, utilizando dados qualitativos e quantitativos.

Identifique os recursos que fundamentam a estratégia de posicionamento desses destinos.

Você acredita que as estratégias de posicionamento dos destinos que pesquisou são sustentáveis? Por quê?

4. Pesquise dois exemplos para cada um dos estágios do ciclo de vida de destinos turísticos e justifique a resposta.

5. Utilize o modelo de ciclo de vida para identificar em que estágio se encontra a sua cidade e desenvolva uma estratégia de posicionamento. Tenha como referência os critérios apresentados.

6. Forme grupos de três pessoas e debata: você acredita que o modelo de ciclo de vida de destinos turísticos pode ajudar pequenos empresários que ainda estão por decidir onde realizar seus investimentos? Justifique sua resposta.

---

95 A Ilha de Ibiza está em processo de reposicionamento. Sua oferta, antes associada a festas e público jovem, está mudando para mercados como o de turismo familiar e o cultural.

96 Ver Capítulo 8.

Leituras recomendadas

Barney, Jay B. "Types of competition and the theory of strategy: toward an integrative framework". *Academy of Management Review*, v. 11, nº 4, pp. 791-800, 1986.

Bernier, Enrique Torres. "Actualización de las megatendencias del mercado turístico". Apuntes del Programa de Doctorado en Gestión y Desarrollo Turístico Sostenible. Málaga: UMA, 2005.

Butler, R. W. "The concept of a tourist area cycle of evolution: implications for management of resources". *The Canadian Geographer*, nº 24. pp. 1-16, 1980.

Giddens, Anthony. *Modernidade e identidade*. Rio de Janeiro: Zahar, 2002.

Gitlin, Todd. *Mídias sem limite*. Rio de Janeiro: Civilização Brasileira, 2003.

Inskeep, Edward. *Tourism Planning: an integrated and sustainable approach*. Nova York: John Wiley & Sons, 1991.

Kotler, Phillip. *Administração de marketing*. Prentice Hall: São Paulo, 2000.

Ries, Al; Trout, Jack. *Positioning: the battle for your mind*. Nova York: Warner Books, 1982.

Russo, A. P. "Organizing sustainable tourism development in heritage cities". In: *Technical Report*, nº 28. Proceedings of the international seminar: tourism management in heritage cities. Verona: Cierre Gráfica, 1998.

Zornoza, Camisón; Mir, Vicente. "Estratégias de reposicionamiento para destinos turísticos maduros: el caso de la Costa Blanca". In: *Estudios Turísticos*, nº 135, pp. 7-28, 1998.

ESTUDO DE CASO 1
COSTA BLANCA, ESPANHA
EXEMPLO DE REPOSICIONAMENTO DE UM DESTINO TURÍSTICO

A Comunidade Valenciana, na Espanha, é uma fonte em potencial turístico, consolidada em uma carteira de negócios turísticos na qual se combinam clusters turísticos maduros com outros em fase de crescimento e desenvolvimento (turismo ecológico, turismo de saúde, turismo esportivo etc.). Seu modelo turístico, porém, estagnou-se na oferta tradicional de sol e praia, aproveitando as vantagens comparativas do entorno territorial.

Dentro da região, a Costa Blanca é o principal destino turístico, integrado principalmente por marcas tão conhecidas no mercado europeu como Denia, Jávea, Villajoyosa e Benidorm. Percebe-se a maturidade do destino tanto pela inelasticidade e estancamento da demanda como pelo excesso de oferta. Esses fatores, associados a outros como a aparição de novos destinos turísticos com certas vantagens comparativas e o predomínio de estratégias de competências em preços sobre a base de produtos pouco diferenciados, têm produzido uma queda na taxa de ocupação hoteleira e na competitividade do destino turístico como um todo.

A revitalização da Costa Blanca estará ligada a uma política integrada de desenvolvimento de infraestruturas sociais, comerciais e públicas capaz de apresentar uma oferta turística ajustada às mudanças do mercado e a uma nova imagem do destino Costa Blanca, com o objetivo de maximizar a satisfação e a fidelização do turista.

Deve ficar claro que o êxito do desenvolvimento de uma estratégia de reposicionamento de um destino turístico, como é o caso da Costa Blanca, não depende exclusivamente de uma estratégia de comunicação nem do fortalecimento da imagem, mas de ações integradas em três frentes: infraestruturas públicas, sociais e comerciais.

FONTE: ADAPTADO DE CÉSAR CAMISÓN ZORNOZA E VICENTE MORFORT MIR. REVISTA DE ESTUDOS TURÍSTICOS, Nº 135, 1998.

ESTUDO DE CASO 2
A NOVA MARCA DO BRASIL

O Brasil desenvolveu em 2005 a nova marca que passa a representar a imagem do país no mundo. A marca Brasil é resultado de Marketing Turístico Internacional – Plano Aquarela, o primeiro do Brasil. A nova marca será utilizada em todas as ações e nos programas de comunicação e comercialização dos produtos, serviços e destinos turísticos brasileiros. Desenvolvido pelo Ministério do Turismo, por meio da Embratur, o Plano Aquarela estabeleceu, em pesquisas realizadas em 19 mercados, as bases para todas as futuras ações brasileiras de marketing no exterior. Todo o processo contou com o envolvimento do Ministério do Desenvolvimento, Indústria e Comércio Exterior.

A marca foi desenvolvida tendo como referência pontos como a alegria, a sinuosidade, a luminosidade e a modernidade. A marca ganhadora resultou da seleção de cinco finalistas dos 37 escritórios de design inscritos, numa parceria entre a Embratur e a Associação de Designers Gráficos (ADG). Além do suporte técnico, a ADG promoveu o envolvimento da sociedade no processo de seleção inicial.

A promoção do Brasil no exterior vem sendo ampliada desde 2003, com o direcionamento das ações da Embratur para a promoção internacional. Com base nessa estratégia, o Brasil passou a ter maior presença em feiras, a realizar mais workshops e ações de marketing, que foram intensificados em 2004, com a abertura de escritórios brasileiros de turismo no exterior. Em 2005, o turismo brasileiro ganha o reforço de um plano de marketing turístico internacional, por meio da marca Brasil e de uma matriz gerencial de ações estratégicas e competitivas para inserir a oferta brasileira em mercados específicos.

O Plano Aquarela custou R$ 4 milhões e tem como um de seus principais objetivos posicionar o Brasil entre os vinte maiores destinos de turismo do mundo.

FONTE: MINISTÉRIO DO TURISMO – PRESS RELEASE.

ESTUDO DE CASO 3
CARAVANA BRASIL

Criado em 2003, o projeto Caravana Brasil é uma das principais ferramentas da Embratur para apoiar a comercialização de produtos, serviços e destinos turísticos no exterior. Em formato de viagem de familiarização, cada edição do projeto leva operadores de turismo nacionais e internacionais para conhecer, com base em uma experiência vivencial, a infraestrutura, os equipamentos e as atrações turísticas de diferentes regiões do Brasil.

Voos, serviços de receptivo, transfer, refeições, hotéis e passeios – na Caravana Brasil, os operadores experimentam todas essas etapas como se fossem turistas, testando o pacote que, posteriormente, poderão comercializar.

Uma pesquisa da diretoria de turismo, lazer e incentivo da Embratur, responsável pelo projeto, constatou que 85% dos operadores brasileiros que participaram dessa estratégia de marketing, até 2004, desenvolveram roteiros com os destinos visitados.

O projeto Caravana Brasil é resultado de uma parceria público-privada. Alguns dos principais parceiros da Embratur são: Brazilian Incoming Travel Organization (Bito), Associação Brasileira das Operadoras de Turismo (Braztoa), Varig, TAM, TAP, os Bureaux de Comercialização, Infraero, Fórum de Operadores Hoteleiros do Brasil (FOHB) e governos dos estados e municípios.

Quadro A – Indicadores Caravana Brasil

	Viagens realizadas	Operadores atendidos	Destinos visitados	Profissionais de receptivo envolvidos
2003	9	92	16	123
2004	19	195	89	422
2005*	18	185	60	253
Total	46	472	165	798

* Primeiro semestre de 2005.

FONTE: EMBRATUR.

Basta ser sincero e desejar profundo,
você será capaz de sacudir o mundo.
Raul Seixas

14

OBJETIVOS DO CAPÍTULO

Apresentar a metodologia de desenvolvimento participativo.

Apontar os benefícios do desenvolvimento participativo.

Explicar técnicas para liderar grupos no processo de desenvolvimento participativo.

Metodologia para o desenvolvimento turístico participativo

O turismo é uma atividade multissetorial. Seu desenvolvimento depende da coordenação de diversas políticas públicas e do envolvimento da sociedade local. Líderes políticos que estão no governo e apostam no turismo precisam promover um pacto com a sociedade e com os partidos políticos da oposição. É um meio para que as políticas de turismo realmente contribuam para a dinamização do setor. O caminho para dar viabilidade a esse pacto é o desenvolvimento participativo.

Uma das principais tendências da política de desenvolvimento local é engajar a sociedade nos processos decisórios. O desenvolvimento participativo é uma resposta da sociedade à necessidade de assegurar que as decisões políticas atendam a interesses públicos legítimos e que sua continuidade não se veja afetada pelas mudanças de governo.

O clientelismo populista, estilo que muitos políticos adotam para ganhar votos, é claramente prejudicial para o progresso do país. As cidades mais desenvolvidas democraticamente apresentam uma sociedade civil organizada e participativa. O seu nível de participação e engajamento em temas públicos está vinculado a laços históricos e culturais, e até resulta da superação de situações de crise que determinada população possa ter superado, como catástrofes naturais, atentados terroristas e epidemias. Contudo, o Estado pode contribuir para o fortalecimento da democracia e do espírito cívico da sociedade, convidando a comunidade a participar da política de desenvolvimento e, principalmente, da política de turismo.

Considerando que o desenvolvimento participativo é um ato político, outras secretarias de governo e partidos políticos da oposição devem ser convidados a participar, com o intuito de se alcançar o consenso quanto aos objetivos da política de turismo local.

A metodologia apresentada a seguir ilustra o processo de desenvolvimento participativo e pode ser aplicada na análise estratégica, na formulação da marca e até mesmo na definição das estratégias e ações prioritárias.

Lembremos que dar viabilidade ao desenvolvimento participativo é um grande desafio político, primeiro em razão da dificuldade de convocar pessoas de diferentes interesses e setores para trabalharem juntas, e segundo em virtude da dificuldade de se chegar ao consenso quanto às decisões, considerando que os objetivos particulares devem estar subordinados aos interesses públicos. Mesmo assim, o desenvolvimento participativo pode ser aplicado de forma parcial, uma vez que sua implementação confere força às decisões políticas.

I. Processo sistemático

1º: Convocação pública;

2º: Formação de equipe técnica;

3º: Identificação de necessidades, oportunidades e benefícios;

4º: Formação de grupos de trabalho; e

5º: Análise e diagnóstico.

Por questões didáticas, aplicaremos a metodologia de desenvolvimento turístico participativo ao processo de formulação da marca do destino turístico.

1. Convocação pública

Convoque a comunidade interessada no desenvolvimento do turismo:

> sociedade civil;

> iniciativa privada;

> organizações públicas; e

> partidos políticos.

Quanto mais pessoas estiverem presentes, maior será a publicidade do evento, a legitimidade pública do trabalho e seu efeito político.

Não realize nenhum encontro sem antes ter confirmado a presença de um número representativo de pessoas da comunidade.

Faça alianças e reuniões com líderes da sociedade civil, para que atuem como agentes facilitadores do trabalho.

Dedique algumas semanas para a divulgação do evento; se possível, além dos convites dirigidos às associações da sociedade civil e aos empresários, utilize meios de comunicação de massa, como rádio, televisão e jornais. Solicite o apoio desses meios de comunicação, usando como argumento o interesse público do evento.

2. Formação de equipe técnica

A equipe técnica corresponde às pessoas que integram sua equipe e que estão ali para colaborar com a organização e coordenação da dinâmica de trabalho participativo. Por isso, a equipe deverá ter experiência em coordenação de grupos, desenvolvimento participativo e turismo.

O tamanho de sua equipe deverá variar de acordo com a quantidade de pessoas convocadas para a reunião de trabalho. O ideal é ter um técnico para cada grupo de seis a 12 pessoas.

Defina uma agenda de trabalho. Antes de concluída a primeira reunião, deve-se anunciar a agenda para os próximos encontros. Não se recomendam mais de quatro encontros.

3. Identificação de necessidades, oportunidades e benefícios

Durante o primeiro encontro, o coordenador do projeto e alguém convidado especialmente para isso devem realizar uma breve palestra de conscientização. Nela, devem ser apontados as necessidades, as oportunidades e os benefícios do desenvolvimento da marca do destino turístico. Atenção: não é recomendável que a palestra dure mais de 25 minutos.

Essa palestra deve despertar um senso de urgência nos que a assistiram, diante da necessidade de formular a marca como elemento integrante do marketing do destino turístico.

Exemplo:

"Senhores, o futuro da comunidade está em suas mãos!"

Durante a apresentação, assim como devem ser explicados os benefícios do turismo e as oportunidades de emprego e renda que podem ser alcançadas caso o destino se desenvolva de maneira competitiva e sustentável, devem também ser mostradas algumas limitações do trabalho. É melhor que você mesmo se adiante a possíveis críticas, o que mostra seu conhecimento do assunto ao tentar "convencer" os outros de que o trabalho ou a proposta é perfeita. Isso permitirá que as pessoas ganhem mais confiança em você e no trabalho.

Para ter um desempenho excelente, releia o Capítulo 1, "Introdução à gestão de destinos turísticos". Nele você encontrará conhecimentos valiosos para exercer esse trabalho com profissionalismo.

4. Formação de grupos de trabalho

Uma vez concluída a palestra, devemos apresentar a agenda de trabalho para os próximos dias. As seguintes atividades devem ser realizadas:

> Forme grupos de trabalho de quatro a seis pessoas, de modo que sua composição seja heterogênea – cada grupo deve ter representantes do setor público, do privado e da sociedade civil local.

> Defina um tempo que considere razoável para as pessoas iniciarem seu trabalho de *brainstorm*. Sugiro que trabalhem entre vinte a trinta minutos.

O objetivo do *brainstorm* é dar vazão às ideias, sem que seja necessário escolher uma delas de imediato. A ideia central é encorajar a participação; quanto mais ideias, melhores os resultados. Sugira que as ideias de cada grupo sejam escritas num papel. Assim, você provoca uma reflexão mais profunda.

A equipe técnica deve estimular o fluxo de ideias, fazendo perguntas como:

> O que mais?

> O que poderia ser substituído ou eliminado?

> O que poderíamos agregar?

No fim, cada grupo de trabalho deve apresentar uma lista com as principais ideias levantadas para a marca do destino turístico.

Considere, para a definição do tempo, os seguintes fatores e circunstâncias:

> tamanho do grupo;

> quantidade de técnicos de apoio;

> experiência dos participantes; e

> reuniões curtas não permitem a reflexão; já reuniões muito longas levam as pessoas a perder o interesse no trabalho. Esteja atento a esses sinais.

Escolha um técnico para cada grupo. Lembre-se de que o objetivo do técnico não é interferir no processo de criação do grupo, mas estimulá-lo a produzir ideias criativas e manter, no tempo previsto, o foco das discussões nos objetivos do trabalho.

5. Análise e diagnóstico

Uma vez concluído o tempo, ponha a lista de ideias imediatas em um mural. Então, todas devem ser lidas por um representante de cada grupo; não por você!

Depois de realizada a leitura pública, faça o seguinte:

> Identifique, com apoio das pessoas, porém assumindo um papel de controle mais ativo, quais as palavras-chave ou as que, na opinião do público, melhor revelam a identidade e os interesses do destino turístico.

> Com base no reconhecimento e na aceitação dessas palavras pelo público, ajude-os a identificar, com o apoio da equipe técnica, alguns elementos que deveriam orientar a elaboração de uma marca que sintetize todos os valores expostos.

Seja rigoroso em cumprir o tempo previsto ou, caso o altere, avise a todos os participantes publicamente, justificando a ação. Isso é importante para manter a motivação e o senso de profissionalismo de seu trabalho.

> O processo só terá chegado ao fim quando "todos" reconhecerem e aceitarem os elementos que deveriam integrar a marca do destino turístico. Esses elementos podem ser atrativos específicos, características socioculturais, elementos do folclore etc.

Se necessário, realize essa última tarefa em outro encontro, conforme a agenda. Porém, não termine o primeiro encontro antes de definir as palavras-chave da marca. Assim, todos poderão ir pensando e articulando suas próprias ideias com liberdade, porém orientados pelo trabalho que já foi realizado.

Até aqui você deve ter percebido que o exemplo da marca serve para ilustrar a metodologia de desenvolvimento participativo. O trabalho de coordenação é uma atividade essencial do gestor. Utilizando essas técnicas já testadas e aprovadas pela sua eficácia, você terá melhores resultados como coordenador do processo de desenvolvimento participativo.

II. Por que optar pelo desenvolvimento turístico participativo?

Para promover o desenvolvimento sustentável, é necessário que os objetivos do desenvolvimento sejam uma extensão dos interesses verdadeiros da comunidade.

Por outro lado, não se esqueça de que os planos e a política de turismo precisam de reconhecimento público para que sejam levados adiante e tenham continuidade. Lembre-se de que o desenvolvimento social e econômico não é tarefa fácil. Se o fosse, o Brasil, com todas as riquezas que possui, seria um país altamente desenvolvido, e não o é. Não é verdade? Muitas vezes, porém, projetos importantes perdem-se no tempo por não ter o poder político necessário para sair do sistema burocrático. Isso não pode acontecer com o seu projeto!

Vale a pena mencionar dois pontos em particular que justificam por que o planejamento turístico deve ser construído de forma participativa:

1. Quanto mais pessoas interessadas em executar o projeto, maior a força política de seu trabalho.

2. O desenvolvimento turístico exige equipes altamente comprometidas, isto é, pessoas que não precisem ser supervisionadas continuamente e que tenham capacidade de contornar os problemas. O desenvolvimento participativo permite que as pessoas trabalhem com dedicação pela relevância pública do trabalho.

III. Conclusões

O esforço que se despende para promover a participação popular nos processos de desenvolvimento tem sua origem na necessidade de fortalecer o espírito cívico e a democracia. À medida que a sociedade se organiza e se engaja por meios democráticos na construção de seu futuro, ele se torna mais forte.

Como analisamos em capítulos anteriores, o desenvolvimento turístico exige altos níveis de coordenação política e social, que deve ser pactuada em processos públicos e nas reuniões de desenvolvimento participativo.

A democracia não se reduz apenas ao momento em que se escolhe um representante por meio do voto; ela é uma prática que exige o exercício da cidadania. Quanto mais pessoas participam do planejamento turístico, maior será a legitimidade pública do trabalho realizado e o compromisso do Estado para com a execução das ações previstas.

A coordenação dessa atividade é uma tarefa complexa. Consequentemente, recomendo que o desenvolvimento participativo seja realizado de forma complementar ao processo tradicional de planejamento. Combinando ambas as técnicas, é possível alcançar resultados de base técnica consistentes e, portanto, capazes de subsidiar a formulação de políticas públicas eficazes.

Exercícios

1. Imagine e descreva seu futuro em cinco anos.

> Onde você quer morar?

> Que cargo deseja ocupar profissionalmente?

> Como estará sua empresa?

> Em que tipo de projetos você quer estar envolvido?

> Pretende continuar seus estudos? Em que área?

2. Na sua opinião, quais são as principais dificuldades do desenvolvimento turístico participativo? Como você superaria essas dificuldades?

3. Há, basicamente, dois benefícios que justificam o desenvolvimento turístico participativo. Quais são eles? Na sua opinião, qual é o mais relevante? Por quê?

Leituras recomendadas

DRUCKER, Peter. *Management: tasks, responsibilities, and practices.* Nova York: Harper & Row, 1974.

OLIVEIRA, Djalma de Pinho Rebouças. *Planejamento estratégico: conceitos, metodologia e práticas.* 16.ed. São Paulo: Atlas, 2001.

VASCONCELLOS, Paulo; PAGNONCELLI, Dernizio. *Construindo estratégias para vencer.* Rio de Janeiro: Campus, 2001.

ESTUDO DE CASO 1
CONSERVAÇÃO DAS RUÍNAS MAIAS DE TEKAX, MÉXICO – PARTICIPAÇÃO COMUNITÁRIA

Na península mexicana de Yucatán, encontra-se o município de Tekax, integrado por 65 povoados e uma cidade principal de mesmo nome, com 35 mil habitantes. Durante o período de reconstrução, após o desastre provocado pelo furacão Gilbert em 1988, encontrou-se, em meio a uma obra do novo complexo esportivo, uma antiga cidade maia que apoiava a rota comercial entre a Guatemala e o Golfo do México. Escavações na área descobriram mais de cem cavernas em que os antigos maias fabricavam ferramentas com estalactites e cortavam suas pedras para a edificação de pirâmides. A questão suscitada foi como proteger o patrimônio de uma possível exploração inadequada e como aproveitá-lo para promover o desenvolvimento social e econômico da comunidade local.

Javier Cámara Mejía, um engenheiro de desenvolvimento rural de Tekax, percebeu que seria possível levar adiante um plano de desenvolvimento turístico participativo. Com base nessa visão, organizaram-se dois grupos: Prodetek S.A., sociedade com 18 investidores, todos membros da Câmara de Comércio, e Prodetek A.C., sociedade civil, sem fins lucrativos. Com o apoio de assessores nacionais, estrangeiros e a participação de autoridades locais, estaduais e federais, os grupos organizaram uma expedição científica para avaliar a importância natural e histórica das cavernas.

Com base nesse esforço, dentro de um plano de ação comunitário, estabeleceram-se projetos como:

> definição da zona arqueológica;

> educação ambiental para residentes locais, com o objetivo de conscientizá-los da importância de preservar esses recursos naturais e históricos do império maia; e

> projetos coordenados pelo comitê central, com execução a cargo de grupos especiais de cidadãos, focados nas necessidades de desenvolvimento da comunidade, por exemplo, melhoria das infraestruturas hídricas e diversificação agrícola.

Atualmente, os investidores da Prodetek S.A. financiam os custos dos projetos e tratam de abrir um pequeno hotel para ecoturistas, construído com materiais e estilo tradicional indígena. O projeto de proteção das cavernas e das ruínas ainda não foi totalmente implementado.

FONTE: ADAPTADO DE MARGIE GLOVER, ESPECIALISTA EM ECOTURISMO.

ESTUDO DE CASO 2
A PARTICIPAÇÃO COMO FOCO ÉTICO PARA O DESENVOLVIMENTO TURÍSTICO NA PRAINHA DO CANTO VERDE, CEARÁ

A avaliação do fenômeno turístico, na busca da construção de sociedades mais justas e participativas, e por meio do fomento de atividades econômicas que promovam o desenvolvimento humano de forma equitativa e sustentável, faz com que o olhar da pesquisa sobre o fenômeno turístico tenha como foco principal um ator fundamental no processo de desenvolvimento turístico: a comunidade receptora do destino turístico.

Apesar dos desafios a ser enfrentados no processo de desenvolvimento de base comunitária, no caso particular da Prainha do Canto Verde (Beberibe, CE), a esperança venceu o medo. A comunidade local, cansada de esperar do Estado soluções para a melhoria da qualidade de vida, buscou o engajamento e a autonomia para o desenvolvimento de seu próprio projeto turístico. Assim, o desafio se tornou realidade e o discurso se expressou na prática.

A base do êxito dessa iniciativa encontra-se nos elementos-chave do capital social. O processo histórico de participação, luta e resistência fortaleceu o capital social da comunidade, que foi se acumulando e se consolidando progressivamente. Esse "capital social" resultou na criação de um modelo turístico que se apresenta como a expressão do desejo de seus habitantes. Os moradores da Prainha do Canto Verde não são apenas habitantes do local herdado, mas, sim, seus construtores. Eles não são atores sociais, eles são sujeitos sociais que atuam também como autores de seu destino, pois criam, escrevem, roteirizam e atuam na sua história.

Esse exemplo nacional revela o conceito de participação como partes em ação e representa a forma pela qual os sujeitos sociais, ligados uns aos outros, agem coletivamente. Partes em ação que partilham e compartilham alegrias e dores, sucessos e fracassos na busca de um ideal comum. Partes em ação que permitem validar o conceito de turismo de base comunitária no Brasil.

FONTE: PROFESSORA TERESA CRISTINA DE MIRANDA MENDONÇA, MESTRE EM PSICOSSOCIOLOGIA DE COMUNIDADES E ECOLOGIA SOCIAL PELA UFRJ E COORDENADORA DO CURSO DE TURISMO DA UNIVERSIDADE ESTÁCIO DE SÁ, 2005.

Conceitos

AMBIENTE EXTERNO é o conjunto de fatores tangíveis e intangíveis fora dos limites em que se desenvolve o destino turístico.

AMBIENTE INTERNO é o conjunto de fatores tangíveis e intangíveis que influem na estrutura organizacional do destino turístico.

AMEAÇAS são situações do ambiente externo que podem colocar em risco o desenvolvimento do destino turístico.

ATRATIVO TURÍSTICO é um recurso territorial, natural ou sociocultural que tem potencial de atrair turistas a um destino turístico.

CAPACIDADE DE SUPORTE mede a capacidade que os recursos têm para receber visitantes.

CLUSTER DE TURISMO é o agrupamento de empresas de turismo localizadas em um mesmo território, que apresentam uma oferta especializada e mantêm vínculos de cooperação, articulação e aprendizagem entre si e com outros atores locais, como o governo, associações de classe, instituições de crédito, ensino e pesquisa.

COOPERAÇÃO é o acordo em que organizações, grupos e indivíduos concordam em trabalhar em conjunto para realizar uma tarefa específica, a fim de atingir um objetivo de interesse comum.

COMPETITIVIDADE DO DESTINO TURÍSTICO é a capacidade que um destino turístico tem para concorrer com outros destinos do mundo, gerando um nível de renda superior à média e mantendo essa situação a longo prazo, com o mínimo custo social e ambiental possível.

COMUNIDADE LOCAL é composta pelas pessoas que vivem na região do empreendimento.

DESTINO TURÍSTICO compreende local, cidade, região ou país para onde se movimentam os fluxos turísticos.

DIFERENCIAÇÃO é o ato de desenvolver um conjunto de diferenças significativas, para distinguir a oferta de um destino turístico da concorrência.

ECOEFICIÊNCIA mede a capacidade de renovação biológica dos recursos. O objetivo é respeitar a capacidade de renovação para garantir a sustentabilidade dos recursos e a qualidade do destino turístico.

EFICÁCIA OPERACIONAL refere-se a atingir ou estender a melhor prática administrativa, com o menor custo ambiental e social.

EMPREENDIMENTO é uma organização pública ou privada, com funções e estrutura administrativa próprias.

EQUIPE DE TRABALHO é o tipo especial de grupo em que os membros possuem habilidades complementares e estão comprometidos com um propósito organizacional comum.

EXCURSIONISTA é quem viaja para uma localidade diversa daquela em que tem residência habitual e nela permanece por menos de 24 horas.

FORÇAS são características do ambiente interno que podem melhorar o desempenho do destino turístico.

FRAQUEZAS são características do ambiente interno que podem desfavorecer o desempenho do destino turístico.

MARCA é um nome, termo, símbolo, desenho ou uma combinação desses elementos que deve identificar os bens e os serviços de uma empresa e diferenciá-los da concorrência.

MARCA DE DESTINO TURÍSTICO é o resultado de uma combinação de nome, símbolo, desenho ou outros elementos capazes de identificar e diferenciar o destino turístico da concorrência.

MEIO DE HOSPEDAGEM é o empreendimento, público ou privado, que fornece, entre suas atividades, serviços de acomodação.

MERCADO é o grupo constituído por todos os consumidores potenciais que compartilham uma necessidade ou um desejo específico, dispostos e habilitados a fazer uma troca que satisfaça essa necessidade ou esse desejo.

MERCADO-ALVO é a fração do mercado ou segmento no qual o destino turístico concentra seus esforços de marketing, buscando o máximo de eficiência na utilização dos recursos e de eficácia nos esforços de comunicação e desenvolvimento de produtos.

MERCADO DE TURISMO é o grupo constituído por todos os consumidores efetivos e potenciais de oferta de turismo.

MERCADO PENETRADO refere-se ao conjunto de consumidores que utilizam ou já utilizaram os serviços de seu destino turístico.

MERCADO POTENCIAL é o grupo constituído pelos consumidores que, além de interesse, possuem renda suficiente e têm acesso à oferta.

MUNICÍPIOS COM POTENCIAL TURÍSTICO (MPT) são aqueles que possuem recursos naturais e culturais expressivos, encontrando, no turismo, diretrizes para o desenvolvimento socioeconômico do município.

MUNICÍPIOS TURÍSTICOS (MT) são aqueles consolidados, determinantes de um turismo efetivo, capaz de gerar deslocamentos e estadas de fluxo permanente.

OFERTA TURÍSTICA envolve o conjunto de produtos turísticos organizados de forma que atenda às necessidades do mercado.

OPORTUNIDADES são situações do ambiente externo que podem alavancar o desenvolvimento do destino turístico.

ORGANIZAÇÕES SEM FINS LUCRATIVOS são aquelas que, no fim do exercício contábil, reinvestem seu capital em atividades que trazem benefício à sociedade. No Brasil, normalmente, o exercício contábil tem a duração de um ano.

PARCERIA é uma prática administrativa que se fundamenta na possibilidade de atingir os objetivos de um destino turístico por meio da cooperação com outros destinos.

PLANEJAR é reduzir a quantidade possível de alternativas, até chegar às que melhor se ajustem aos fins propostos e aos meios disponíveis.

PLANO DE NEGÓCIO é o documento que descreve e analisa o negócio, partindo de uma visão de mercado e da operacionalidade do produto, traduzidos em projeções financeiras e demonstrações de sua viabilidade econômica.

POLÍTICA DE SUSTENTABILIDADE consiste nas intenções e diretrizes globais de um empreendimento, relativas à sustentabilidade, formalmente expressa pela direção.

POLÍTICA DE TURISMO é o conjunto de diretrizes, estratégias, objetivos e ações formuladas e executadas pelo Estado. Sua finalidade é promover e incrementar o turismo como fonte de renda, geração de emprego e desenvolvimento econômico.

POPULAÇÕES TRADICIONAIS são comunidades que mantêm relação ancestral e cultural com a região em que vivem, utilizando recursos naturais e deles dependendo para sua sobrevivência.

POSICIONAMENTO é o ato de desenvolver a oferta e a imagem de um destino turístico, para ocupar uma posição de destaque no mercado e, especificamente, na mente de seu público-alvo.

PRODUTO TURÍSTICO é o conjunto de atrativos, equipamentos e infraestruturas turísticas, ofertado de forma organizada, com base em uma marca e em uma estratégia conjunta de distribuição e preço.

PÚBLICO-ALVO é o grupo de pessoas que a mensagem de marketing pretende atingir.

RECURSOS TURÍSTICOS são o conjunto de recursos culturais, territoriais e as estruturas locais de determinado destino turístico.

REGIÃO TURÍSTICA é o espaço geográfico que apresenta características e potencialidades similares e complementares, capazes de serem articuladas entre si, para fins de desenvolvimento e marketing turísticos.

ROTA TURÍSTICA é o percurso continuado e delimitado, cuja identidade é reforçada ou atribuída pela utilização turística.

ROTEIRO TURÍSTICO é o itinerário integrado por um ou mais destinos turísticos, que lhe conferem identidade própria. É definido e estruturado para fins de planejamento, gestão, promoção e comercialização turísticos.

SEGMENTAÇÃO DE MERCADO é o processo que consiste em dividir o mercado total em subconjuntos que compartilham características em comum.

SERVIÇOS E EQUIPAMENTOS TURÍSTICOS consistem no conjunto de serviços, edificações e instalações indispensáveis ao desenvolvimento da atividade turística. Compreendem os serviços e os equipamentos de hospedagem, alimentação, agenciamento, transporte etc.

TERCEIRO SETOR é o conjunto de organismos, organizações ou instituições sem fins lucrativos dotados de autonomia e administração próprias. Apresentam como função e objetivo principal atuar voluntariamente na sociedade civil, visando ao seu aperfeiçoamento.

TURISMO DOMÉSTICO é o turismo realizado dentro do próprio país de residência do turista.

TURISMO EMISSIVO é o movimento de saída de turistas que residem em uma localidade.

TURISMO INTERNACIONAL é o turismo realizado fora do país de residência do turista.

TURISMO RECEPTIVO é o movimento de entrada de turistas em uma localidade.

TURISMO SOCIAL SOLIDÁRIO é a atividade que promove o desenvolvimento socioeconômico de determinada população, com base na organização de atividades produtivas locais que se sustentam pela participação de turistas voluntários.

TURISMO SUSTENTÁVEL é a atividade que harmoniza a equidade social e a preservação do patrimônio natural e cultural de determinada população. Baseia-se no desenvolvimento de atividades econômicas vinculadas ao turismo, garantindo que as necessidades das atuais gerações sejam atendidas sem comprometer as necessidades das gerações futuras.

TURISTA é toda pessoa, sem distinção de raça, sexo, língua e religião, que ingresse no território de uma localidade diversa daquela em que tem residência habitual e nela permaneça pelo prazo mínimo de 24 horas e máximo de 12 meses, sem propósito de imigração.

VANTAGENS COMPARATIVAS são valores tangíveis e intangíveis que definem a identidade de um território e que o diferenciam da concorrência.

VANTAGENS COMPETITIVAS são condições macro e microeconômicas que induzem o mercado ao consumo da oferta turística de um território, em detrimento de seus concorrentes.

Referências bibliográficas

Agência Europeia de Meio Ambiente. *Europe's Environment: The Second Assessment*. Copenhagen: Elsevier Science, 1998.

AKER, David *et alii*. *Pesquisa de marketing*. São Paulo: Atlas, 2001.

ALCANIZ, Enrique *et alii*. *Marketing de destinos turísticos*. Barcelona: Esic, 1999.

ANTON, Salvador. *Turismo e gestão municipal do patrimônio cultural e monumental*. Tarragona: Universitat Rovira I Virguili, 1996.

ASHOKA, Mckensey. *Empreendimentos sociais sustentáveis*. São Paulo: Peirópolis, 2001.

BARNEY, Jay B. "Types of competition and the theory of strategy: toward an integrative framework". *Academy of Management Review*, v. 11, nº 4, pp. 791- 800, 1986.

BAUMAN, Zygmunt. *Globalização: as conseqüências humanas*. Rio de Janeiro: Zahar, 1999.

BENNIS, Warren. "Uma força irresistível". *HSM Management*, maio/junho 2001.

BERNIER, Enrique Torres. "Actualización de las megatendencias del mercado turístico". Apuntes del Programa de Doctorado en Gestión y Risarollo Turístico Sostenible. Málaga: UNA, 2005.

BOTE, Venancio. *Planificación economica del turismo*. Ciudad de México: Trillas, 1990.

BOTE, Venancio *et alii*. *Introdución a la economia del turismo en España*. Madri: Civitas, 1996.

BRANDENBURGER, Adam; NALEBUFF, Barry. *Coopetition*. Nova York: Doubleday, pp. 70-82, 1997.

BUTLER, R. W. "The Concept of a Tourist Area Cycle of Evolution: Implications for Management of Resources". *The Canadian Geographer*, nº 24, pp. 1-16, 1980.

CAMISÓN César; MONFORT, Vicente. "Estratégias de reposicionamiento para destinos turísticos maduros: el caso de la Costa Blanca". *Estudios Turísticos*, nº 135, pp. 7-29. Madri: Turespaña, 1998.

CAPRA, Fritjof. *O ponto de mutação*. São Paulo: Cultrix, 1982.

____. *A teia da vida*. 4.ed. São Paulo: Cultrix, 1996.

CHIAS, Josep. *El negocio de la felicidad*. Madri: Pearson, 2005.

CMMAD. *Nosso futuro comum*. 2.ed. Rio de Janeiro: FGV, 1991.

COLLINS, David J.; MONTGOMERY, Cynthia A. "Creating Corporate Advantage". *Harvard Business Review*, pp. 71-83, mai/jun de 1998.

COLMAN, David; NIXSON, Frederick. *Desenvolvimento econômico: uma perspectiva moderna*. 7.ed. Rio de Janeiro: Campus, 1983.

COSTA, Delaine Martins. *Gênero e raça no orçamento municipal: um guia para fazer a diferença*. V. I. Rio de Janeiro: Ibam, 2006.

CREA-RJ. *Projeto Brasil: uma nova ética para o desenvolvimento*. Rio de Janeiro: CREA-RJ, 1999.

DA FONSECA, Denise; SIQUEIRA, Josafá (orgs.). *Meio ambiente, cultura e desenvolvimento*. Rio de Janeiro: Sette Letras; Historia y Vida, 2002.

DALY, H. E. "On Economics as a Life Science", *Journal of Political Economy*, Londres, 1968, pp. 154-156.

DE FRANCO, Augusto. *Além da renda: a pobreza brasileira como insuficiência de desenvolvimento*. Brasília: Millenium–Instituto de Política, 2000.

_____. *Pobreza & desenvolvimento local*. Brasília: ARCA Sociedade do Conhecimento, 2002.

DELÁS, Ignacio. *Turismo urbano y metropolitano*. Sevilha: UNIA, 1998.

DEMO, Pedro. *Participação é conquista: noções de política social participativa*. São Paulo: Cortez, 1988.

DIAS, Sérgio Roberto (org.). *Gestão de marketing*. São Paulo: Saraiva, 2003.

DONAIRE, José A.; FRAGUELL, María; MUNDET, Luís. "La costa brava ante los nuevos retos del turismo". *Estudios Turísticos*, Madri: Turespaña, nº 133, pp. 77-96, 1997.

DRUCKER, Peter. *Sociedade pós-capitalista*. 6.ed. São Paulo: Pionera, 1997.

_____. *Management: Tasks, Responsibilities, and Practices*. Nova York: Harper & Row, 1974.

DUBRIN, Andrew. *Princípios de administração*. Rio de Janeiro: LTC, 2001.

ESTEVE, Rafael. "El turismo como inductor de procesos de desarrollo socioeconómico". Apuntes del Programa de Doctorado en Gestión y Desarrollo Turístico Sostenible. Málaga: UMA, 2005.

EVANS, Phillip; WURSTER, Thomas. "Strategy and the New Economics of Information". *Harvard Business Review*, pp. 70-83, set/out de 1997.

FLUVIÀ, Modesto *et alii*. *Politica turistica: entre la sustentabilidad y el desarrollo económico*. Barcelona: Esade – Cedit, nº 3, pp. 34-41, 1998.

FONSECA, Denise Pini Rosalem. "Identidade Cultural e Desenvolvimento". In: *Meio ambiente, cultura e desenvolvimento*. Rio de Janeiro: Sette Letras; Historia y Vida, 2002.

FRANCO, Augusto de. *Além da renda: a pobreza brasileira como insuficiência de desenvolvimento*. Brasília: Millenium, 2000.

FROMM, Erich. *O medo à liberdade*. Rio de Janeiro: Zahar, 1987.

FUENTES, Rafael. "La investigación del mercado turístico". Apuntes del Programa de Doctorado en Gestión y Desarrollo Turístico Sostenible. Málaga: UMA, 2005.

Fundação Luis Eduardo Magalhães. *Gestão pública e participação*. Salvador: Flem, 2005.

GARETH, Jon; GOFFLY, Robert. "Como desenvolver a liderança". *HSM Management*, maio/junho 2001.

GIDDENS, Anthony. *Modernidade e identidade*. Rio de Janeiro: Zahar, 2002.

GITLIN, Todd. *Mídias sem limite*. Rio de Janeiro: Civilização Brasileira, 2003.

GOLLUB, James *et alii*. *Using Cluster-Based Economic Strategy to Minimize Tourism Leakages*. São Francisco: GEDP, 2005.

GRANADOS, Vicente *et alii*. *Plan de desarrollo integral de turismo en Andalucia – plan DIA*. Sevilha: Junta de Andalucia y Autores, 1993.

GRUNBLATT, Maria. *A influência da cooperação e da competição na produção de respostas criativas*. Rio de Janeiro: PUC-Rio, 1974.

HALL, Stuart. *Da diáspora: identidades e mediações culturais*. Belo Horizonte: UFMG, 2003.

HAMEL, Gary; PRAHALAD, C. K. *Competindo pelo futuro: estratégias inovadoras para obter o controle do seu setor e criar mercados amanhã*. Rio de Janeiro: Campus, 1997.

HERRANZ, Javier B. "Descentralización y Cooperación Inter-administrativa en el Turismo Español: Proceso, Instrumento y Propuestas de Futuro". *Estudios Turísticos*, Madri: Turespaña, nº 137, pp. 67-86, 1998.

HOLLENBECK, John R; WAGNER, John A. *Comportamento organizacional*. São Paulo: Saraiva, 2000.

HUESCAR, Augusto. *La ordenación y la planificación turistica*. Sevilha: UNIA, 1998.

INSKEEP, Edward. *Tourism Planning: An Integrated and Sustainable Approach*. Nova York: John Wiley & Sons, 1991.

INSTITUT FRANÇAIS DE L'ENVIRONNEMENT. *Les indicateurs. Turisme, environnement, territoires*. Orléans: IFEN, 2000.

INSTITUTO BRASILEIRO DE ADMINISTRAÇÃO MUNICIPAL (IBAM). *Manual do prefeito*. 12.ed. Rio de Janeiro: Ibam, 2005.

INSTITUTO BRASILEIRO DE TURISMO. *Anuário estatístico volume-2004*. Brasília: Embratur, 2004.

IVARS, Josep *et alli*. "Planificación y gestión del desarrollo turístico sostenible: Propuesta para la creación de un sistema de indicadores". *Documento de Trabajo Numero 1*. Alicante: Universidad de Alicante, 2001.

JARAMILLO, Raúl. *Plan de acción por cluster*. Sevilha: UNIA, 1998.

_____. *El concepto de cluster como "entorno productivo" y el caso de la definición de los clusters turísticos en Colombia*. Sevilha: UNIA, 1998.

JOSE, P. D. "Corporate Strategy and the Environment: A Portfolio Approach". *Long Range Planning* 29, nº 4, ago-de 1996.

KETEL, Christian. "The Development of the Cluster Concept: Present Experiences and Further Developments". NWR Conference on Clusters, Duisburg, 2003.

KOTLER, Philip. *Administração de marketing: edição do novo milênio*. São Paulo: Prentice Hall, 2000.

LUBANGO, Catia; COELHO, Denilson. *Atores sociais e estratégias de participação no programa de governo nos municípios*. Petrópolis: Vozes, 2005.

MARCHENA, Manuel. "El desarrollo sostenible del turismo: El papel del municipio". Seminario sobre desarrollo sostenible del turismo. Havana: OMT, 1996.

MARCHENA, Manuel *et alii*. *Revisión y actualización de la "guía para planificadores locales: desarrollo turístico sostenible" – volumen regional para las Americas*. Madri: OMT, 1998.

McGAHAM, A. M.; PORTER, M. E. "How Much Does Industry Matter, Really?". *Strategic Management Journal* 18, edição especial, pp. 15-30, 1997.

McINTYRE, George. *Desarrollo turístico sostenible: Guía para planificadores locales*. Madri: OMT, 1993.

MENDONÇA, Letícia. MERCOTUR. "Desafios Operacionais do Turismo Sustentável". In: Relatório técnico nº 3. Disponível em www.mercotur.org, acessado em 14.4.2006.

MILLER, Jacqueline. "A ferramenta do humor". *HSM Management*, nov/dez de 1997.

MINICUCCI, Agostinho. *Técnicas do trabalho em grupo*. 3.ed. São Paulo: Atlas, 2001.

MINISTERIO DE MEDIO AMBIENTE. *Sistema español de indicadores ambientales de turismo*. Madri: Ministerio de Medio Ambiente, 2003.

MINISTÉRIO DO AMBIENTE. *Turismo e ambiente: indicadores de integração*. Lisboa: Direção Geral do Ambiente, 1999.

MINISTÉRIO DO TURISMO. *Plano nacional do turismo*. Brasília: MinTur, 2003.

_____. *Roteirização turística – módulo operacional 7*. Brasília: MinTur, 2005.

OECD. "OECD Core Set of Indicators for Environmental Performance Reviews". *Environmental Monographs*, n. 83, Organization for Economic Cooperation and Development. Disponível em www.oecd.org, acessado em 21.2.2000.

OLIVEIRA, Djalma de Pinho Rebouças. *Planejamento estratégico: conceitos, metodologia e práticas*. 16.ed. São Paulo: Atlas, 2001.

OMT. *Previsiones del turismo mundial hasta el año 2006 y después*. Madri: ONT Publications, 2005.

ORGANIZAÇÃO MUNDIAL DO TRABALHO (OMT). *Acopio y compilación de las estadísticas de turismo*. Manual Técnico nº 4. Madri: OMT, 1995.

_____. *Lo que todo gestor turístico debe saber: guía práctica para el desarrollo y uso de indicadores de turismo sostenible*. Madri: Organización Mundial del Turismo, 1995.

_____. *Tourism highlights 1997*. Madri: Organización Mundial del Turismo, 1997.

_____. *Turismo panorama 2020*. Madri: Organización Mundial del Turismo, 1998.

_____. *Las Américas*. Madri: Organización Mundial del Turismo, 1998.

_____. *Cooperación entre los sectores público e privado*. Madri: OMT, 2000.

_____. *Introdução ao turismo*. São Paulo: Roca, 2001.

_____. *Previsiones del turismo mundial hasta el año 2006 y después*. Madri: OMT Publications, 2005.

____. *Barómetro del turismo: proyecciones 2020*. Madri: OMT, 2006.

Palomo, Salvador. "I Encuentro Internacional sobre Turismo Justo". Diputación de Málaga, 2006.

Poon, A. *Tourism technologies and competitive strategies*. Reino Unido: Oxford University Press, 1991.

Porter, Michael. "How Competitive Forces Shape Strategy". *Harvard Business Review*, pp. 137-145, mar/abr de 1979.

____. *The Competitive Advantage of Nations*. Nova York: Basic Books, 1990.

____. *Estratégia competitiva: Técnicas para análise de indústrias e da concorrência*. 7.ed. Rio de Janeiro: Campus, 1991.

____. "Cluster and the New Economics of Competition". *Harvard Business Review*, pp. 77-90, nov/dez de 1998.

Prahalad, C. K.; Hamel, G. "The Core Competence of the Corporation". *Harvard Business Review*, maio/junho, pp. 79-91, 1990.

____. "Competing in the New Economy: Managing out of Bounds". *Strategic Management Journal*, pp. 237-242, 1996.

Prebedon, José. *Criatividade: abrindo o lado inovador da mente*. São Paulo: Atlas, 1998.

Putnam, Robert. *Comunidade e democracia: a experiência da Itália moderna*. Rio de Janeiro: FGV, 1996.

Ramos, Alberto Guerreiro. *A nova ciência das organizações*. Rio de Janeiro: FGV, 1981.

Ries, Al; Trout, Jack. *Positioning: The Battle for your Mind*. Nova York: Warner Books, 1982.

Rosenfield, S. *Creating Smart Systems: A Guide to Cluster Strategies in Less Favored Regions*. Bruxelas: Comissão Europeia, 2002.

____. *Overachievers: Business Clusters that Work. Regional Technology Strategies*. Nova York: Inc, 1995.

Ross, Stephen *et alii. Administração financeira*. São Paulo: Atlas, 1995.

Russo, A. P. "Organizing Sustainable Tourism Development in Heritage Cities". In: *Technical Report*, nº 28, Proceedings of the International Seminar: Tourism Management in Heritage Cities. Verona: Cierre Gráfica, 1998.

Siqueira, Josafá. *Um olhar sobre a natureza*. São Paulo: Loyola, 1991.

Smith, Adam. *Investigação sobre a natureza e as causas da riqueza das nações*. 2.ed. São Paulo: Abril, 1974.

Spinola, Carolina. "O Prodetur e a descentralização do turismo baiano". *Revista de Desenvolvimento Econômico*. Salvador, v. 3, pp. 35-46, jan de 2000.

Sureda, Joan *et alii. Encuesta ESADE de turismo municipal: la gestión turística de los municipios españoles*. Barcelona: Esade-Cedit, 3, pp. 5-24, 1998.

Tabales, Alfonso. *La necesidad de la planificación estratégica en el municipio turístico*. Sevilha: UNIA, 1995.

Torres Bernier, Enrique. *Las megatendencias globales en el sector turístico*. Sevilha: UNIA, 1998.

____. "Actualización de las megatendencias del mercado turístico". Apuntes del Programa de Doctorado en Gestión y Desarrollo Turístico Sostenible. Málaga: UMA, 2005.

TORRES Bernier, Enrique; MUNIZ, Daniel. Propuesta metodológica para la armonización de los informes de conjuntura turística en Andalucía. Sevilha: Instituto de Estadística de Andalucía, Consejería de Economía y Hacienda, 2004.

UNESCO. "Technical Report nº 28, Proceedings of the International Seminar: Tourism Management in Heritage Cities". Verona: Cierre Gráfica, 1998.

UNITED NATIONS ENVIRONMENT PROGRAMME; WORLD TOURISM ORGANIZATION. "Final Report of the International Conference on Sustainable Tourism in Small Island Developing States and Other Islands". Lanzarote: Unep–WTO, 1998.

VALLS, Josep Francesc. *Cambio de concepto en la gestión turística del municipio*. Barcelona: Esade–Cedit, nº 3, pp. 25-27, 1998.

VAN DER BORG, J; RUSSO, A. P. *et alii. Proceedings of the International Seminar: Tourism Management in Heritage Cities*. Veneza: Unesco, 1999.

VASCONCELLOS, Paulo; PAGNONCELLI, Dernizio. *Construindo estratégias para vencer*. Rio de Janeiro: Campus, 2001.

VERA, Fernando; IVARS, J. A. "Una Propuesta de Indicadores para la Planificación y Gestión del Turismo Sostenible". Comunicación al congreso nacional de medio ambiente, Alicante: Universidad de Alicante, 2000.

VERA, Fernando *et alii. Análisis territorial del turismo*. Barcelona: Ariel, 1997.

VERGARA, Sylvia Constant. *Estrutura organizacional & mudança: A redescoberta do homem*. Rio de Janeiro: Rumos, 1997.

_____. *Projetos e relatórios de pesquisa em administração*. São Paulo: Atlas, 1998.

____. *Gestão de pessoas*. São Paulo: Atlas, 2000.

VERGARA, Sylvia; BRANCO, Paulo Durval. "Em Busca da Visão da Totalidade". *Revista de Administração de Empresas*. São Paulo: FGV, v. 33, nº 6, pp. 20-31, nov/dez de 1993.

VERGARA, Sylvia; CARPILOVSKY, Marcelo Pomeraniec. "A Metáfora da Organização como Sistema Criativo". *Revista de Administração Pública*. Rio de Janeiro: FGV, V. 32, nº 3, pp. 77-96, mai/jun de 1998.

VIGNATI, Federico. "Los desafíos de la gestión pública del turismo en América Latina". Sevilha: UNIA. Tese de Mestrado, Espanha, 2001.

____. "A cooperação e o desenvolvimento do turismo na cidade do Rio de Janeiro". PUC-Rio, Dissertação de mestrado 2001.

WEINBERG, Gerald. *O líder técnico*. São Paulo: McGraw-Hill, 1996.

WOLFE, Marshal. *Desenvolvimento para que e para quem?* Rio de Janeiro: Paz e Terra, 1976.

World Travel and Tourism Council. WTTC Key Statistics 2003. Montreal: WTTC, 2003.

ZORNOZA, Camisón; MIR, Vicente. "Estratégias de reposicionamiento para destinos turísticos maduros: el caso de la Costa Blanca". *Estudios Turísticos*, nº 135, pp. 7-28, 1998.

ZORNOZA, Cesar. *La empresa turística: un análisis estratégico*. Madri: Civitas, 1996.

Anexo 1

Pessoas que colaboraram com a pesquisa, a elaboração e a publicação desta obra

Alberto Furuguem Macro Análise
Alexander Kraul Sacarpati Mercotur
Alexandre Santos Ibam
Alfredo Paino ACPC
Ana Cláudia Melo Vieira Sebrae-RJ
Ana Lúcia Carneiro Leão Odebrecht
Ana Paula Lins Secretaria de Indústria e Comércio do Cabo de Santo Agostinho
Anatólio Julião Secretário de Indústria e Comércio do Cabo de Santo Agostinho
André Lacombe PUC-Rio
André Sá Instituto de Hospitalidade
Aníbal Furuguem Macro Análise
Antonio Henrique Borges Paula Senac
Armando Dantas Gama UMA
Beny de Almeida Unisuam
Bernard Vaena Cônsul da Suécia
Bruna Duarte Mercotur
Bruno Amado Instituto de Hospitalidade
Caio de Carvalho São Paulo Turismo
Carlo Eduardo Silveira Unisul
Carlos Frederico Martins FIR
Carlos Lima Instituto de Novas Ideias do RJ
Carolina Chagas D'Aventura
Carolina Cipolla Colaboradora Mercotur
Cássio Garkalns Instituto de Hospitalidade
Celsio Leonardo Barbosa Empreendedor S.A.
Cristina Baratta Ibam
Diego Zainho Colaborador Mercotur
Diniz Campos Odebrecht

Eduardo Farina Instituto de Hospitalidade
Eduardo Mielke Unicenp
Eliana Castro FIR
Eliana Maia Instituto de Hospitalidade
Enrique Navarro Jurado UMA
Enrique Torres Bernier UMA – Aeci
Ernesto Brito Ribeiro FACTUR
Felipe Freitas Mercotur
Francisco Portelada Unisuam
Francisco Rivero Tourespaña
Glauco Benevides UMA
Gustavo Savastano Instituto de Hospitalidade
Índio da Costa Vereador do Rio de Janeiro
Inmaculada Martín Rojo UMA
Joanna Alimmonda PUC-Rio
Jorge Kulemeyer Unju
Josângela da Silva Jesus UFPE
José Carlos Sá Rio Tur
José Manuel Gandara UFPR
Josep Chias Chias Marketing
Julia Naidin PUC-Rio
Juliana Medaglia UMA
Julio Vignati Mercotur
Kiara Pedrosa Costa UFP
Lena Brasil Ministério do Turismo
Luciana Visnevski Mercotur
Manuela Scaldaferi FACTUR
Marcelo Armstrong Favela Tour
Márcia Alonso Facha
Marcos Vaena Invest in Brazil
Margareth de Leoni UVA
Mari Abreu PUC-Rio
Maria Goretti Alves ETFCE
Maria Velloso Ibam/Sedes
Mario Veiga de Almeida UVA
Marta Rocha Instituto de Hospitalidade
Mônica Echenique Unju
Patrícia Servilha Chias Marketing
Paula de Castro Santos PUC-Rio
Paula Prisco Instituto de Hospitalidade
Pedro Jorge Campello R. Pereira PUC-Rio
Pedro Nogueira Diogo Ibam
Rafael Esteves Secall UMA
Rafael Fuentes Sopde
Rafael Sampaio R & F Sampaio Consultoria
Rafael Sanchez Instituto de Hospitalidade
Raquel Herdy PUC-Rio

Renato Shindler Mercotur
Roberto Mourão Brazil–Ecotravel
Rodrigo Marchesini Ibam
Rogério Elmor Petrópolis Convention & Visitors Bureau
Rosilei Montenegro FIR
Selma da Silva Oliveira SURF/PE
Silmara Martinelli Unifor
Silvestre Teixeira Instituto de Hospitalidade
Silvia Madureira Sesc Rio
Simone Lacerda Secretaria de Indústria e Comércio de Cabo de Santo Agostinho
Sylvia Constant Vergara Ebape – FGV
Tatiana Espindola Ministério do Turismo
Teresa Mendonça UFRRJ
Teresa Nelma SEBRA-PE
Teresa Neuma Martins IESC
Tiago Valois D'Aventura
Tula Ornellas IBIS
Vandré Brilhante Cieds
Vanessa Cohen Sebrae/RJ
Virna Miranda Instituto de Hospitalidade
Wagner Fernandes Instituto de Hospitalidade

Anexo 2

Listagem de endereços eletrônicos de organizações em que se podem obter informação documental e estatísticas sobre o mercado turístico

Adventure Travel Society www.adventuretravel.com/vacation

Agence Française de l'Ingenierie Touristique www.afit-tourisme.fr

Agence Internationale pour les Cheques-Vacances www.ancv.org

Airlines Reporting Corporation www.arccorp.com

Airports Council International www.aci.org

American Hotels & Lodging Association www.amla.org

American Society of Travel Agents www.asta.net.com

Arbeitskvers Tourismus und Entwicklung www.akte.ch

Association for Conferences and Events www.martex.co.uk

Association of Corporate Travel Executives www.acte.org

Association of European Airlines www.aea.org

Association of Retail Travel Agents www.artaonline.com

Association of Travel Marketing Executives www.atme.org/pubs

BBC Learning Zone www.bbc.co.uk/education/lzone/working/travel

Biz/End http://catalogue.bized.ac.uk

Bureau International du Tourisme Social www.bits.org

Caribbean Tourism Organization www.cto.org

Centre for e-Tourism Research www.smss.surrey.ac.uk/eTourism/CeTR

Centre for Tourism and Visitor Management www.nbs.ntu.ac.uk/ctvm/index.htm

Centre International de Recherche et d'Etudes Touristiques www.ciret-tourism.com

Centre National de Recherches du Tourisme en Espace Rural www.cnrter.asso.fr

Centro de Investigaciones y Estudios Turísticos www.ciet.org.ar

C.E.R.T. www.c-e-t.org/main.htm

Chameleon Training www.chameleontraining.co.uk

Chartered Institute of Marketing/Travel Industry Group www.cimtig.org

Chartered Institute of Marketing www.cim.co.uk

Comprehensive Listing of Ecotourism Links by Infotec www.green-travel.com

Conservation International's Ecotravel Centre www.ecotour.org

Cruise Industry.net www.cruiseindustry.net

Cruise Line Directory www.nacta.com

Econett www.greenglobe.org

Ecoplan International Inc. www.ecoplanintl.com

Ecotourism Explorer www.ecotourism.org

Ecotourism Resource Centre www.bigvolcano.com.au

Ecotrans www.ecotrans.org

Eurochrie www.eurochrie.org

European Association for Tourism and Leisure Education www.atlas-euro.org

European Commission Tourism Unit http://europe.eu.int/comm/enterprise/services/tourism/index_en.htm

European Portal for Tourism Information www.intourisme.org

European Tour Operators Association www.etoa.org

European Tourism Research Institute www.etour.mh.se

European Travel and Tourism Action Group www.etag.org

European Travel Commission www.etc-europe-travel.org

Euroter-Tourisme en Europe Rurale www.euroter.org

Federación Española de Escuelas de Turismo www.anestur.com

Federation Internationale de l'Automobile www.fia.org

Federation Internationale des Journalistes et Ecrivains du Tourism www.fijet.org

Federation of International Youth Travel Organizations www.fiyto.org

FIF. Forschungsinstitut für Freizeit und Tourismus www.cx.unibe.ch/fif

Green Globe 21 www.greenglobe21.com

Hospitality.net www.hospitality.net.org

Hospitality Information Technology Association www.hitaworld.com

Hospitality Training Foundation www.htf.org.uk

Hotel and Tourism Programme (HOTOUR); (ENTREPRISE); International Labor Organization (ILO) www.ilo.org/public/english/65entrep/index.htm

Iatos www.iatos.com

Infotec-Travel and Tourism Technology Information and Mailing List www.infotec-travel.com

Institut für Integrativen Tourismus und Freizeitforschung www.iitf.at

Institut für ófentliche Dienstleintungen und Turismus www.idt.unisg.ch

Institute of Leisure and Amenity Management www.ilam.co.uk

Institute of Travel & Tourism www.itt.co.uk

International Air Transport Association www.iata.org

International Association of Amusement Parks and Attractions www.iaapa.org

International Association of Convention and Visitors Bureau www.iacvb.org

International Association of Tour Managers www.iatm.co.uk

International Center for Ecotourism Research www.gv.edu.au/center/icer

International Center for Research and Study on Tourism www.ciret-tourism.com

International Council of Cruise Lines www.iccl.org/policies

International Council of Tourism Partners www.tourismpartners.org

International Federation of Technology and Tourism www.iffit.org

International Federation of Tour Operators www.ifto.org

International Hotel Association www.ih-ra.com

International Hotel & Restaurant Association www.etoa.org

International Institute for Peace through Tourism www.iipt.org

International Road Transport Union www.iru.org

International Society of Travel and Tourism Educators www.istte.org

International Student Travel Confederation www.istc.org

International Tourism Consulting Group www.ipkinternational.com

LTSN Centre for Hospitality, Leisure, Sport & Tourism www.hlst.ltsn.ac.uk

Ministério do Turismo www.turismo.gov.br

National Heritage www.english-heritage.org.uk

National Labotatory for Tourism & e.Commerce www.uiuc.edu

National Tour Association www.nta.org

Observatoire Nationale du Tourisme www.ont-tourisme.com

Organización Mundial del Turismo www.world-tourism.org

Pacific Asia Travel Association www.pata.org

Pro-Poor Tourism www.propoortourism.org.uk

Research in Tourism & Hospitality Management Information Centre www.rithmic.com

Responsible Tourism and Sustainable Development www.retour.net

Sports Tourism International Council www.sportquest.com/tourism/index.html

Springboard UK Ltd. www.springboarduk.org.uk

Star UK www.staruk.org.uk/

The Tourism Society www.tourismsociety.org

Tourfor www.tourfor.com

Tourism Concern www.tourismconcern.org.uk

Tourism Education website www.tourismeducation.org

Tourism Industries (US) www.tinet.ita.doc.gov

Tourism Management Institute www.tmi.org.uk

Tourism Marketing Information System http://tourmis.wu.edu/index_e.html

Tourism Policy Council http://tinet.ita.doc.gov/policy/tpc.html

Tourism Research Group www.ex.ac.uk/geography/trg/welcome.html

Tournet www.tournet.org

Travel and Tourism Research Association www.ttra.com

Travel Business Roundtable www.tbr.org

Universal Federation of Travel Agents Association www.uftaa.org

United Nations Environment Programme. Production and Consumption Unit. Tourism www.uneptie.org/pc/tourism/home.htm

United States Tour Operators Association www.ustoa.com

World Association of Travel Agents www.wata.org

World Leisure and Recreation Association www.wara.org

World Leisure Organization www.worldleisure.org

World of Tourism.net www.worldoftourism.net

World Travel & Tourism Council www.wttc.org

Worldwide Hospitality and Tourism Trends www.whatt.net/content/html

Anexo 3

Cadastro Nacional de Consultores de Turismo

O objetivo do Cadastro Nacional de Consultores de Turismo é mapear todos os profissionais que tenham conhecimento técnico e tecnológico especializado em turismo.

Os consultores podem representar o governo federal, os estados e os municípios, as organizações da sociedade civil, consultorias, ou atuar como profissionais autônomos.

Com o objetivo de engajar a comunidade acadêmica e promover a pesquisa nessa área, foi incluída, no cadastro, a categoria de pesquisadores. Estão convidados a se cadastrar todos os pesquisadores que, de uma perspectiva interdisciplinar, contribuem para o desenvolvimento sustentável do setor.

Para se cadastrar, entre no site www.mercotur.org/cadastronacional e participe dessa importante iniciativa.

Entre em contato com o autor Federico Vignati por este e-mail:
federico.vignati@mercotur.org.

A Editora Senac Rio de Janeiro publica livros nas áreas de gastronomia, design, administração, moda, responsabilidade social, educação, marketing, beleza, saúde, cultura, comunicação, entre outras.

Visite o site **www.rj.senac.br/editora**, escolha os títulos de sua preferência e boa leitura.

Fique ligado em nossos próximos lançamentos! À venda nas melhores livrarias do país.

Editora Senac Rio de Janeiro
Tel.: (21) 3138-1385 (Comercial)

Disque-Senac: (21) 4002-2002

Este livro foi composto nas tipografias Swift e Univers, por Ô de Casa, e impresso pela Walprint Gráfica e Editora Ltda., em papel Reciclato 90g/m², para a Editora Senac Rio de Janeiro, em setembro de 2012.